U0927356

本书为国家社会科学基金青年项目“政府购买社会组织服务风险识别与防范机制研究”（项目批准号：16CSH064）的阶段性成果

政府购买社会服务项目实践

生态的视角

王春　著

中国社会科学出版社

图书在版编目(CIP)数据

政府购买社会服务项目实践：生态的视角 / 王春著. —北京：中国社会科学出版社，2022.7

ISBN 978 - 7 - 5203 - 9734 - 6

Ⅰ.①政… Ⅱ.①王… Ⅲ.①社会服务—政府采购制度—研究—中国
Ⅳ.①D669.3

中国版本图书馆 CIP 数据核字（2022）第 027191 号

出 版 人 赵剑英
责任编辑 孙 萍
责任校对 冯英爽
责任印制 王 超

出 版 中国社会科学出版社
社 址 北京鼓楼西大街甲 158 号
邮 编 100720
网 址 http://www.csspw.cn
发 行 部 010 - 84083685
门 市 部 010 - 84029450
经 销 新华书店及其他书店

印 刷 北京君升印刷有限公司
装 订 廊坊市广阳区广增装订厂
版 次 2022 年 7 月第 1 版
印 次 2022 年 7 月第 1 次印刷

开 本 710×1000 1/16
印 张 16.25
插 页 2
字 数 251 千字
定 价 88.00 元

前　言

20 世纪 70 年代西方国家在经历了“福利国家”阵痛后，掀起了“新公共管理改革”，强调公共服务提供的市场化和社会化改革。20 世纪 90 年代，我国也启动了由过去全能型政府逐步地向服务型政府转变的体制改革，“政府购买服务”也随即步入了初探阶段，为社会力量的兴起开拓了广阔的生存空间。分税制改革后，“项目制”成为国家在中央与地方政府之间实施资源分配的一项重要治理技术创新。随即，政府将项目制延伸至公共服务领域，实现政社跨界合作，并探索出一套全新的社会治理模式，形成“服务项目制”。近年来，“公益创投”作为服务项目制的一种实践探索，兼具公共服务供给与社会组织培育的双重功能，在各地受到热捧。通过对公益创投活动的实证调研，有助于对“服务项目制”的运作逻辑、内在关系与结构进行梳理，是一种政社跨界项目合作的可行路径探索。

本研究以 S 市公益创投活动为研究对象，从社会服务项目的基层实践着手，通过对 S 市各层级公益创投活动的整体性观察，详细了解各参与主体在社会服务项目中的实践动因、生态角色及其实践困境。借助生态观察视角，重点对社会服务项目的实践生态加以解构，理清社会服务项目实践的生态环境、生态种群及各主体间的生态关系。从生态层面考量社会服务项目对整个公益行业发展带来的正面效应，解析社会服务项目实践中存在的运行问题，并对良性公益生态的建构提出一些治理策略。

当前的政府购买社会服务项目的产生是多种力量合力作用的结果，包括社会公众服务满足的需求力，社会组织寻求生存的策动力，以及政府部门自身的政绩驱动力。而社会服务项目恰好是多方主体达成利益共识的聚焦点。研究发现，政府受职能转移的政策驱动、执政为民的属性驱动以及行政业绩至上的政绩驱动三重因素影响，为社会服务项目创造了良好的制度环境与政策支持。平台型社会组织一方面是自身组织使命使然，有必要通过社会服务项目支持一线社会服务机构成长；另一方面也是出于满足自身生存资源的考虑，也需要得到外部资源的支持，通过承接政府出资方主导的社会服务项目活动，可以获得政府的资金支持。一线社会服务机构因组织内部类型多样，参与社会服务项目的动机差异也十分明显，或迫于行政体制压力，或基于专业发展需要，或出于纯粹公益信念，或假借公益之名谋求营利之实。总之，由于各主体在社会服务项目中表现出明显的动机差异，从而引发各项目主体陷入重重实践困境，为服务项目的顺利实施带来诸多障碍与不确定，最终也影响社会服务项目的实际成效。

研究认为，社会服务项目具备相对独立的结构框架与主体元素，围绕公共服务项目的有效开展这一核心内容，逐步形成了一套相对稳定的公益生态系统。社会服务项目各参与方共同维持着公益生态的平衡与秩序，形成了公共服务的协同治理格局。政府通过委托第三方平台组织购买社会服务项目，打破了以往“政社二元”的关系格局分析框架。结合社会服务项目的现实生态背景，“非均衡性共生关系”这一全新概念的提出，能够更好地诠释政府购买服务下的政社关系。

良性公益生态格局的建构是一个系统工程，其关键在于多元主体对公益服务共识的达成，即在充分考虑各方主体利益满足的前提下围绕如何更好实践公益服务达成共识。因此，生态的维系有赖于各生态主体围绕核心议题达成共识，同时又必须满足处于不同生态位的主体的基本利益，二者必须同时得到重视，缺一不可。不仅要强化各社会服务项目主体的生态位思想，更要关注项目主体之间良性生态关系的建构。具体而言，一方面需要用生态价值引领各项目主体的参与动机，强化他们从理念上达成合作共识，弱化单个主体因过度追求自我利益而破坏生态环境；另一方面还要努力建构各参与主体之间的复杂共生型生态关系，最终力求实现良性公益生态格局的生成。

目　录

第一章　绪论

第一节　研究背景与问题

一　研究背景

自20世纪中叶开始，西方发达资本主义国家普遍实行“福利国家”（welfare states）制度，[①] 利用凯恩斯主义指导国家经济运行，尝试依靠政府的力量来弥补市场的缺陷。然而经过多年发展，“福利国家”制度并未实现经济增长和社会满意。20世纪70年代以来，经济滞胀、高支出、高税收、政府公共服务无效率，造成社会普遍不满，最终导致“福利国家”陷入危机中，引发意识形态变革。“福利国家”的政策基础在政治上受到批判，人们开始主张以自由市场、个人责任来重塑国家和社会。

自20世纪70年代末以来，政府改革运动在全球兴起，西方国家、新兴工业国家、转型国家和发展中国家，都卷入了改革浪潮中，形成了世界范围的政府改革浪潮。这场改革一般以“新公共管理改革”（New Public Management）著称，通过引入新的管理理念和方法，对传统的政府管理模式进行改造，被形象地称为“政府重塑”或“政府再造”。[②] 改革的基本趋势是改变以往政府大包大揽的做法，主张通过民营化等形式，推行公共服务提供的市场化和社会化改革，把公共服务的生产和提

① ［英］J. 莱恩：《新公共管理》，赵成根译，中国青年出版社2004年版。
② 沈荣华：《中国政府改革：重点难点问题攻坚报告》，中国社会出版社2012年版。

供交由市场和社会力量来承担，使政府集中力量履行好最基本的职能。[①] 主要做法是通过公共服务外包、权力下放等途径，将不必由政府承担的职能转移或还给市场和社会，减轻政府的财政负担，使市场和社会发挥更大的作用。而政府主要集中于掌舵性职能，如制定合理公共政策、设立有效激励机制、监督服务执行成效等，引导社会力量积极参与公共服务目标的实践。

“新公共管理运动”掀起了缔造服务型政府之风，不仅在西方，也对包括我国在内的一些东方国家，提供了当代公共部门管理的新模式。20 世纪 90 年代中期，我国全面启动了社会主义市场经济体制改革，强调市场在优化资源配置中的基础性作用，消解了计划经济时代的僵化体制弊端，有力地推动了经济的快速发展。然而，经济在高速发展的同时，也滋生了社会矛盾与问题，主要表现为利益结构失衡，如贫富分化严重、城乡差距拉大以及区域发展不平衡等。“泛市场化”的政策思想在民生建设与福利领域的推广，造成大量社会公众不仅无法享受改革带来的成果，反而成为利益相对受损的群体。[②]

改革开放 40 多年来，我国社会经济得到了持续快速的发展，社会公众需求层次和结构也发生了显著转变，对政府提供多样化有效的服务需求更加迫切。然而，政府过去所采取的行政式公共服务管理体制通过举办事业单位直接提供，由于公益服务供给总量不足，供给方式单一，资源配置不合理，质量和效率不高，服务的供给与人民群众日益增长的多元化需求之间的矛盾日益突出。[③] 一方面，原有的公共服务管理体制不够灵活，服务效率不高；另一方面，政府体制内部能够提供公共服务的人员数量比较有限，没有足够能力提供多样化服务，满足社会多元化需求。为了克服政府服务供给与社会服务需求之间日益加剧的矛盾，

---

① ［美］戴维·奥斯本、特德·盖布勒：《改革政府》，周敦仁等译，上海译文出版社 2006 年版。［美］B. 盖伊·彼得斯：《政府未来治理模式》，吴爱明等译，中国人民大学出版社 2001 年版。

② 李友梅、肖瑛、黄晓春：《当代中国社会建设的公共性困境及其超越》，《中国社会科学》2012 年第 4 期。

③ 薛澜、邓国胜：《鼓励社会力量兴办公益构建公益服务新格局》，《学会》2012 年第 11 期。

1988 年起，我国政府首次提出职能转移，力求从过去的全能型政府逐步地向服务型政府转变。[①] 目标就是逐步实现公共服务的社会化，即激发社会活力，强化政社分工，通过政府购买服务将社会公共服务交由最有效率的社会组织来承担。21 世纪初，国家开始展开了对改革走向的讨论，并将“社会建设”作为一种新的政策范式提上了国家治理的战略层面。2002 年党的十六大报告中，首次将“社会管理”纳入政府的基本职能范畴。2004 年党的十六届四中全会提出“建立健全党委领导、政府负责、社会协同、公众参与”的社会管理格局，并首次提出了“和谐社会”的概念。2006 年，党的十六届六中全会通过《中共中央关于构建社会主义和谐社会若干重大问题的决定》，首次提出“建设服务型政府，强化社会管理和公共服务职能”。2007 年党的十七大报告提出“全面加强以民生为重点的社会建设”。2011 年初，党中央提出要加强社会管理创新，提高社会管理科学化水平。2012 年党的十八大报告指出，要加快形成现代社会组织体制，突出了社会组织在社会建设中的中介性位置，主张社会组织应与政府、市场一道形成多元参与、共同治理的格局。2013 年党的十八届三中全会更是提出：“全面深化改革的总目标是推进国家治理体系和治理能力现代化。”其实质是鼓励多元主体参与协同治理，激发社会组织活力，增强社会发展活力，提高社会治理水平。在此背景下，企业、社区、社会组织等新生力量开始涌入社会治理的格局之中，寻求各自的治理角色与合法身份。

为了配合协同治理的需要，“政府购买服务”被引入创新社会治理的视域。政府购买服务是从 20 世纪 80 年代开始兴起的新公共管理的产物。它强调政府应该重新审视传统的行政人、管理者的角色定位，强调通过体制创新和机制激励进而通过以非营利组织为主体的社会力量来实现政策目标。它认为政府在公共服务体系中应该扮演出资者与监管者的角色，而不是公共产品和服务的生产者角色，具体服务应由第三方机构

① 崔正、王勇、魏中龙：《政府购买服务与社会组织发展的互动关系研究》，《中国行政管理》2012 年第 8 期。

来提供。[①] 在公共服务供给方面，积极推行“善治”理念，强调良好的社会治理（善治）是政府和公民间的合作共治，形成国家与社会、政府与公民之间良好的合作关系。[②] 政府的角色是服务，对公民和社区团体之间的利益进行协商和协调，建立公共服务机构、社会组织和私人机构的联盟，满足彼此都认同的需要。[③] 在这一过程中，国家与社会在治理中形成了多个中心，建立了一种平等、合作、参与的伙伴关系。[④]

关于政府购买服务的实践，早在 20 世纪 90 年代我国一些地方政府部门相继开始了购买公共服务的试点探索工作。1995 年，我国上海浦东新区就开始探索政府购买新型公共服务的模式。浦东新区社会发展局委托上海基督教青年会管理浦东新区罗山市民会馆，即“罗山会馆”模式，由此开启了中国政府向非营利组织购买公共服务的先例。[⑤] 党的十六大以来，政府将重心回归基本公共服务领域，加强社会建设、完善社会治理创新提上改革议程。在此背景下，政府购买服务成为社会建设、社会治理的重要载体。党的十八大报告强调，要改进政府提供公共服务方式，加强基层社会管理和服务体系建设。2013 年，党的十八届三中全会决定，推广政府购买服务领域，凡属事务性管理服务，原则上都要引入竞争机制，通过合同、委托等方式向社会力量加以购买，并加大政府购买公共服务的力度。2014 年，财政部颁布了《政府购买服务管理办法》。与此同时，各级地方政府也陆续出台了政府购买服务的指导意见、管理办法等，规范政府购买服务行为。至此，政府购买服务成为我国全面深化改革的重要内容，成为提升公共服务质量、转变政府职能、实现社会公平正义的改革手段。

---

① ［美］莱斯特·萨拉蒙、田凯：《公共服务中的伙伴：现代福利国家中政府与非营利组织的关系》，商务印书馆 2008 年版。

② 俞可平：《走向善治》，中国文史出版社 2016 年版。

③ ［英］珍妮特·V. 登哈特、［英］罗伯特·B. 登哈特：《新公共服务：服务而不是掌舵》，中国人民大学出版社 2003 年版。

④ ［美］埃莉诺·奥斯特罗姆：《公共事物的治理之道：集体行动制度的演进》，上海译文出版社 2012 年版。

⑤ 郝秋笛等：《政府向社会力量购买公共服务发展研究》，王浦劬译，北京大学出版社 2016 年版。

二　问题的提出

21 世纪初，我国社会处于快速转型发展的关键时期。在市场经济体制改革的动力助推下，我国在发展道路上面临着十字路口的考验。一方面社会经济获得快速发展；另一方面社会矛盾也日益凸显。中国社会阶层结构发生了巨大变化，价值体系日益多元化，各种深层次矛盾也日益凸显，政治体制与社会体制面临双重变革，政府购买服务与社会力量崛起呼之欲出。

政府购买服务，“就是发挥市场机制的作用，把政府直接向社会公众提供的公共服务事项，按照一定的方式和程序，交由具备条件的社会力量来承担，并由政府根据服务数量和质量向其支付费用”。[①] 其实质就是实现了公共服务生产与提供主体的转移，这个转移过程即是公共服务的提供过程，由政府组织内部以命令的形式转向组织外部用人民税收通过业务外包形式，由社会力量（社会组织、企业或者个人）提供实施。政府在其中的角色由“家长”转向“公仆”。[②]

项目制作为政府向社会力量购买服务的新型治理形式，并不是制度设计的结果，而是政府运行的耦合。早在 1994 年分税制改革之后，中央财政即开始以“项目”的方式向各级政府和基层社会分配经费，并逐渐成为一种把中央、地方乃至基层统合起来的国家治理体制，形成了所谓的“项目治国”模式。[③]

项目制原本是在分税制改革以后，国家在中央与地方政府之间实施资源分配的一项重要治理技术创新。然而在国家与社会交界的领域，政

---

① 中华人民共和国国务院办公厅：《国务院办公厅关于政府向社会力量购买服务的指导意见》，2013 年 9 月 30 日。

② 吴甘霖：《政府购买“服务”：从“岗位”到“项目”——基于深圳的实践与启示》，《社科纵横》2013 年第 9 期。

③ 参见折晓叶、陈婴婴《项目制的分级运作机制和治理逻辑——对“项目进村”案例的社会学分析》，《中国社会科学》2011 年第 4 期。渠敬东：《项目制：一种新的国家治理体制》，《中国社会科学》2012 年第 5 期。周飞舟：《分税制十年：制度及其影响》，《中国社会科学》2006 年第 6 期。

府的逻辑也在延续，尤其是在落实社会治理和政府购买服务方面。[①] 2004 年，十六届四中全会提出“加强社会建设和管理，推进社会管理体制创新”，这一治理理念预示着为各类社会服务项目的实施提供支持，项目制逐渐成为政府购买社会服务的基本形式。服务项目制实质上是政府推行社会治理创新，将行政内部治理模式向公共服务领域加以复制的探索和尝试。纵观发达国家地区经验，社会服务机构的项目化、实体化是未来的发展趋势，逐步由“岗位制”向“项目制”转变。

社会服务项目制在本质上属于以服务项目为平台，以提升社会服务质量为目标而建构的一套新型公益生态系统，它涉及项目出资方、项目承接方、项目执行方以及受益服务对象等多元生态主体。在当前创新社会治理的背景下，社会服务项目制的实施属于政社双方在社会服务领域建立新型合作关系的模式探索。本书研究的问题主要有：

社会服务项目在基层的实践逻辑是什么，即以社会服务项目为核心建构起来的生态结构是怎样的，它又是如何运转的，这是本书的核心议题。依托社会服务项目这一平台，如何能够整合多方社会主体的有效参与，政社的有效合作，其背后的机理是如何生成的，不同主体参与社会服务项目的原动力又该如何理解。特别是平台型社会组织作为一种新型事物，它的产生对于新型政社关系的建构又会产生怎样的影响。在项目实践过程中，各参与主体的生态定位、主体关系及运行困境又有哪些具体表现，如何从生态层面去破解社会服务项目在基层的实践难题。社会服务项目在基层的现实生态与文本意义上的理想生态存在哪些偏差，社会服务项目的基层实践又会对理想生态的重构带来哪些启示。

对于这些问题的解答，将有利于我们更加全面地理清社会服务项目的运行结构与机制，了解不同参与主体在社会服务项目中的行为动机及背后策略，更客观地审视社会服务项目的运行成效与问题。在此基础之上，还将有利于对当下本土化社会服务项目的公益生态加以重构。

---

① 管兵、夏瑛：《政府购买服务的制度选择及治理效果：项目制、单位制、混合制》，《管理世界》2016 年第 8 期。

第二节　文献回顾与述评

政府购买社会服务项目涉及的主要利益相关方是政社两大主体。围绕政社之间的静态关系与动态策略一直是学界致力于社会体制改革、服务型政府研究的核心议题。在政府购买服务体系中，项目制是当前政府职能转移、推行公共服务的主要形式。公益创投作为服务项目制的一种，整合了组织培育与服务开展两大功能于一身，受到各地追捧，为各地政府推行购买服务打下了良好基础，并逐渐形成了以社会服务项目运转为中心的公益生态。

一　服务购买中的政社关系

围绕政府购买服务中的政社关系，现有理论文献为我们提供了四种理论视角，即契约论、法团主义、合作治理和分类控制等多种理论视角。[①] 第一种理论视角为契约主义，该视角强调政府运用契约合同以及竞争机制引导社会组织的服务行为，确保合作中各项契约能够得以实现，政府和社会组织之间可以定位为“买卖双方”的市场交易关系。奥斯特罗姆（Ostrom）认为，任何产品和服务的垄断终将带来无效率的结果；[②] 波利特（Pollitt）以及萨瓦斯（Savas）强调，通过合同关系运用市场机制提供公共服务；[③] 该理论强调，政府在处理与社会组织的关系时，主要责任在于为不同社会主体营造公平竞争的环境，开放服务购买的市场，监管公共服务质量，扮演一个“精明买家”的角色。

然而，在现实环境下，“非竞争性”反而成为我国政社合作的典型特征。王名、乐园最早对政府向社会组织购买服务的关系加以界定，它

① 郭小聪、聂勇浩：《服务购买中的政府—非营利组织关系：分析视角及研究方向》，《中山大学学报》（社会科学版）2013 年第 4 期。

② Ostrom, V., E. Ostrom. Public Choice: A Different Approach to the Study of Public Administration. Public Administration Review, 1971, 31 (2): 203 –216.

③ Pollitt, C. Clarifying Convergence: Striking Similarities and Durable Differences in Public Management Reform, Public Management Review, 2001, 3 (4): 471 –492. ［美］E. S. 萨瓦斯：《民营化与公私部门的伙伴关系》，周志忍等译，中国人民大学出版社 2002 年版。

们存在独立关系竞争性购买、独立关系非竞争性购买以及依赖关系非竞争性购买三种模式。[①] 在此分类基础上，韩俊魁又将非竞争性购买分为两类，包括体制内吸模式和体制外非正式的按需购买模式。[②] 敬乂嘉通过对竞争性政府公共服务购买政策实施的考察发现政策执行过程中存在明显的“形实分离”（decoupling）现象。[③] 许小玲、周俊等人也指出，我国的政府购买具有“内部化”和形式性购买的特点，依靠直接指定而非竞争性招标确定服务承接组织，存在着大量的“关联交易”。[④]

第二种理论视角为法团主义。该视角强调通过国家干预，将各种社会力量通过正式化、制度化的方式吸纳到国家决策结构中，发挥公共服务机构的角色，自上而下地履行社会责任，进而实现国家与社会之间的有机整合。[⑤] 顾昕、王旭考察我国专业性社团时就发现它们的形成方式多半是自上而下式的，业务主管单位通过领导人选择实现对专业性社团活动的有效控制，而专业性社团为了获取资源持续支持也不积极寻求自主性。[⑥]

第三种理论视角为分类控制视角。该视角认为，我国政府和社会组织的关系并非是恒定的，在整体上呈现出多样化的特点。政府会根据具体情境以及社会组织的属性差异选择不同的合作类型。在不同的合作类型下，政府和社会组织的权利义务、关系边界以及互动方式均有较大的

① 王名、乐园：《中国民间组织参与公共服务购买的模式分析》，《中共浙江省委党校学报》2008 年第 4 期。

② 韩俊魁：《当前我国非政府组织参与政府购买服务的模式比较》，《经济社会体制比较》2009 年第 6 期。

③ 敬乂嘉：《从购买服务到合作治理——政社合作的形态与发展》，《中国行政管理》2014 年第 7 期。

④ 许小玲：《政府购买服务：现状、问题与前景——基于内地社会组织的实证研究》，《思想战线》2012 年第 2 期。周俊、沈永东：《政府购买行业协会服务中的非竞争性及其管理》，《中国行政管理》2011 年第 12 期。

⑤ 吴建平：《理解法团主义——兼论其在中国国家与社会关系研究中的适用性》，《社会学研究》2012 年第 1 期。

⑥ 顾昕、王旭：《从国家主义到法团主义——中国市场转型过程中国家与专业团体关系的演变》，《社会学研究》2005 年第 2 期。

差异。其中康晓光和韩恒提出的“分类控制”理论相对较有代表性。[①] 该理论指出：政府在管理自身与社会组织关系时，会根据它们发起政治挑战的能力以及提供公共物品的种类，选择不同的控制策略。具体策略包括：（1）将工会、居委会等组织视为“准政府组织”；（2）对宗教组织限制发展；（3）对官办社会组织加以鼓励支持；（4）对草根社会组织不加干预；（5）对政治反对组织加以禁止和取缔。范明林也认为，政府与社会组织合作时存在不同的关系类型。他对社会服务领域四类社会组织与政府的关系作了划分，提出了依附性、强控性、梯次性和策略性的国家法团主义四种关系类型。[②]

第四种理论视角为合作治理理论。合作治理是近年来旨在解决跨领域跨部门公共问题的一种新型治理形式，将包括政府在内的多个利益相关主体聚集在一个公共舆论空间（common forums），从而使得公共和私人部门的界限变得模糊，通过协商达成共识（consensus-oriented）并形成决策。[③] 它是介于政府治理与社会力量自治之间的复合性治理模式，其基本特征是不同治理主体为解决共同事务而对各自资源进行的共享。[④] 该理论主张政府和社会组织能够建立平等的伙伴关系。吉德伦（Gidron）、克雷默（Kramer）和萨拉蒙（Salamon）将政府和第三部门之间“资金支持—服务供给”的关系类型定义为合作关系，并且具体区分了卖家和伙伴两种模式。[⑤] 卖家模式中，政府扮演福利政策决策和资金支持的角色，第三部门则承担着项目的执行者角色。合作治理强调各类主体具备联合行动的能力，侧重于合作的程序与制度安排。[⑥] 政府

---

① 康晓光、韩恒：《分类控制：当前中国大陆国家与社会关系研究》，《社会学研究》2005 年第 6 期。

② 范明林：《非政府组织与政府的互动关系——基于法团主义和市民社会视角的比较个案研究》，《社会学研究》2010 年第3 期。

③ Gerry Stoker，“Governance as Theory：Five Propositions”，*International Social Science Journal*，1998（155）：17 – 28.

④ 敬乂嘉：《合作治理：再造公共服务的逻辑》，天津人民出版社 2009 年版。

⑤ Gidron. B. ，P. M. Kramer，L. M. Salamon，*Government and the Third Sector：Emerging Relationship in Welfare States*，San Francisco，CA：Jossey—Bass Publishers，1992，p. 18.

⑥ 蔡岚：《合作治理：现状和前景》，《武汉大学学报》（哲学社会科学版）2013 年第 3 期。

与社会组织的合作治理意味着政府能够主动地将自身职能从国家中释放出来并让渡给社会力量，社会组织的自主性及其在自我管理、自我服务的能动作用日益增强。[①] 良性的政社合作关系要求合作双方在理念价值、制度设计、核心技术层面上达成共识，形成利益共享和风险共担格局，为此，政府必须提高合同管理能力。

合作治理理论在实践中也会存在一定风险。范斯莱克（Van Slyke）指出，合作关系可能为社会组织治理带来不可预期的效果，导致其价值使命偏移、专业化程度降低，以及对资金的过度依赖等。[②] 受制于政府的管理能力与社会组织的服务能力，围绕社区公共服务而开展的合作治理可能会存在以下风险：（1）权力寻租风险；（2）问责困境；（3）社会组织服务能力的制约。[③]

综上所述，契约主义强调运用市场化思维去解决公共服务的不足，强调通过引入合同管理与竞争机制诠释政社关系，政府合同管理能力的高低将影响政府的目标能否实现；法团主义强调政府通过各种有力措施强化自身对社会组织的控制，借用社会组织去实现自身政策目标；分类控制认为政府在治理过程中对社会组织实施的其实是一种权变主义策略；合作治理强调的是政府应该以一种平等的身份去界定自身与合作伙伴之间的关系，重视双方的资源依赖以及互动、协商过程，将政府和社会组织看作平等合作的伙伴。

二 服务项目制

自20世纪90年代中期开始，社会治理的关键机制已经从之前的“单位制”开始向“项目制”转变。服务项目制不仅成为国家向社会提

---

① 朱晓红：《社区公共服务合作治理的风险与制度建设——以公益创投项目为例》，《湖南社会科学》2016年第2期。

② Van Slyke, D. “Agents or Stewards: Using Theory to Understand the Government-Nonprofit Social Services Contracting Relationship”, *Journal of Public Administration Research and Theory*, 2006, 17 (2): 157-187.

③ 朱晓红：《社区公共服务合作治理的风险与制度建设——以公益创投项目为例》，《湖南社会科学》2016年第2期。

供公共服务的重要途径，亦成为联结政府与社会组织的有效机制。① 近年来，项目制已成为公共服务领域的热门词，学界围绕服务项目制的基本内涵以及治理机制展开了深入研讨。

（一）服务项目制的基本内涵

根据国际项目管理协会的界定，项目是按照事本主义的动员或组织方式，在限定时间和资源的约束条件下，利用特定组织形式为特定目标群体解决具有明确预期目标（某种独特产品或服务）的周期性任务。②而以项目运转为核心、项目成效为导向的制度体系则视为项目制。分税制改革以来，项目制作为一项重要的治理技术，已经突破了传统单位制的治理模式，被各级政府广泛采纳，成为在政府上下级之间分配和掌控资源的新型控制手段。③ 近年来，项目制与项目现象已成为学界的研究热点，尤其热衷于将项目制置于国家治理框架下加以讨论。普遍认为，项目制旨在通过国家财政的专项转移支付等项目手段，突破了原有科层体制的束缚，同时也遏制了市场体制所造成的分化效应，形成了中央与地方政府之间、不同层级政府之间的分级治理机制。④

项目制已成为当代中国社会一种新的治理模式。项目制在经济发展中扮演了重要角色后，逐渐被复制到公共服务领域。⑤ 在国家与社会的关系领域，项目制治理，主要表现为政府向社会组织购买社会服务项目的治理模式。社会服务项目制看似是政府购买社会服务的一种方式，实

---

① 吴斌才：《从分类控制到嵌入式治理——项目制运作背后的社会组织治理转型》，《甘肃行政学院学报》2016 年第 3 期。黄宗智、龚为纲、高原：《“项目制”的运作机制和效果是“合理化”吗?》，《开放时代》2014 年第 5 期。

② ［美］项目管理协会，王勇、张斌译：《项目管理知识体系指南》，电子工业出版社 2009 年版。

③ 管兵、夏瑛：《政府购买服务的制度选择及治理效果：项目制、单位制、混合制》，《管理世界》2016 年 8 月。

④ 折晓叶、陈婴婴：《项目制的分级运作机制和治理逻辑——对“项目进村”案例的社会学分析》，《中国社会科学》2011 年第 4 期。渠敬东：《项目制：一种新的国家治理体制》，《中国社会科学》2012 年第 5 期。陈家建：《项目制与基层政府动员——对社会管理项目化运作的社会学考察》，《中国社会科学》2013 年第 2 期。

⑤ 张振洋：《当代中国项目制的核心机制和逻辑困境》，《上海交通大学学报》（社会科学版）2017 年第 1 期。

际上反映出政府对社会组织治理的一种新的尝试与探索。[①] 通过服务项目制可以把政府与社会组织有效地对接起来，实现对社会组织的适度控制，比较符合当下我国社会组织发展的阶段性特征，具有较强的契合性与普适性。围绕服务项目制的基本内涵，学界给予了相对统一的界定，即以各级政府为代表的资源主体通过项目立项的形式对各类社会组织提供政策及资金支持，社会组织则以项目的形式为社会提供专业化服务，共同参与社会治理的具体实践。[②] 一些学者还将服务项目制的项目运转流程进行了梳理。陈为雷认为，服务项目制就是政府通过直接资助或运营委托，由社会组织承接并提供的社会服务，它是建立在对社会服务项目打包、发包、服务执行与监测、成效评估过程中一系列体制和机制安排。[③] 刘珊同样也认为，"服务项目制"实质上是一个将服务项目分派给社会组织，并提供政策资金支持，由社会组织具体承接该项目并提供相应服务，政府参与对社会组织项目行为监督的系统过程。[④] 吴斌才也认为，服务项目制就是指政府通过资助或外包，由社会组织承接并提供的社会服务，突出了政社双方以项目为焦点的联结特征。[⑤]

（二）服务项目制的治理机制研究

在治理机制方面，项目制表现出与常规行政体制明显不同之处，服务项目制则更加凸显了政社之间的项目关联。它力求做到项目目标明确、预算结构清晰、过程管理严格、服务技术专业、监测评估规范，且带有明显的专家治理色彩。[⑥] 具体而言，"项目制治理"是一种由国家"发包"、地方政府"打包"、基层社会"抓包"的纵向条线控制和市

---

① 尹广文：《项目制治理——一种新的社会组织治理的理论与实践》，《广西师范大学学报》（哲学社会科学版）2016 年第 3 期。

② 尹广文：《项目制治理——一种新的社会组织治理的理论与实践》，《广西师范大学学报》（哲学社会科学版）2016 年第 3 期。

③ 陈为雷：《社会服务项目制的建构及其影响研究》，中国社会科学出版社 2015 年版。

④ 刘珊：《"项目制"下政府购买公共服务的实现路径》，《价格理论与实践》2016 年第 5 期。

⑤ 吴斌才：《从分类控制到嵌入式治理——项目制运作背后的社会组织治理转型》，《甘肃行政学院学报》2016 年第 3 期。

⑥ 渠敬东：《项目制：一种新的国家治理体制》，《中国社会科学》2012 年第 5 期。

场竞争相结合的治理方式。在这个过程中，国家通过“项目制”的治理方式保持了权威，同时调动了地方（基层）政府和社会的积极性。[①]其核心机制在于中央用分配和奖补资金的手段来调动地方政府和其他承包者的积极性。这固然可以是一个有效的机制，可以引起一定程度的竞争以及上下层的互动。明确的项目目标，也可能导致招标和申请、监督和运作，验收和效果过程中一定程度的专业化、技术化。这些都与源自韦伯原先提出的“合理化”理想类型理论相符。[②] 在社会服务项目运作过程中，政府对社会组织的核心治理机制不再是单纯的“控制”或“功能替代”，而是通过目标定位清晰、程序规范合理、资源分配有效、考核评估客观等环节，实现对社会组织的政治嵌入、功能嵌入和结构嵌入，从而实现对社会组织的结构功能和组织行为产生影响，带有明显的嵌入式特征。[③]

围绕服务项目制的内在关系结构，学界倾向对政社主体在项目制中的关系属性与互动形态加以分析，形成了“控制论”及“博弈论”两种观点。关于控制论，萨拉蒙（Lester M. Salamon）指出，政府向社会组织购买公共服务的发包体制并未改变政府控制公共产品供给的模式，它只是将原本政府供给的全能模式转变为政府购买的外包模式。政府与社会组织之间的直接非竞争式定向购买，有社会组织“被内部化”或向政府部门自愿卷入的意味。[④] 吴斌才认为：“在政府与社会组织的非对称博弈过程中，政府凭借着对服务项目的规则制定及资源垄断的绝对优势，实现对社会组织的功能替代、资格遴选和组织同化。”[⑤] 关于博

① 刘珊：《“项目制”下政府购买公共服务的实现路径》，《价格理论与实践》2016 年第 5 期。

② 黄宗智、龚为纲、高原：《“项目制”的运作机制和效果是“合理化”吗?》，《开放时代》2014 年第 5 期。

③ 吴斌才：《从分类控制到嵌入式治理——项目制运作背后的社会组织治理转型》，《甘肃行政学院学报》2016 年第 3 期。

④ 王浦劬、［美］莱斯特·萨拉蒙等：《政府向社会组织购买公共服务研究》，北京大学出版社 2010 年版。

⑤ 吴斌才：《从分类控制到嵌入式治理——项目制运作背后的社会组织治理转型》，《甘肃行政学院学报》2016 年第 3 期。

弈论，周雪光认为，“项目制从组织形式上不是自上而下的单方向运作，而是在委托方与承接方间相互博弈的过程中不断演变和建构的一套运行机制”。项目制最终采用何种具体形式，不是体现为委托方的单方面意念，而是产生于委托方和承包方间多层面、多情形的博弈过程。① 陈为雷认为，服务项目的运作是政府和社会组织以服务项目为联结点且分工明确的双向互动过程，是一种合作治理的格局。在这个治理格局中，政府发起项目、制定规则、提供资金并进行监督管理，社会组织则通过抓包并提供服务的方式以获取政府的项目资金。②

（三）服务项目制的运作成效

服务项目制的基层实践，探索出了一些有效治理方法，取得了诸多治理成效。一方面，学者们围绕服务项目制的运作成效进行了经验梳理。郭琳琳等人认为，项目制超越了行政科层制，将行政工作注入了竞争性的市场因素，具有行政功能和市场竞争的双重属性。这一制度既保障了政府行政体制的运行，又在一定程度上克服了科层制度的弊病，既通过市场机制提高了政府部门的执行效率，又在一定程度上防止了市场对公共领域的过度侵蚀。③ 陈为雷认为，项目制的运作机制已成为政府联系社会公众的桥梁与纽带。政府借助社会服务项目将社会公众纳入服务体系中享受有关服务，从而可以避免更大的社会排斥，起到社会整合的良好效果。④ 尹利民认为项目制介于科层制与市场化之间，虽然存在一些问题，但与我国的国家结构形式相适应。在现有制度安排下，项目制有利于调动地方政府的行政积极性，提高政府财政资金的使用效率，在推动政府和社会事业发展等方面扮演着积极角色。⑤ 尹广文指出，项目制以政府购买服务的形式，既改变了政府“单一性”主导的“监护性行政化管控”治理模式，又能够充分发挥社会组织的治理功能，有

---

① 周雪光：《项目制：一个“控制权”的理论视角》，《开放时代》2015 年第 2 期。

② 陈为雷：《社会服务项目制的建构及其影响研究》，中国社会科学出版社 2015 年版。

③ 郭琳琳、段钢：《项目制：一种新的公共治理逻辑》，《学海》2014 年第 5 期。

④ 陈为雷：《社会服务项目制的建构及其影响研究》，中国社会科学出版社 2015 年版。

⑤ 尹利民：《也论项目制的运作和效果——兼与黄宗智等先生商榷》，《开放时代》2015 年第 2 期。

效地维持了政府对基层社会的控制与权威。① 刘珊认为，政府通过“项目制”的治理方式保持了权威，同时调动了社会组织参与公共服务的积极性。因此，“项目制”具有能够宣传政府政策、凸显政府政绩，其资金渠道直接，动员高效等优势。②

另一方面，服务项目制在实践中也遭遇到一些困境与不足。周雪光指出，项目制可能会引发资源分配不均的问题，进而影响公共服务在基层的公平提供；项目制的集权化管理也有可能拉大政策制定部门与基层部门的距离，从而使得上层权威难以维系，地方有效治理难度加大。③陈水生通过对文化惠民工程服务项目案例的考察，发现服务项目制运作既存在着国家主导与地方自主的差异，还包括官僚政绩至上与公民需求导向之间的内在矛盾和困境，从而限制了项目制的执行效果。④ 李博通过对扶贫项目的观察，发现项目在实施过程中过度追求效率和注重解决眼前利益，从而出现“头疼医头，脚疼医脚”的现象，导致项目执行的碎片化，缺乏全局谋划的视野。⑤ 吴斌才认为，服务的项目制虽然为公共服务植入了更加专业化、多元化的元素，但仍有赖于政府对项目进行整体性规划。实践经验表明，社会服务项目制并没有使得政府权力逐渐淡出，反而有可能强化政府掌控公共服务的能力。⑥

综上所述，当前学界围绕项目制的研究主要集中在政府体制内的治理空间，强调项目制在各级政府系统内的运行机制，对政府行政方式的影响及改变。本质上看，仍属于体制内的行为研究。而对于项目制的社会服务实践，尤其是政府如何通过社会服务项目购买的方式吸引社会组

---

① 尹广文：《项目制治理——一种新的社会组织治理的理论与实践》，《广西师范大学学报》（哲学社会科学版）2016 年第 3 期。

② 刘珊：《“项目制”下政府购买公共服务的实现路径》，《价格理论与实践》2016 年第 5 期。

③ 周雪光：《权威体制与有效治理：当代中国国家治理的制度逻辑》，《开放时代》2011 年第 10 期。

④ 陈水生：《项目制的执行过程与运作逻辑——对文化惠民工程的政策学考察》，《公共行政评论》2014 年第 3 期。

⑤ 李博：《项目制扶贫的运作逻辑与地方性实践》，《北京社会科学》2016 年第 3 期。

⑥ 吴斌才：《从分类控制到嵌入式治理——项目制运作背后的社会组织治理转型》，《甘肃行政学院学报》2016 年第 3 期。

织积极参与服务供给实现政社合作，是近几年关注的热门议题。本书将以公益创投项目为研究对象，重点从项目的基层实践入手，分析项目如何实现从政府部门到社会组织的跨越，并进而转化为社会需求群体的真实服务。这一研究涉及项目在不同属性组织内的流动，其内在运作逻辑值得探索，而且还直接关系项目开展的最终成效。

三　公益创投

西方学者对于公益创投研究因为侧重点各有不同，学界迄今尚未统一定义。普遍认为最早给予公益创投以学术正名的是 1997 年 Ryan 和 Grossman 在《哈佛商业评论》上发表的《美德资本：基金会能向风险投资家学到什么》一篇文章。文章指出，基金会可以借鉴商业风险投资的方法，不但可以向公益领域注入资金支持，还要强化对社会公益组织的能力培养，提供必要的组织建设与管理支持，并与之建立长期的合作伙伴关系。虽然在文章中只字未提公益创投这几个字英译“Venture Philanthropy”，但这篇文章仍广泛被看作讨论公益创投的开山之作。① 伴随公益创投的推广与普及，公益创投机制已成为一种有效撬动社会目标组织发展的投资工具。② 学者们掀起了对公益创投内涵与特征加以研究的热潮。Sievers 总结了公益创投的四大特征：成效评估、服务系统化、出资方控制与合理退出策略。③ Peter Frumkin 认为公益创投是企业家采用商业模型来解决传统的资金支持、社会参与、服务绩效等慈善问题，并通过公益创投和传统公益补助的对比，认为投资、参与度和绩效评估这三个因素是公益创投改变以往公益补助模式诸多弊端的关键。④ Receca Wyhot 提出社会组织参与公益创投的本质包括服务信念、能力建

---

① Letts C. W. , Ryan W. , Grossman A. Virtuous Capital: What Foundations Can Learn from Venture Capitalists, Harvard Business Review, 1997 (75): 36 – 50.

② Austin, J. , H. Stevenson, and J. Wei-Skillern, “Social and Commercial Entrepreneurship: Same, Different, or Both?” *Entrepreneurship Theory and Practice.* 2006, 30 (1): 1 – 22.

③ Sievers, B. , If Pigs had Wings: The Appeals and Limits of Venture Philanthropy, issues in Philanthropy Seminar, Washington, DC: Georgetown University, 2010.

④ Peter Frumkin, Inside venture philanthropy. Society, 2003 (4): 7 – 15.

设、项目投资、与比其他基金会更多的承诺。[①] 公益创投支持者常常强调他们的模式具有高参与度、量身定制的融资、多年期支持、非财务支持、组织能力建设和绩效测量等特征。[②] 公益创投在西方也引发了不少争论。一些人对它期望甚高，通过对传统基金会的运作机制进行激烈批判作为讨论公益风险投资的出发点，从而招来各种批评。一些评论家认为公益风险投资对公益事业缺乏尊重，认为公益风投也并非新的创举，认为它的成效并不能得到有效验证，甚至认为它是商业价值对慈善领域的危险蚕食。[③]

国内学界关于公益创投的研究时间不长，大体可以分为三个阶段。第一阶段集中在回答公益创投"是什么"这个问题。具体包括对"公益创投"概念的内涵界定、参与主体、特征描述以及社会治理功效的认可等。学者们一致认为，公益创投是政府、企业、公益组织三方合作共赢的多目标、多功能的策略，是创新性整合政府、企业及社会组织的力量和资源，是解决社会问题的有效方式，有助于建立三方建设性的关系。[④] 多数学者对公益创投的内涵与特征进行了界定，普遍认为公益创投是公益慈善领域一种创新型的资助方式，高度整合了商业领域的风险投资做法，通过对专业公益组织的扶持，建立密切互动的伙伴关系，培育社会组织可持续发展的能力，提升社会问题的解决效率。[⑤] 在公益创投社会治理功效方面，一致认为，公益创投能够在资源支持与能力建设

① Wyhot R., Venture Philanthropy: Value Added Investmentor Administrative Annoyance. A Paper Submitted to the Faculty of The University of North Carolina at Chapel Hill in Partial Fulfillment of the Requirements for the Degree Master of Public Administration, 2004 (3): 12.

② John, R., Venture Philanthropy: The Evolution of High Engagement Philanthropy in Europe. Working paper. Oxford: Skoll Centre for Social Entrepreneurship, the University of Oxford, 2006.

③ Kramer, M., "Venture Capital and Philanthropy: A Bad Fit," *The Chronicle of Philanthropy*, 1999, 22 (1): 72. Sievers, B. 1997, "If Pigs had Wings," *Foundation News & Commentary*, November-December: 44 – 62.

④ 马宏：《公益创投：促进公益组织发展的新途径》，《社团管理研究》2008 年第 10 期。

⑤ 刘新玲、吴丛珊：《公益创投的含义、性质与构成要素》，《福建行政学院学报》2011 年第 4 期。

这两方面为社会组织带来功效。[①] 有学者指出，公益创投整合了基于服务成效与组织成长的长期资本投资、专业服务以及高度互动的伙伴关系，旨在帮助被扶持组织的发展壮大；[②] 公益创投还可以有效节约社会成本、能有效提高公益组织可持续发展的能力、能有效推动企业界与非营利组织之间的长期合作等。[③]

第二阶段集中在回答公益创投“如何运作”这个问题。学者们认为，欧洲公益创投发展迅速，已经形成了包含筹资、投资和退出在内的一套完善的运行机制。当前，我国公益创投仍处于起步期，借鉴欧洲公益创投成熟经验和运行机制是当下我国公益创投事业发展的迫切任务。[④] 学界认为公益创投运作模式存在两种划分法：第一种依据资助主体不同，将公益创投运作模式分为基金会模式、企业模式、政府主持多方合作模式三种。[⑤] 第二种依据运作方式不同，将政府参与的公益创投运行模式分为：独立运作模式、委托运作模式两类。前者专指由政府或政府组织专家团队进行项目评审，然后根据评审结果对优秀的公益项目进行资助，在项目结束时再对项目成效进行评估。后者一般是政府提供公益创投资金，第三方平台型社会组织提供专业的人员和服务进行评审、监督和评估。[⑥]

第三阶段集中在对公益创投存在的问题进行了梳理和反思。学者们纷纷结合对不同地方公益创投实践资料的整理，提炼了公益创投在运行

---

① 蔡琦海：《公益创投：培育非营利组织的新模式——以“上海社区公益创投大赛”为例》，《中国非营利评论》2011 年第 1 期。

② 赵萌：《慈善金融：欧美公益风险投资的含义、历史与现状》，《经济社会体制比较》2010 年第 4 期。

③ 李筱婧、万军：《利用公益创投促进公益组织发展》，《理论与现代化》2010 年第 3 期。

④ 刘志阳、邱舒敏：《公益创业投资的发展与运行：欧洲实践及中国启示》，《经济社会体制比较》2014 年第 2 期。

⑤ 吕纳：《公益创投的本土实践分析》，《价值工程》2012 年第 24 期。冯元、岳耀蒙：《我国公益创投发展的基本模式、意义与路径》，《南京航空航天大学学报》（社会科学版）2013 年第 4 期。

⑥ 李健、唐娟：《政府参与公益创投：模式、机制与政策》，《公共管理与政策评论》2014 年第 3 期。

中存在的诸多问题，内容涉及政府主导、社会参与、主体间信任、资金来源、专业人才、绩效评估、社会影响、退出机制等诸多方面。有学者从宏观层面指出，公益创投在扎根中国本土的过程中，栽培效果并不理想，存在核心概念混淆、社会组织成长轨迹倒置以及政府需求导向和组织发展导向间的矛盾等问题。① 公益创投面临着政府与社会组织间缺乏信任、专业人才匮乏、资源供给不稳定及出资方退出机制两难等诸多困境。② 还有学者从微观层面认为，政府行政主导的痕迹过强，社会参与度不够；资金来源的封闭性；项目执行成效难以通过量化标准加以考核，从而无法严格地界定公益创投所带来的实际功效及社会影响。③ 也有学者认为，由政府主导的公益创投模式会出现，如经费支持缺乏制度保障，项目后期监测和评估机制不完善，专业社工服务能力不足，服务对象参与率不高等问题。④ 在实践中也遭遇权力寻租风险、问责困境以及社会组织服务能力制约等困境。

回顾国内外关于公益创投的研究成果，总体来说，公益创投作为社会治理创新的新生事物，日益受到各方热捧。基本形成了从“概念追捧”到“模式探索”，再到“问题反思”的发展逻辑，学界对公益创投的认识也逐渐趋于理性、客观，对中国本土化公益创投的实践发展提供了良好的理论借鉴。多数学者研究切入点虽有差异，但基本结论是对公益创投持认同态度，趋向于构建多中心协同治理格局，以突破传统的单中心架构，实现从国家本位向社会本位的转变。略显不足的是，第一，关于公益创投存在问题的原因，尤其是从多元主体协同治理层面分析困境产生的根源，却少有关注。第二，针对公益创投存在的问题该如何规避化解，尚未从创投生态运行的实证层面，去检验该理想治理模式的实

---

① 许小玲：《“扎根”与“生根”：公益创投本土实践的反思与前瞻》，《社会工作》2015 年第 4 期。

② 马蕾、邓敏、盛夏：《公益创投与地方政府社会管理创新——以昆山为例》，《南京理工大学学报》（社会科学版）2016 年第 1 期。

③ 李健、唐娟：《政府参与公益创投：模式、机制与政策》，《公共管理与政策评论》2014 年第 3 期。

④ 崔光胜、耿静：《公益创投：政府购买社会服务的新载体》，《湖北社会科学》2015 年第 1 期。

践可行性。如何从公益生态层面构建一套有效的治理思路，这是理论界与实务界共同关心的迫切议题，也是本书的题中之义。为回应这些协同治理的新问题，本书选择了 S 市公益创投项目作为研究对象，围绕创投生态格局对各参与主体间的角色关系及运行困境进行了实证探索。

四 研究述评与启示

通过对政府购买服务中的政社关系、项目制以及公益创投等研究领域的学术探索，可以发现：政社关系一直是政府加强职能转移、深化社会体制改革、创新社会治理体系所避不开的核心议题。政府购买服务从本质上看属于政社之间的契约关系，然而在我国现阶段社会背景下，社会组织对政府资源支持具有高度依赖性，社会组织与政府之间尚不足以建立平等的契约关系。政府对待社会组织成长的态度带有明显的矛盾心理，既希望借助社会组织的力量协助政府实施对基层社会的问题治理，又顾虑社会组织发展出现自发而不可控的局面，影响社会秩序的稳定。同样，社会组织由于缺乏稳定的资源供给，对政府支持抱有较多期望，甚至会主动放弃自主性来迎合政府的治理需求。因此，关于社会组织自主性议题，存在“被逼放弃”与“主动放弃”两种态度。又因为无论政府部门或是社会组织，它们各自组织类型又很复杂，从而造成政府购买服务领域中的政社关系呈现出多种样态，如契约论、合作论、依附论等。尽管如此，政府购买服务在短期内，所谓政社平等合作的关系定位仅是表层意义上的界定，实质上依然是以政府占据绝对主导地位，社会组织则扮演着被动从属性角色，缺乏足够的话语权。如果社会组织对政府的资源依赖不能改变，特别是经由政府购买服务政策催生出来的社会组织，其资源获取渠道过于单一狭窄。这种形态对于公益行业发展，尤其是公益生态的建构将会产生持续而深远的影响。

关于项目制研究，学界的关注视点逐渐从政府体制内的治理研究开始向社会各个领域延伸，如经济发展项目、高校科研项目、政府惠民服务项目等。当前，政府购买服务也被纳入项目制的研究范畴。学界一致认为，服务项目制是在治理形态上介于体制内的科层制与体制外的市场竞争制之间的一种新型治理模式。该模式依然包含着出资方主体“发包”，平台方主体“打包”，执行主体“抓包”的治理结构形态。与政府体制内的项目制的差异在于，服务项目制的参与主体涉及政社两大群落，是以项目实施与目标达成为核心的政社互动过程。在具体的项目制实践中，项目采取何种形式，是在委托方与承包方间相互作用的博弈过程中不断演变和建构的。政府借助项目发包、资金支持的形式，吸引社会组织积极参与公共服务供给，同时将政府的政策意旨嵌入社会组织的发展之中。通过项目的发包，还可以激发社会组织的竞争性，围绕相同项目标的展开竞争，从而不断提升项目服务质量。社会组织则通过迎合政府的政策要求，设计优化服务项目，以期获得项目资助，实现项目目标与组织成长的双重使命。从项目执行成效上看，学界对服务项目制的看法褒贬不一。持肯定的看法是服务项目制将政府与社会组织两大主体联系在一起，并充分激发了双方合作意愿，使得政府借助社会力量提供公共服务成为可能。持否定态度的观点是服务项目制的推行使得社会组织“内部化”，不仅没有让政府权力淡出社会组织领域，反而在一定程度上强化了政府掌控社会组织的能力。不得否认，服务项目制的出现，为政府购买社会组织服务提供了较好的可实践模式，使得公共服务更加精准细致，服务效果更加可观可测。

公益创投作为政府推行购买服务的模式探索，在各地政府及条线部门受到广泛追捧，同时，学界对公益创投领域的研究相对成熟。一方面，肯定了公益创投的实践价值，能够在资源支持与能力建设这两方面为社会组织带来功效，更是为政府购买服务提供了良好的实践经验。另一方面，也对公益创投存在的问题进行了分析与反思。公益创投面临着政府与社会组织间缺乏信任、专业人才匮乏、创投成效难以客观衡量及政府退出机制两难等诸多困境。学界对公益创投的实践反思为本书提供了丰富的素材与分析视角。略显不足的是，学界研究很容易完全倒向单纯地对政社关系的分析领域，或者仅停留于对公益创投的微观理解，站位的高度不够，较少将创投项目上升到公益生态的高度加以洞察，这也是本书的着力点。

第三节　研究设计与思路

一　核心概念与理论基础

（一）核心概念

1. 公益生态。公益，即有关社会公众的福祉和利益，特指个人或组织自愿通过做好事、行善举而提供给社会公众的公共产品。[①] 在这里涉及对行动主体行为性质的价值判断，以及对行为作用对象非特定指向性的说明。生态，通常也称为生态系统，属于自然生物学的一个概念，特指在一定的空间内生物与环境构成的相对稳定的动态平衡状态。它由无机环境和生物群落（生产者、消费者、分解者）构成。其中，无机环境是生态系统的基础，其发展基础的好坏将直接影响生态系统的复杂性和其中生物群落的丰富性；生物群落对无机环境具有反作用力，生物群落在生态系统中既需要适应环境，也会改变周围环境。[②]

公益生态，属于本书的创设性词语，即是从生态学的视角看待公益事业的整体性发展。本书认为，公益事业的发展既需要各种公益主体的积极参与，也离不开良好的社会氛围和政策环境。结合生态系统的理解，不同公益主体可以视为公益生态中的生物群落，社会氛围和政策环境则可以理解为公益生态中的无机环境。社会有关公益的政策环境将直接决定着公益主体的类型多样化及投入积极性，与此同时，各种公益主体通过实际行动也在不断适应和改变着社会公益环境。

2. 服务项目制。项目制，属于公共管理领域的高频词语，是我国近十年来社会治理体制机制运行中的一个极为独特的现象。它并非各类项目管理制度，而是一种能够将政府各层级关系以及社会各领域统合起来共同参与特定问题治理的有效模式。[③] 其基本要义是指，在分税制的制度条件下，资源的获取以及资金的分配出现了依靠“条线”得以实

---

① 钟一彪：《大学生公益活动实务》，中山大学出版社 2013 年版。

② 中国大百科全书总委员会《环境科学》委员会：《中国大百科全书·环境科学》，中国大百科全书出版社 2002 年版。

③ 渠敬东：《项目制：一种新的国家治理体制》，《中国社会科学》2012 年第 5 期。

现的情形，即在行政层级体制之外采用项目制的形式实现对财政转移支付。[①]

服务项目制，则是将不同政府层级之间的治理模式借鉴到社会服务领域，将公共服务进行项目化包装，在项目发包主体与执行主体之间推行公共服务实践的治理模式。在政府购买服务的制度体系下，服务项目制可以理解为将政府的资源供应与社会组织的服务供给以项目化的形式加以联结的一种治理形态。在该体系内，包含购买方、承接方、执行方及受益方四个主体。在政府购买服务的社会背景下，各项目主体围绕社会服务项目的有效运行彼此关联，形成一种新型公益生态。

3. 公益创投。公益创投属于嫁接性概念，是从商业风险投资领域引渡而来，实现商业风险投资和自主行为结合的一种创举，本质上属于促进公益事业发展的一种新型公益资本投入方式。它的主要内涵是指专门为初创或中小型社会公益组织提供包括能力建设在内的创业及发展资助，终极目标是为了创造有价值的公益服务项目，培育发展具有创新性创意的优秀社会公益组织，有效满足和解决社会服务需求的问题。[②] Sievers 总结了公益创投的四大特征：成效评估、服务规模、出资方控制与退出策略。[③] 公益创投支持者常常强调他们的模式具有高参与度、量身定制的融资、多年期支持、非财务支持、组织能力建设和绩效测量等特征。[④] Cummings and Hehenberger 提出公益创投的基本特征包括深度扶持、持久合作、系统化的能力建设、有效的财务支持、绩效的评估。[⑤] Francis 提出了公益创投的五大要素：合作关系、管理营运、全面支持、

---

① 折晓叶、陈婴婴：《项目制的分级运作机制和治理逻辑——对“项目进村”案例的社会学分析》，《中国社会科学》2011 年第 4 期。

② 马宏：《公益创投：促进公益社会组织发展的新途径》，《社团管理研究》2008 年第 10 期。

③ Sievers, B., If Pigs had Wings: The Appeals and Limits of Venture Philanthropy, Issues in Philanthropy Seminar, Washington, DC: Georgetown University, 2010.

④ John, R., Venture Philanthropy: The Evolution of High Engagement Philanthropy in Europe. Working Paper. Oxford: Skoll Centre for Social Entrepreneurship, The University of Oxford, 2006.

⑤ Metz Cummings, A. Hehenberger, L., Strategies for Foundations: When, Why and How to Use Venture Philanthropy. Brussels: European Venture Philanthropy Association, 2010.

社会效益和社会创新。①

（二）基础理论：组织生态学

理论既是学术研究解释工具也是开展学术创新的基础参考。本书以社会服务项目为研究对象，重点以生态的视角考察不同参与主体在项目实践中的生态定位、主体行为及互动关系。故本书将以种群生态学理论与组织生态学理论作为理论分析的基础。

近年来，关于生态学（Ecology），已成为不同领域日益重视的热门话题。在生态学领域中，以某种单一生物或此种生物组成的组群与环境间的关系为研究对象的，被视为个体生态学；在某一环境内，以一个共同功能单位或生存体系的许多不同种生物间的生态关系为研究对象，则被视为种群生态学。种群生态学从某种意义上看是对一个种的地区群体作为研究对象。种群生态学主要研究群聚和生态系内各种错综复杂的互动关系。比如研究掠食者和食物的关系，分析生物繁殖和分布的相关因素，研究能量在食物链内流动的情形，探讨不同族群聚集在一起的相关因素，并进而探讨这一过程的演化关系及演化过程。②

关于种群生态学过去只关注动物个体数量，研究重点放在栖息数量及其变化的记载和寻找变化的原因。种群生态学在理论上、方法上是生态学中发展最快、也最为活跃的一个领域。对种群系统与外部自然环境相互作用加以研究，对其时空发展动态，物种遗传进化、生物行为适应等方面进行深入研究，这些是了解群落和生态系统的结构、功能的基础。

组织生态学是运用生态学原理与方法研究组织生态主体与各种环境要素之间关系的一门学科，是从生物族群生态理论经过小心的类比过程，逐步推演而来的，是一个由人、组织（活动）、环境共同构成的复合系统。它是在种群生态理论基础上发展起来的一门新兴交叉学科。它借鉴生态学、生物学、系统学等学科的知识来研究组织个体的发展以及

---

① Francis, Venture Philanthropy Gaining Ground in Hongkong, http://sunflower.org.hk/venture-philanthropy-gaining-ground-in-hong-kong/. 2012.

② Pianka, E. R. (1976) Competition and Niche Theory. In R. M. May, ed.: Theoretical Ecology: Principles and Applications. Philadelphia, W. B. Saunders, pp. 114 - 141.

组织之间、组织与环境之间的相互关系，经过 20 多年的发展，组织生态学现已成为组织理论的一个重要分支。

该理论将达尔文“优胜劣汰”的生物学理论引入组织研究，重点探讨组织种群的创造、成长及死亡的过程及其与环境转变的关系。[①] 它认为组织与生命有机体具有高度相似性，需要与环境相适应才能生存下来。与其他组织研究方法不同，组织生态学的研究对象是组织群体，需要解释的是组织之间的差异性。

组织生态学理论关注的是环境的影响力，强调的焦点是在环境中某一个社群的兴起和衰落是被何种社会力量所决定。基本假设是社会酝酿着强大的力量，个别组织并不能够单独凭借自身力量来适应环境，即便会促成环境的细微改变，但始终抵抗不了大环境带来的压力。若社会力量对于某种社群和产业的发展是有利的，则会促成该类组织不断涌现；如果社会改变了环境，不再需要该类组织的产品、服务，甚至形态，则该组织必将会被淘汰。因此，环境中的领地或缝隙就显得尤为重要，当面临淘汰时，它可以寻找更多缝隙求生存，则被淘汰的机会便可以大大减少。以组织生态学理论为基础的观点认为组织追寻的战略是在一个可能的范围内不断地变化的。

组织生态学预设组织生存的环境是特定的，它还强调了组织的适应性，认为组织必须与环境进行资源交换才得以生存，有必要从环境中通过努力获取资源。组织可以通过积极的策略选择采取相应的行动，并有改变环境限制的可能性。在同一外部环境中，不同组织或者不同组织管理者可能会产生不同的理解、参与及选择方式。因此，人们对环境存在不同的认识就可能给环境带来不同影响，充分体现了“塑造性”的环境特点。由组织生态学理论延伸的新制度主义理论认为，环境对组织的约束性并不是指组织只能被动消极地适应服从制度环境的规定，组织基于生存需要，也会采取相应的策略措施以应对甚至改变制度环境的限制。迈耶（Meier）与罗文（Rowan）指出，组织自身具有一定的能动性，能够在面临与制度环境的结构矛盾时，可以将其正式结构与实际活

① 董鸣：《生态学透视：种群生态学》，科学出版社 2019 年版。

动分离（decoupling）开来，仅在仪式上遵从制度环境，而在行动上会根据实际情况加以考量和调整。此外，组织还运用信任机制使得组织内外人员保持对组织运作的信心，既可以维持组织的合法性，又能够保证组织目标的实现。

二 研究方法

本书主要采取质性研究的方法，所谓质性研究，即是以研究者本人为研究工具，在自然情境下采用多种资料收集方法对社会现象进行整体性探究。该研究方法强调使用归纳法分析资料并形成理论，通过与研究对象互动对其行为和意义建构获得解释性理解的一种活动。[①] 根据研究需要笔者以 S 市公益创投活动为研究平台，通过田野调查的形式，对 S 市民政部门、平台型社会组织、一线社会组织以及项目受益公众等创投参与主体展开系统深入地调研，以期了解社会服务项目制的现实运行生态，在此框架下，对各参与主体的项目行为策略及其产生的项目成效的直接影响加以深度剖析。

（一）文献研究

所谓文献研究，是一种以现存的文字、符号、数字等信息形式出现的文献资料为研究载体，对这些内容加以收集和整理，来探讨和分析各种社会行为、关系、现象以及背后所蕴藏的意义的一种研究方式。[②] 本书以社会服务项目制为主题，内容涵盖社会学、社会工作、政治学、管理学、社会政策等诸多学科门类及研究领域。为全面了解社会服务项目制的运行状况，理清不同主体在项目制的生态结构中的互动关系，有必要借助不同学科前沿研究成果，对此加以梳理与辨识。鉴于此，本书以公益创投、项目制、政府购买服务、社会组织等主题，广泛查阅了相关领域的前沿研究专著、公开发表论文等资料。通过网络平台，查阅了不同地区社会服务项目制的实施政策及运转状况，为更好地了解 S 市的公益项目发展提供了借鉴与参考。此外，在实习调研中，笔者可以接触到

---

① 参见陈向明《质的研究方法与社会科学研究》，教育科学出版社 2000 年版。

② 风笑天：《社会研究方法》（第四版），中国人民大学出版社 2013 年版。

S 市公益创投项目的系统性一线资料，包括 S 市民政部门关于公益创投的政策文件、管理办法，平台方社会组织对创投项目的监测评估制度文件，一线社会组织项目申报及执行报告等，通过对这些文献资料的收集，可以有利于全方位了解公益创投的客观实践过程。

（二）参与观察

所谓参与观察，即研究者通过深入研究对象的实际生活背景中，参与研究对象的日常社会生活，全方位记录研究对象的生活点滴。[①] 根据观察者身份是否面对研究者公开，可以分为公开性参与式观察法与隐蔽性参与式观察法。本书以 S 市公益创投活动为研究内容，对社会服务项目制的实践运行生态及其成效加以反思，有助于更清晰地理清不同项目主体之间的互动关系，并不涉及特殊隐情、特殊群体、特殊情境。因此，本书主要采用公开性参与式观察法。

为了搜集资料的需要，一方面，笔者于 2014 年 11 月至 2016 年 1 月，与 S 市公益创投承办机构恩派（NPI）负责人通过沟通达成共识，以实习观察员的身份直接参与该机构的具体工作中，承担着该机构的日常项目监测、监测过程记录、项目评估、参与例会讨论等工作。该机构开放融洽的氛围，为笔者全方位涉足社会服务项目观察，参与问题讨论，搜集广泛资料，提供了很好的机会。在此期间，可以与机构负责人、工作人员围绕研究需要进行公开访谈与对话。在项目监测活动中，直接亲临各个一线社会组织的项目执行现场，观察项目执行状况。在服务活动现场，可以真切感受社会服务项目实施状况，并与一线社会组织项目执行人员、服务对象、落地社区工作人员等进行访谈交流。在项目评估中，以承办方机构员工的身份参与项目执行过程与成效的评审工作，针对项目存在的问题进行现场沟通与交流，给出评审意见与建议。在机构例会中，笔者还可以结合实习观察的状况发表观点，对优化项目执行成效提出改善对策。另一方面，2016 年后笔者长期通过直接走访 S 市各级政府及条线的公益创投平台，参与公益创投项目评审、监测及评估工作，更加广泛地接触一线社会服务机构，聆听各种声音，掌握了丰

---

① 风笑天：《社会研究方法》（第四版），中国人民大学出版社 2013 年版。

富的研究素材，对公益创投活动的生态系统有了较为系统的接触。

（三）个案访谈

所谓个案访谈即访谈者通过与受访人约定时间地点，通过面对面地交谈来了解受访人的心理、行为动机以及对待不同事物的态度的资料收集方法。[①] 可以依据访谈内容的标准化程度的不同，将其分为结构式访谈与非结构式访谈两种。在本书中，笔者分别选取了平台型社会组织负责人及工作人员，S市民政局工作人员，诸多一线社会服务机构工作人员等展开了访谈工作。因实习观察员的客观身份，创投承办方恩派（NPI）能够将笔者视为“自己人”，在访谈交流时并不需要刻意地准备与筹划，更适用于非结构式访谈。政府部门及一线社会组织也以平台方工作人员来界定笔者的身份，访谈要求更加严谨正式，这种访谈往往需要事前做好充分准备，采用结构式访谈更加适合。比如在日常实习观察中，针对研究需要围绕某一主题可以突发性地向机构负责人或工作人员进行询问，访谈形式较为自由。在面向政府部门工作人员及一线社会组织负责人，往往预先制定好访谈提纲，约定访谈地点与时间，展开系统深入的访谈。

三 研究框架与章节安排

（一）研究框架

本书的核心议题是借助生态视角分析社会服务项目在基层的实践逻辑是什么，这里涉及与社会服务项目相关的各类不同参与主体，重点研究这些主体围绕社会服务项目运行这一核心，所建立起来的生态系统是如何运行的。每类主体参与社会服务项目的原动力如何理解，社会服务项目的现实运行与理想类型是否存在偏差。针对现实项目运行存在的问题，如何从生态层面加以诠释，并结合良性生态的建构要求，又该采取何种策略确保社会服务项目成效的达成。

整个研究构思大致可以分为以下三部分：首先，研究探索阶段，从政策制度、社会环境等方面，全面把握公益创投项目在S市落脚的必要

---

① 风笑天：《社会研究方法》（第四版），中国人民大学出版社2013年版。

性与可行性。从整体层面对S市公益创投活动的加以介绍，理清社会服务项目所涉及的参与主体类型及内在结构，对社会服务项目所形成的理想型实践样态加以解构。分别从政府、平台型社会组织、一线社会服务机构以及服务对象层面了解他们对公益创投这一新型事物的认知与见解，明确他们参与公益创投活动的项目动因，建立契合各方共识的社会服务项目理想生态模型。

其次，描述解构阶段，结合各参与主体在社会服务项目运行中所呈现的生态角色与行为加以描述，分析各主体在实际项目实践中存在的困境表现，并借助生态学理论对此加以解释。重点围绕项目购买方（政府部门）、项目承接方（平台型社会组织）、项目执行方（一线社会服务机构）这三类项目参与主体在项目执行过程中所产生的互动行为及特征加以研究。在此基础之上，力求分析产生不同行为的组织策略。这些主体项目行为的产生是基于对基层服务生态的适应，还是出于组织自身能力的不足，抑或是出于实践惯性的遵从等。其中，一线社会服务机构是社会服务项目的直接执行方，其内部又有不同的类型区分（街居型、专业型、市场型、草根型），在面对公益创投项目时，会表现出不同的认知差异。这些认知差异又会体现在与平台型社会组织乃至当地政府的互动实践中。

最后，整合重构阶段，针对项目实践中存在的种种问题，以社会服务项目的良性生态构建为目标，提炼出一些合理应对策略。建构良好的项目生态，既需要对不同项目主体提出必要的行为规制，又需要从生态关系层面引导各类主体学会处理不同关系，建立合适的生态定位。从学理上对各项目主体的关系，尤其是政社关系的良性互动作进一步反思。

（二）章节安排

整篇文章借助生态系统视角对公益创投这一核心主题展开论述，全文分为七个章节，每个章节的行文内容安排如下：

第一章为绪论。本章节从政府购买服务的时代背景切入，陈述了政府参与社会服务的发展趋势，引出社会服务项目制这一新型治理议题，并围绕社会服务项目制的现实运行成效提出了系列研究问题。然后对学界围绕服务购买中的政社关系、服务项目制、公益创投等不同研究领域

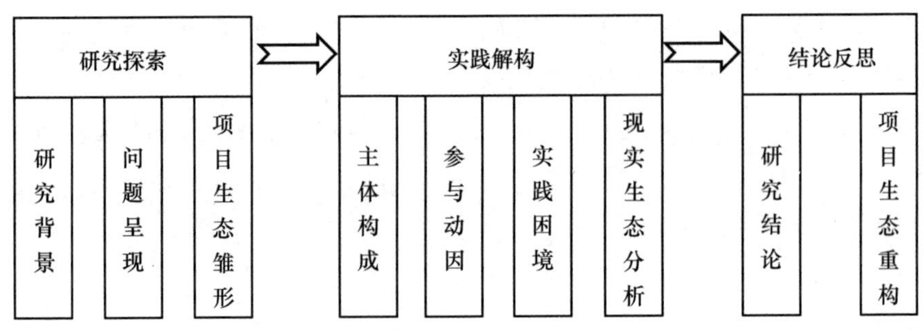

图 1－1　研究构思图

加以梳理，把握前沿研究观点，继而提出本书的理论价值与现实意义。同时，针对如何展开具体研究从理论基础及研究方法等方面进行设计。

第二章是社会服务项目的本土实践演变。本章节首先对政府购买服务的发展脉络加以描述，强调了政府在公共服务领域内实施项目式购买的发展趋势。以公益创投为服务项目制的分析样本，全面梳理了我国公益创投的各种实践模式，进而再引申出 S 市公益创投活动的开端与发展历程，呈现出阶段性特征，大体介绍了公益创投的各种参与主体及基本运作流程。

第三章是社会服务项目的生态结构及功能。本章节着重从生态视角为社会服务项目建构了理想生态雏形。社会服务项目的现实运行涉及多元社会主体的共同参与，彼此之间均保持着复杂且紧密的联系。这一生态以社会服务项目运转为核心，以外部政策与社会认知为环境，以各参与主体为生态群落，所形成的生态系统具有内在的结构，对推动社会服务行业发展具有一定的功能价值。

第四、五、六章是属于实证研究的主体章节，主要围绕政府部门、平台型社会组织、一线社会服务机构等公益创投三大参与主体展开分析。针对每一参与主体独立设置一个篇章，分析内容主要包括每个主体参与社会服务项目的动因，在社会服务项目中所扮演的生态角色，以及在项目实践中所产生的困境表现。

第七章是社会服务项目的运行生态及其关系重构。本章节是研究观点提炼升华的章节，涉及社会服务项目的生态建构与实践成效的反思；社会服务项目的产生是现代社会服务供给模式的积极探索，然而在现实运行中仍面临着诸多生态问题，文章以生态视角对社会服务项目的良性运行加以建构。

结语对整本书的主要观点进行了系统梳理，并紧扣服务项目制下的公益生态能否持续稳定运行，进行了现实反思。同时，对服务项目制下构建的新型公益生态所呈现的政社关系加以全新解读。

四 研究创新

（一）理论创新

将社会服务纳入项目制的观察视角下，实现了政社跨界合作服务项目制的理论突破。项目制已逐渐成为一种新型的国家治理体制，该体制最大的特色在于整合参与性较强，它是一种能够把从国家到地方的各层级政府统合起来的治理模式。其实质是国家自上而下主导社会发展规划的一种管理体制模式。当前对于项目制的研究，主要集中在对中央与地方政府之间体制内的新型行政关系的考察上，而对项目在通过政社合作推动社会服务改善方面的关注略显不足。在社会服务领域，项目制并非简单地体现为中央主导地方关系，实践中更多表现为一种政社跨界合作。涉及基层政府部门（项目出资方）、平台型社会组织（项目承接方）、一线社会服务机构（项目执行方）三者围绕项目有效运行而展开的互动。本书以服务项目制为载体，为政社关系研究提供了全新的项目制视角。社会服务项目体现了政府的政策意向，涵盖了公共资金与社会服务，项目执行成效有赖于社会组织的支持与配合，为观察政府和社会组织的关系提供了良好的实证观察点。本书将突破以往对项目制关注领域的局限，实现关注点下沉，以服务项目的基层实践为理论研究线索，考察项目制在基层社会服务空间中的运作逻辑，主要集中于不同主体的项目实践行为，以此透视服务项目制在推动社会服务改善上的可能成效。

（二）视角创新

将平台型社会组织纳入政社关系的分析系统，创新性提出了“国家—中介—社会”的三元政社分析框架，实现了研究视角的创新。传统政社关系研究通过政府与社会组织的双向线性联系给予了二者关系属性的研判。基于社会组织对公共资源的客观依赖，极易形成“政府主导”“行政吸纳”“内卷化”等观点。本书认为，政社关系的判断主要取决于观察视角的差别。现实背景中，由于政府与社会组织二者身份并不对等，二者缺乏谈判空间，社会组织习惯性以低姿态呈现在政府面前。单纯考察政社之间的关系，理解过于片面，解释维度缺乏弹性。为了能更加立体地呈现政社关系的样态，本书将在政府与社会组织之间植入中介组织，寄希望其在政社沟通上发挥缓冲器的作用，搭建政社互动的有效桥梁。研究关注平台型社会组织介入到服务项目制内，从“政—社”二元关系衍变成“政—中—社”三元关系，这一全新的观察视角是否会对原来固化的政社关系带来影响，这种影响对良性政社关系的建构又会产生何种功效，这些问题也是本书亟待探讨的议题。

第二章 社会服务项目的本土实践演变

政府购买服务源于西方社会对公共事务治理的行政改革，是社会服务项目产生的主要来源之一。在我国现行治理背景下，社会服务项目离不开政府的强力推动与资源支持。然而，社会服务项目在本土的实践发展最初始于对公益创投的经验探索。依据西方学界观点，公益创投并非严格意义上的政府购买服务，其资源主体还包括企业、基金会等社会力量。然而，以政府资源供给为主导形式的公益创投与政府购买社会服务项目在利益相关主体及运行逻辑方面则表现出高度一致性，在我国众多地方基层政府部门均有推广。鉴于此，本书以公益创投作为社会服务项目研究的主要分析对象。

第一节 政府购买服务的兴起与发展

一 西方政府购买服务的兴起与普及

政府购买服务（purchase of services）于20世纪60年代就在西方国家形成了一些发展端倪，迄今为止已有近六十年的实践历程。美国是最早实施政府购买服务的西方国家，60年代末美国约翰逊总统就提出了“同贫困的战争”的口号。针对美国社会的移民潮、老龄化社会、福利运动等现象，美国政府不得不正视这些问题，并对公共服务部门进行高额财政补贴，从而导致财政负担沉重。美国政府希望通过市场竞争机制达成降低公共服务成本、提高公共服务质量、减轻财政负担的目标。政府购买服务被正式提上日程，美国联邦经济机会办公室进行了首次政府购买公共服务的探索。之后，许多地方政府都采用了这种公共服务供给模式，短期内购买服务迅速成为一种流行性行政行为。到20世纪70年代末，英国撒切尔政府率先在公共部门中引入竞争机制，提出了以市场为导向，以提升经济效率为目标，推动了公共服务市场化的改革。到了梅杰政府时代，对撒切尔政府改革的经验教训加以总结，将提高公共服务质量视为政府购买服务的关键，在继承以往政府政策的基础之上，展开了“竞争求质量”运动。

20世纪80年代以后，西方一些发达国家为了完善社会公共服务体系，同时也为了应对福利国家危机特别是财政危机而实施了政府购买服务的改革策略。它是适应时代需要所进行的一项创新改革，市场逻辑被引入政府运行机制之中，政府则不再承担公共物品的直接提供，而成为公共服务提供的授权者或资金提供者。与此同时，西方发达国家广泛兴起了第三部门结社运动，随即这场运动在全球范围内普遍推广。受到管理、财政和信任等多重危机的影响，这些国家的政府逐步退出了对传统微观经济领域的干预，通过政府购买的形式交由企业或社会组织来提供公共服务。例如，教育、养老、康复、环保、社区服务、公共基础设施建设和公益行业人才的培训等。这些多元化的福利供给策略，即将成为各国所效仿的普遍性政府理念。

20世纪90年代，英国率先提出公私伙伴关系的概念。1997年，英国工党上台执政之后，将政府购买服务推进到一个全新高度。该政府采取公私合作的方式来满足公共服务供给，并且强调政府、企业、个人等主体责任共担，继而在美、德、日等西方国家得到广泛响应。随着全球性社会问题的不断出现，新自由主义的思路也面临多种质疑，将市场机制部分引入政府管理并非意味着能解决政府管理的所有弊端。许多精英和有识之士开始寻求市场机制和社会保护相结合的模式。在此背景下，除了链接供应商提供有形商品之外，也有必要引入非政府组织来提供无形服务。在政府购买服务的过程中，不仅呈现出以美国为代表的精简政府机构、服务外包模式，还包括以新西兰为代表的政府管理私营化模式，这些模式无一例外地都把社会组织视为重要合作伙伴。与此相配套，政府越来越注重对社会组织的扶持力度，不仅对其实施直接税收优惠，还通过大量的直接采购、奖励和服务协议等形式进行扶持，各种支持手段更加多元，极大促进了公共服务购买的实践和创新。

二　中国政府购买服务的实践发展

我国最早提出政府购买社会服务的理念可以追溯到20世纪80年代中期。国家民政部在当时针对社会福利事业资金渠道单一等问题提出了“社会福利社会办”的政策思想。政府购买服务在我国的实践发展最早发生在20世纪90年代中期。1995年上海市浦东新区就开始了政府购买公共服务的新型模式探索，并创立起了“罗山会馆模式”。业内通常将这一事例视为我国政府向社会组织购买公共服务的最早探索。它的出现打破了以往单方面依靠政府投入和运作的公共服务供给机制，采取了委托社会力量进行管理和运作的新模式。自2003年以来，上海、广东、北京、江苏、浙江等经济发达地区的地方政府向社会组织购买公共服务的探索日益增多，形式也多种多样。政府购买的服务领域也涉及教育、医疗、养老、公共卫生、社区建设、人群矫正、政策咨询等诸多方面。

在地方实践中，政府购买服务呈现稳步推进的态势。2003年，南京市鼓楼区通过购买服务实施了“居家养老服务网工程”，但仅限于养老领域，面域较窄。2004年，上海市在居家养老、慈善救助、职业技能培训、社区发展等多方面的尝试；同年，上海新航社区服务总站、自强社会服务总社、阳光社区青少年事务中心三家民办非企业性质的社会团体正式挂牌建立，标志着我国政府购买服务开始实践新的领域。2004年，广州南海狮山政府向辖区内民营医院进行了公共卫生服务购买。2005年，无锡市启动了对市政设施养护、公共卫生疾病防控、社会办养老机构、城区绿化养护、环卫清扫保洁、地方剧种发展等公共服务的购买。2007年，深圳市政府大力培育社会工作服务机构，在社区教育、矫正、禁毒、心理健康、婚姻家庭等领域开启了购买服务的试点工作。2007年，云南郴州通过教育基金会实施了对部分教育服务的项目购买。2007年，江西出现了公共卫生服务券和教育券的使用等。2009年，天津市也出现对社区医疗服务的购买等。

从1995年上海罗山市民会馆模式的创建，到2018年我国多个省份出台政府购买公共服务的指导意见，意味着我国政府购买服务取得了比较大的突破。在这一时期诞生了诸多购买模式，比如上海模式强调把向社会组织购买服务纳入政府日常管理体制中，使公共服务购买形成常态化；广东模式主要强调完善政府购买服务制度建设，并制定出具体的购买服务目录，从而达到政府职能的转变；无锡模式则是依据我国现有政府采购法，在此基础之上，将采购的范围扩大到公共服务领域，通过完善政府采购促进政府购买服务的持久发展。

三 从“购买岗位”走向“购买项目”

我国在购买服务领域现已形成两大基本运作模式：“岗位制”与“项目制”，深圳市在这两方面都率先进行了探索。岗位制是指政府以社会工作服务机构为合同平台，由社会服务机构设置工作岗位，聘请专业服务人员完成既定岗位上政府部门所要求的服务质量与数量。为达成契约，买卖双方签订劳动合同，以专业服务人员的资质为衡量标准对其进行经费支付，按人头支付。①

2007 年深圳市率先启动了“政府购买，民间运作”的社会服务购买模式，以社工人均 6 万元/年的价格展开服务购买试点工作。购买的服务内容主要集中在社会救助、残障康复、优抚安置、家庭服务和社区建设等领域。2008 年，深圳市社会工作试点在全市全面铺开，全年购买了 463 个岗位，重点围绕民政、教育、司法、残联四个领域集中开展。2009 年 5 月，深圳市政府购买社工岗位服务项目竞争性谈判顺利举行，标志着深圳市将购买社工岗位服务正式纳入政府采购体系。这一举措有利于提升机构服务质量，强化采购行为的规范性，促进多个部门的协同化运作。这一年，深圳全市将 731 个社工岗位按照所属领域及数量划分为三大项目 69 个标段，参与竞标的单位有 29 家已注册社工机构。当年，全市购买社工岗位达 810 多个，发展到 2010 年，深圳市社工岗位已增至 1300 个，专业社工服务机构增至 42 家，服务领域也扩展至 13 个。

---

① 吴甘霖：《政府购买“服务”：从“岗位”到“项目”——基于深圳的实践与启示》，《社科纵横》2013 年第 9 期。

然而在实践过程中，购买岗位逐渐暴露出其自身存在的缺陷：经历几年的发展，深圳市社会工作专业已跨过了试点的阶段，但是各种问题逐渐凸显。一是社工岗位本身对原来固有的体制和利益格局造成某种冲击，容易受到外界因素抵制，出现“岗位社工行政化”趋向；二是岗位社工既要接受社工服务机构的管理，又会受到用人单位的管辖，双重管理现状容易让社工深陷身份定位的困惑，导致“专业工作难以开展”；三是购买岗位模式使民办社工机构的服务过于分散化，难以形成规模，导致“社工机构管理难以管理”；四是社会工作者进驻服务单位，通常需要“单兵作战”，较难得到团队的有力支持，服务成效难以保障，从而导致社工机构“难以产生服务实效”等问题。

“购买项目”则是在购买岗位基础之上发展起来的一种新的服务购买模式，专指政府将所需要提供的社会服务进行外包，将各种“社会服务”进行打包并通过向社会公开招标的方式，委托社会力量提供服务。纵观经济发达国家及地区的实践经验，社工服务机构运行的实体化、服务实施的项目化是未来的发展趋势。在中国香港，社工服务机构也是通过项目的形式向政府申请服务经费，而政府则采取“整笔拨付制度”的形式，实现由资金监控向服务质量监管的角色转变，给社工服务机构在服务资金处理上有更多的选择弹性。目前深圳市社会工作服务发展也在逐步地由“岗位制”向“项目制”转变。2011 年 11 月，基层社会管理创新研讨会在深圳市成功举行，会议决定“到 2012 年将建立政府购买社会组织服务项目库，理清政府购买服务清单，公布购买项目经费预算，并对政府职能进行定期性清理”。在深圳的实践中，社工项目购买体现出两种基本形式，包括单个项目购买和综合项目购买。当购买单个项目执行成熟后，深圳市考虑进一步将政府购买服务和社区治理、社区服务结合起来，推出家庭综合服务中心项目的尝试（又称为“家综模式”），从而彻底颠覆了传统社区服务体制，是一种模式的创新。

伴随政府购买服务的普及，同时为规避“岗位购买”带来的弊端，内陆各地直接将“项目购买”当作政府购买服务的主要形式。从“岗位购买”模式向“项目购买”模式转变，使社工服务的期限根据项目开展的周期、服务成效的评估等因素确定，从而避免因定期换岗而带来的资源流失和服务中断。

第二节 社会服务项目制下的本土创投实践

国外政府购买社会服务的主要类型分为三种：合同承包、凭单制和政府补助。其中合同承包又属于主流购买形式，多数表现为政府服务项目化采购。社会服务项目属于政府购买服务的主要形式，成熟的服务项目有赖于各地在社会服务供给上进行长期的实践探索。公益创投正是各地方政府对于购买社会服务项目的前期预热。我国各地方政府为规避服务采购的风险，通常都会通过公益创投这一新型服务购买形式对社会组织及社会服务项目进行甄选。公益创投活动因其兼具社会服务与社会组织培育双重功能属性，从而受到各地热捧，成为政府购买服务项目的首选模式与初级形态。

一 政府购买服务的实践雏形：公益创投

根据我国现行政策规定，政府购买服务是指政府按照一定的方式和程序，把属于政府职责范围且适合通过市场化方式提供的服务事项，通过公开招标邀请招标、竞争性谈判、单一来源采购等形式，交由符合条件的社会力量和企事业单位承担，并根据服务数量和质量等向其支付费用的行为。政府购买服务是一种契约化的公共服务提供方式，具有权责清晰、结果导向、灵活高效等特点。2013 年 9 月 26 日，国务院办公厅印发《关于政府向社会力量购买服务的指导意见》，政府购买社会力量服务受到中央和各级政府高度重视。党的十八届三中全会进一步提出要“推广政府购买服务，凡属事务性管理服务，原则上都要引入竞争通过合同、委托等方式向社会购买”。政府购买服务的主要目的是提高公共财政使用效率，增强公共服务供给，是实现政府职能转变的必然要求。政府购买服务有两种模式，直接拨款资助服务和公开招标购买社会服务方式。

公益创投（Venture Philanthropy）也称为“公益风险投资”，这种投资不以营利为目的，而是为了增强被支持组织的可持续提供公共服务、解决社会问题的能力。公益创投包括三个主要要素：（1）公益投资者。它们是公益创投的主体，主要包括社会组织、企业和政府，其作用在于对受助组织给予各种支持，除了提供资金、场地、办公设备等硬件支持外，还提供管理技术培训、人力资源扶持与开发等软件支持。（2）符合创投使命的社会组织。社会组织是实现公益创投目标的载体。通过公益创投，社会组织在项目管理、技术、专业人才等方面的能力能得到大幅提高，从而更有效地实现组织目标。（3）社会目标。社会目标是公益创投追求的最终目的，力求以最小的投入和最低的成本换取社会价值回报的最大化。公益创投是对公益事业领域传统培育模式的一次改革与创新，传统的政府拨款对非营利组织而言是“被动输血”，公益创投强调发展社会组织的“主动造血”能力，包括培养社会组织自主寻求发展所需的各种社会资源的能力，以及其他非资金的支持。

作为培育社会组织的两种重要方式，公益创投与政府购买服务的目的都是为了促进社会组织的发展壮大，但两者之间也存在明显的不同。在实施主体方面，政府购买服务通常是政府作为委托方，社会组织作为受托方，两者之间是在契约基础上的委托代理关系。公益创投的委托方通常是捐赠者和投资者，包括政府、基金会、风险投资和私募公司、天使投资人和其他企业；投资对象为社会目的组织，不限于社会组织，还包括个人和社会目的驱动的商业企业。在资金来源方面，政府购买服务的资金来源比较单一，主要由财政提供支持；公益创投的资金来源渠道比较多元化，可以有政府的公共资金，也包括基金会、风险投资和私募公司的投资，还包括社会公众的捐赠。在提供支持方面，政府购买服务通常是提供固定金额的现金，资助社会组织在一定周期内完成服务项目。公益创投往往提供定制化的财务支持和其他形式的非财务支持。在回报形式方面，政府购买服务只单纯要求实现社会影响。在强调社会效益优先的前提下，公益创投通常需要实现财务回报与社会影响的双重目标。

综上所述，公益创投可以被视为限制条件下的政府购买服务的特殊实践形式。政府购买服务需要依赖成熟的、有能力的购买客体（包括社会组织）予以承接。在社会服务领域，政府通过购买社会组织服务强化政府责任，推动社会组织发展，开辟了政府参与公益创投的先河。当公益创投的投资主体为政府时，公益创投实际上也是一种政府购买服务行为，只不过更加强调通过这种购买行为来扶持承接服务的服务组织发展壮大，或者是培育新的服务组织。因此，公益创投可以被视为政府向社会组织购买公共服务的一种实践形式的全新尝试。

二　公益创投的缘起与蔓延

公益创投最早起源于欧美国家，由美国慈善家约翰·洛克菲勒三世于1969年提出的。这一实践模式主要是指用来解决特殊社会问题且具有一定风险的资助形式。1984年，半岛社区基金会首次借用“公益创投”这一概念来表达商业风险投资和自主公益行为的结合。它的基本内涵是指，专门为初创型或中小型的公益服务机构提供专业技能以及能力建设服务，同时对这些机构投入资金支持，目的是一方面培育具有创意的优秀服务项目；另一方面打造具备一定能力的优秀社会组织，终极目标是有效满足和解决社会公共服务需求问题。公益创投虽然涉及资金投入，但并不是为了获取经济收益。它实际上是一种新型公益资本投入方式，以初创期或中小型公益组织为扶持对象，通过与被资助者建立长期合作伙伴关系，以达到促进能力建设和公益模式创新的目的。①

20世纪90年代中后期，公益创投被成功引入英国，并迅速扩散至整个欧洲大陆。当前，欧洲公益创投逐渐呈现快速发展态势。2002年，英国成立了第一支公益创投基金Impetus Trust。同年，第一支标准意义上的公益创投基金Fondazione Oltre在意大利成立。尤其值得一提的是，2004年，首个以促进公益创投发展为宗旨的推进机构——欧洲公益创业投资协会（EVPA）正式挂牌成立。它的成立标志着欧洲公益创投进入了快速发展阶段。截至2012年，欧洲已有61家社会服务机构专门从事公益创投活动，先后与300多家社会组织达成合作协议，为它们投入

① ［英］罗伯·约翰：《高度参与的慈善：公益风险投资在欧洲的发展》，顾冀梅译，《经济社会体制比较》2010年第4期。

支持资金并提供相应的增能服务，对欧洲社会组织的孵化与可持续发展起到了积极推动作用。[①] 自 2006 年起，亚洲国家对公益创投的兴趣稳步增长。日本、韩国、新加坡、印度、中国等国家也纷纷开始了对公益创投的理论和实践进行了探索。2011 年底，亚洲公益创投网络（AVPN）正式成立，其业务范围覆盖整个亚太地区。截至 2013 年底，已有 130 多个公益创投组织加入了该网络，为公益创投在亚洲发展起到了良好的推动作用。[②]

公益创投为何能够迅速兴起，其背后缘由与传统社会组织在发展过程中遭遇到的诸多障碍有一定关联。第一，由于缺乏外部环境的有效监督，社会组织普遍面临着信息不透明的问题。第二，由于缺乏专业的组织管理人才，社会组织普遍面临管理能力不足的问题。第三，由于缺乏服务成效的测量标准，社会组织对社会的贡献价值难以量化，也影响了社会资金的持续注入。这些客观问题说明，社会组织仅凭传统公益的运作手法，已经不能适应新时代的经济社会发展要求。在新时期，传统的救济式慈善模式已经远远不能满足当下社会发展的需要，更无法解决不断涌现的新的社会问题。然而，通过市场配置资源的方式却成为解决问题的新思路，这也使得公益创投的发展具有了现实土壤。第四，发端于 20 世纪 90 年代的企业社会责任运动（CSR）也逐渐改变了企业的投资行为和功能性质。许多规模化企业开始把社会价值纳入自身发展的体系中，开始关注公益创投活动，其目的就是为公益创投的发展提供资金和社会网络资源，对公益创投参与机构会产生积极影响。

三　本土公益创投发展及模式

（一）中国公益创投发展状况

我国最早将“Venture Philanthropy”译为“公益创投”的是台湾学者林吉郎。2001 年在中欧第一届公益创投会议上，林吉郎首次将这一

---

① Grenier, P., Venture Philanthropy in Europe: Obstacles and Opportunities Summary. European Ventrue Philanthropy Association, 2006.

② 赵萌：《慈善金融：欧美公益风险投资的含义、历史和现状》，《经济社会体制比较》2010 年第 4 期。

概念翻译为“公益创投”，并将其定义为“一种具有双重底线的公益投资，即坚持社会组织的公益使命与本质，考虑结合商业创投基金模式的长期投资”。① 中国内地于2006年在香港成功注册的社会组织“新公益伙伴”，这一事件被视为公益创投的实践开始。“新公益伙伴”也被称为我国第一家具有公益创投属性的社会组织。该组织通过整合多方资源，在能力建设、发展咨询、资金支持等方面做足工作，培育和发展示范性社会组织。借助企业管理与风险投资的理念，帮助有培育潜力与拓展价值的社会组织实现成长。②

2006年，浦东非营利组织发展中心（简称“恩派”）在上海正式注册成立，对初创型或中小型社会组织提供支持，以“助力社会创新，培育公益人才”作为组织发展目标。随后，公益创投概念及理念开始迅速在内陆兴起。2007年，恩派撬动联想企业设立了“联想公益创投基金”，并正式拉开了首届公益创投计划的序幕。这次创投活动针对教育、环保、扶贫、数字化四大领域为社会公益组织提供资金等支持，这一行动标志着我国内陆开启了公益创投实践。2009年，上海民政局联合恩派公益组织发展中心举办了第一届上海社区公益创投大赛，实现了政府参与公益创投的先例。上海市率先发起的公益创投活动，在国内起到了良好示范作用，一些地方政府纷纷将公益创投引入常规服务购买体系之中。在横向上呈现由东部沿海地区向内陆地区不断延伸，在纵向上呈现由省市向区县、街镇层级不断延伸的双重特征。③ 2011年东莞市投入了一些资金对公益创投在本辖区的落地进行了探索性试验。2012年，南京市发起了由政府主导的公益创投模式，并且率先成为中国内地首个公益创投协会。随后，北京、苏州、普陀、舟山、无锡、合肥等地都进行了一定的探索。公益创投开始在国内遍地开花，并逐步形成各具地方特色的公益创新模式。

① 林吉郎：《公益创投与社会企业》，行政院青辅会2007非营利组织青年人才培训计划，2007年。

② 黄德舜：《非营利组织的财务管理观念：公益创投》，《研考（双月刊）》2003年第6期。

③ 李健：《公益创投SPPP模式研究》，中国社会出版社2016年版。

（二）公益创投的主要模式

目前，我国公益创投的主要参与者有政府、企业、非营利组织、基金会、风险投资机构等。公益创投资金主要有三个主要来源渠道，其一是政府利用行政权撬动的公共资金，具体包括财政性资金、福利彩票公益金以及慈善公益金等；其二是动员和筹集社会公益资金，它往往是由基金会、公益组织培育机构等组织加以推动的；其三是企业向社会投放公益资金用于支持社会公益事业发展，企业这种行为主要体现出对社会责任的一种践行。相比其他主体，地方政府在公益创投事业中扮演了重要的角色，并成为当前开展公益创投的主导力量。

有学者依据资金来源主体及培育形式不同，将公益创投模式分为五种类型①：（1）公益组织孵化与培育模式。孵化模式由平台型社会组织将发展潜力大、创新性强、社会效益高的公益社会组织引入孵化基地，将公益创投作为一项系统工程，从政策倡导、能力建设、专业人才培养及社会公益生态环境改善等多方面入手，以立体式的培育模式来催生高质量的社会组织，改善组织生存环境。（2）社区公益项目评选模式。它的基本步骤可以分为发布活动通知、项目征集、项目评审、项目立项、项目执行、项目评估以及整个过程的媒体宣传等工作流程。通过这一流程将良好的公益项目选拔出来，对其进行资金支持，并提供专业咨询和系统化的能力提升服务。（3）校园公益创投模式。这一模式运用在大学内，借助“公益项目大赛”的形式，将一些具有公益精神的大学生公益团队以及一些具有发展潜质的优秀公益项目挖掘出来，专门为他们提供政策咨询、资金支持、技术传播、宣传推广等服务，使得一些优秀的大学生公益团队能够被积极引入公益行业发展中。（4）企业公益创投模式。该模式的产生主要是为了践行企业社会责任意识，开发企业服务品牌价值，通过公益创投活动推动更多社会公益草根组织的发展，让公益青年在公益领域开发创业潜力。（5）政府主导公益创投模式。它是由政府出资建立第三方管理机构，授权该组织定期在本辖区内

---

① 冯元、岳耀蒙：《我国公益创投发展的基本模式、意义与路径》，《南京航空航天大学》（社会科学版）2013 年第 4 期。

开展公益创投活动。通常也会经历项目申报与管理的一般性流程，具体包括发布通知、项目征集、项目评审、项目立项、项目执行、项目监管、中期与末期评估等环节。一旦项目获得立项，平台型社会组织需要对项目执行机构进行政策咨询、项目资金扶持、组织能力建设等服务，促进社会组织能力建设，满足社会公共服务的需要。

相对于其他几种模式，政府主导的公益创投，由于其资金筹措方式具有较强的制度性保障和较稳定的来源，因而表现出较好的可持续性和强劲的生命力，易于在各地普遍推行。虽然大多数地方公益创投活动都由政府发起，但也存在各种差异，比如在政府层级、启动方式、发起部门上都有不同。从政府层级上看，包括省部级、市厅级、区县级以及街道（镇）级；从启动方式上看，可以分为政府单独部门发起、多部门发起以及联合发起；从发起部门上看，包括民政局、妇联、共青团、慈善会、残联等，其中民政部门占绝对的主导地位。①

也有学者围绕政府参与主导的方式不同，将公益创投的运行模式分为独立运作与委托运作两类②：独立运作意味着政府依然把持着资源与服务领域不放手，亲自参与公益组织服务平台建设，自己筹备公益创投大赛，对公益项目加以管理和运作。它的最大特点在于政府对于体制外组织的不信任，没有适度让渡服务空间，没有做到“让专业的人做专业的事”。独立运作模式包括三种情况：第一种是政府独立运作，这种模式要求政府亲力亲为。第二种是政府将活动交给某一政府部门或者官办 NGO 承办；这种模式说明政府的行政改革意识还有待进一步加强，在政府购买服务环节认知不太清晰。第三种是政府专门注册一家社会组织用于承接公益创投服务；这种模式也是偏保守的，可以被视为“培育代理人”模式。其实从根本上并没有解决政府购买服务的困境。由于后两种方式依然属于体制内循环，可以将其归类为独立运作模式。

而委托运作是指由政府提供公益创投资金与政策导向，委托第三方

---

① 李健、唐娟：《政府参与公益创投：模式、机制与政策》，《公共管理与政策评论》2014 年第 3 期。

② 李健、唐娟：《政府参与公益创投：模式、机制与政策》，《公共管理与政策评论》2014 年第 3 期。

（平台型社会组织）提供专业的项目评审、监测和评估工作的一种运作模式。委托运作模式是一种最为常见的运作类型，而且它更容易受到市级以上政府的青睐。该模式在执行层面上，表现为在项目管理的各个环节都是交给委托方来运行操作。在项目征集阶段，委托方要发布创投活动公告，并积极动员地方社会组织积极参与项目申请；在项目评审阶段，通常会邀请学界、实务界、主办方、承办方等代表参加，通过审批的项目一般会获得财务支持和非财务支持。在财务支持方面，基本都是以资助形式进行支持。一般而言，资助额度比较小，个别城市如广州、昆山等地的上限可以达到30万—40万元。在非财务支持方面，通常是以能力建设和培训为主，包括项目设计、项目运作、团队建设、财务管理、目标达成、宣传推广等。所有获选项目在实施阶段都需要接受承办方的监测、评估和能力建设培训等；项目总结包括优秀项目评选、项目经验展示、项目案例梳理等。

第三节　S市公益创投的发展历程

S市地处江苏省东南部、长江三角洲中部，是长三角经济带的重要组成部分，是国务院批复确定的国家历史文化名城和风景旅游城市、国家高新技术产业基地，其城市经济发展水平跃居全国前列。2018年，S市常住人口达1072.17万人，实现地区生产总值1.85万亿元左右。S市不仅经济发达，而且民政工作也走在全省前列，社会化养老、社会救助、精准帮扶、孤儿养育标准等均保持全省和全国领先，公益慈善指数跻身全国城市五强。2011年底，S市正式启动了公益创投活动。

一　顺势而为：从福利彩票公益金说起

福利彩票公益金是国家通过发行福利彩票筹集的专项资金，主要用于支持社会福利以及社会公益事业的发展，使用方向与福利彩票“扶老、助残、救孤、济困、赈灾”的发行宗旨相契合。近年来，伴随福利彩票事业的发展，福彩销售额不断攀升，福彩公益金体量随之也越来越大。根据《彩票管理条例》和《彩票公益金管理办法》等有关国家政策法规规定，民政部门作为福利彩票公益金的管理、使用单位，必须会同同级财政部门制定福利彩票公益金资助项目实施管理办法，并及时向社会公告或者发布消息，履行福彩公益金的使用原则，依法接受财政部门、审计部门和社会公众的监督。

2007 年，党的十七大强调，要将“社会建设”视为一项重要的政治任务来抓，其基本内涵即要推动社会组织参与社会产品和服务的有效供给。2010 年党的十七届五中全会进一步提出增进政府和社会的合作。因此，从中央到地方对社会建设领域都积蓄了强劲的改革动能。S 市是东部沿海经济发达城市，然而在开展社会服务的方式及领域上一直沿袭着过去的传统，未能探索出一条适宜新形势下社会公益事业发展的有效路径。恰逢近年来 S 市福利彩票事业的快速发展，福利彩票销售额不断攀升，福彩公益金也逐渐增量。相关资料显示，2011 年，S 市共销售福利彩票 29.14 亿元，市本级留存公益金 1.3 亿元，安排使用福彩公益金 6501.66 万元，仅占当年福彩公益金总额 50%。面对数额巨大的福彩公益金结余，为最大限度发挥福彩公益金的经济效用及社会价值，S 市民政局作为福彩公益金的管理使用单位，有意向围绕社会公益服务领域做出一些新的创举。

二　落地生根：引进来的创投代理机构

恩派公益组织发展中心于 2006 年在上海正式注册，致力于对初创期和中小社会组织提供支持，将“助力社会创新，培育公益人才”作为其组织发展核心目标。主要聚焦于公益孵化、能力建设、社区服务、政购评估、社会企业投资、社创空间运营等公益服务领域，被民政部评定为 5A 级社会组织和“全国优秀社会组织”。该组织成立之初，首创“公益孵化器”概念，2007 年从联想集团获得第一份“公益创投”（Venture Philanthropy）的资金支持，对 16 个社会组织进行孵化工作。同时，恩派也从中央和各级地方民政系统获得了政府部门的支持。随后，上海市民政局向恩派提出社会服务创新计划与设想，恩派建议采用“公益创投”这一新型公益注资模式，其成功运作掀起了民间公益创业的热潮。

2011 年是 S 市社会建设事业发展的转折之年，市委、市政府出台《关于进一步加强社会建设创新管理的意见》，将“健康的社会组织发展体系”列为社会建设六大发展体系之一，强调社会组织数量大发展、能力大提升、管理大创新。文件里特别强调，“要重视发挥社会组织在社会建设和管理中的作用，既积极引导发展、又依法规范管理，建立多方参与、监督有力、科学规范的社会组织管理体系”。时任 S 市民政局社会组织处负责人 C 谈道：“为学习上海民政工作先进经验，2011 年 S 市民政局组团开启了上海学习之旅，对公益创投这一新型公益发展模式产生浓厚兴趣。为了引入公益创投这一新兴事物，S 市民政局随即正式邀请恩派组织入驻 S 市（2013 年正式在 S 市注册），并委托他们在市级层面启动首届公益创投活动。”2011 年底，S 市委宣传部、市民政局、市财政局联合主办了首届公益创投活动，专门从福彩公益金中提取 1000 万作为种子资金，发动社会组织开展公益创意设计、公开投标，由中标社会组织开展服务，重点实施“扶老、助残、救助、济困”等福利慈善项目，经过专家“背对背网上打分”“面对面现场评议”两轮评审，最后由创投活动领导小组确认中标项目并正式签约实施。至此，公益创投正式在 S 市落地生根。

三　破土而出：首届公益创投的启动

S 市本级层面首届公益创投于 2011 年 12 月正式启动，市福利彩票发行中心出资 1000 万元公益金全程支持，开始面向社会征集公益项目，项目中标最多可资助 20 万元。在社会力量尚未被充分激活的现实背景下，致力于社会服务的草根组织尤为稀缺。当时主要面临的困难是能否有足够的社会组织积极响应参与进来。为此，民政部门主动通过行政手段，主动邀请一些准官方社会组织参与创投项目申报，为首届公益创投宣传造势。此外，为吸引更多的社会组织参与，S 市扩大了公益创投主体和公益项目的服务范围。在公益创投主体方面，《S 市首届公益创投活动运行方案》规定：“此次创投活动将重点资助‘扶老、助残、救孤、济困、赈灾’5 大类项目。申报公益创投和实施公益项目的主体是在全市范围两级民政部门正式登记注册的社会组织；在各市、区民政局备案的社会组织，可依托所在街道（乡镇）社区服务中心、社区社会组织服务中心等相应的民办非企业单位参与。”这次公益创投活动项目实施区域为S全市，服务对象为全市范围内的常住居民，实施周期不超过一年。

首届公益创投启动时，S市民政局对此寄予了较高的功能期待，并提出了具体要求。民政局负责人L表示，“这种将公益慈善与商业智慧结合的模式创新，不仅可以精准发现社会需求，而且可以激发全民参与公益活动的热情。创投活动项目实施要有创新、引领、示范和推广意义，实施后，推动社会大众对弱势群体的关注，要能够确保特定人群在精神和物质需求方面受益，要有助于构建新型社区关系，凸显‘助人自助’理念；项目受益人群面临的社会问题要得到有效缓解或消除；项目操作模式设计要凸显人文关怀，能够解决社会问题；项目实施中社会资源要有效利用，形成‘三社联动’模式。项目还要具有清晰的发展模式，注重服务对象的可持续能力，要充分动员其他潜在的资源积极投入项目实施。项目运作形成较为标准的模式，可在条件类似的地区推广、复制。”由此可见，从S市公益创投活动的开始，出资方对其是具有明确的发展思路与定位的，赋予了创投活动更多的使命与价值。

S市首届公益创投对其项目运作流程基本形成了稳定的操作规范，调研资料显示，社会服务项目从项目征集到项目模式梳理大致可分为五大阶段。①

第一阶段属于前期筹备阶段。具体包括项目征集、尽职调查与项目优化等事项；S市公益创投活动的启动，通常由政府民政部门面向全市召开公益创投项目启动会，向辖区范围内所有符合申报条件的社会组织发出征集项目的公告，鼓励社会组织积极申报，并授权一家平台型社会组织具体负责承接；相关社会组织在当地民政部门的帮助和指导下，严格遵循创投规定的项目范围、设计要求，进行具体的创意设计，需要及时递交社会团体登记证书、项目申请书等其他证明资质，以及项目调研

---

① S市恩派公益组织发展中心，S市公益创投活动参与流程，http：//szvp. npi. org. cn/guanyuchuangtou/canyuliucheng/，2013－12－20/2016－07－13。

报告、项目实施方案、项目预期效果评估、项目财务分析报告等文件资料。平台型社会组织则需要结合各组织的项目申报书对其开展尽职调查及项目筛选工作；进而根据合理化、科学化、可操作化的原则对各备选项目进行优化，以便契合服务对象实际需求，提高项目质量。

第二阶段：项目评审与签约阶段。公益创投活动评审专家组将根据申请方递交的申请材料，依照项目评审要求，通过“背对背”网上打分、“面对面”现场评议等环节，对申请项目进行评议，并由公益创投活动领导小组按照参赛申报项目数量设定筛选比例。最终由公益创投活动领导小组确认各入选项目名单，同时进行社会公示。专家安排考虑结构更趋合理，选择多元化人群，包括高校学界专家、实务领域专家、主办方、承办方等。公示期结束，则由民政部门、平台型社会组织、各项目执行方签订三方协议，明确各自职责及权限。

第三阶段：项目监测与组织扶持阶段。项目的实施期，平台型社会组织项目跟进人要对获选项目进行过程监测，包括接待日常咨询，资料收集，活动现场监测，上门走访等，对所有项目方提出的疑问给予及时的解答，协助部分问题项目进行调整，并积累相应工作记录。同时，针对各项目组织的实际需要，设置不同的主题，开展相应的组织能力建设培训活动。在项目扶持资金方面，主办方、承办方与获选项目执行团队正式签订三方协议后拨付首笔项目资金，其比例占项目总预算的50%；项目实施中期，需要对各项目开展中期评估工作，并对通过评估的项目拨付30%的第二笔资金；项目实施完毕，实施结项评估，通过评估后可拨付剩余20%的金额。如若获选项目团队未能严格按照三方协议约定，认真履行执行项目职责，未能完成服务项目目标，承办单位不再申请服务项目后续资金的拨付，并追缴已拨付但尚未使用的资金。

第四阶段：项目结题评估及财务审计阶段。平台型社会组织要对各项目开展“面对面”现场评估，与所跟进的项目负责人面谈，现场核查项目档案资料（台账）和财务凭证。结合日常监测，对评估中出现的问题，现场给予项目建议或意见，督促项目方查漏补缺。同时，政府财政部门也会专门针对公益创投的项目资金使用状况，进行系统全面审计。针对评估中出现的问题要求基层社会组织进行限期整改，必要时可能会安排二次评估。如项目执行出现重大偏差且不宜持续开展下去，可以考虑向出资方申请停项处理。

第五阶段：模式梳理及项目评估报告阶段。平台型社会组织对所有创投项目进行择优选拔，梳理经验模式，以供其他社会组织借鉴参考。然而现实创投中，社会组织对模式梳理缺乏足够重视，难以提炼有价值的执行经验，这也客观反映出当前基层社会组织的服务执行缺乏项目化思维。同时，要对本年度的公益创投项目执行总体情况向政府民政部门汇报总结。

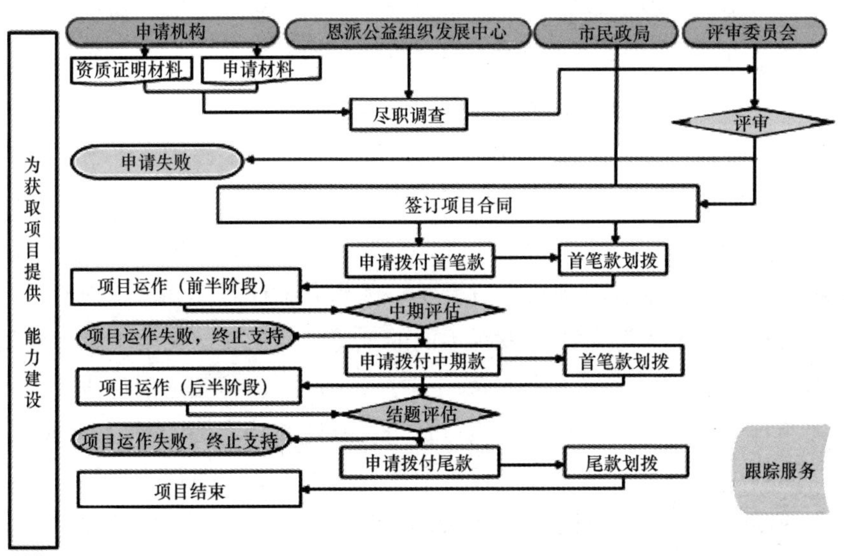

图 2－1　S 市公益创投活动参与流程图

四　开花结果：历届公益创投实施状况

首届公益创投项目征集向社会发布之后，得到众多社会组织积极响应，截至 2012 年 1 月 31 日项目征集期结束，共收到来自约 142 家机构的 192 个项目申请，最终确定了 49 家社会组织承接的 52 个公益项目获得资助。需要强调的是，这 52 个中标项目中，有 34 个（65.4%）项目的申报机构具有准官方背景，有 14 个（26.9%）项目的申报机构属于民办草根性质的社会组织，还有4个（7.7%）项目的申报机构属于营利性质的民办非企业单位。由此可见，当时民办社会组织的力量仍很微弱，首届公益创投必须要依托政府行政力量去动员准官方社会组织的参与。

第二届公益创投活动希望延续首届的基本做法，将其变成常态化的工作机制，于2013年4月10日正式启动，其实施要求与首届创投大体一致。然而，经过一年的宣传积累，社会组织参与数量已有大幅度提升。项目征集从开始到截止日期，合计191个申请机构申报了387个项目申请，最终确定72家社会组织承接了80个项目获选。其中有近55个（68.8%）中标项目的申请机构具有准官方背景，有18个（22.5%）中标项目的申报机构属于民办草根性质的社会组织，还有7个（8.7%）中标项目的申报机构属于营利性质的民办非企业单位。

第三届公益创投活动自2014年7月18日正式启动，与往年的公益创投活动相比，申请此次参与主体必须是在市、区两级民政部门正式登记注册的社会组织，取消了备案组织的申请资格，说明对参与主体的资格已有严格要求。承办方通过网站、微博、微信、宣传视频等多种形式扩大宣传力度和活动影响力，截至8月7日项目征集结束，共收到223家机构提交的345份项目申请书，经过调查和项目优化，最终确定125个项目进入最终评审环节。经过线上、线下两轮评审，最终确定73家社会组织申报的79个项目获选。其中有26个（32.9%）中标项目的申报机构带有准官方背景，有44个（55.7%）中标项目的申报机构属于民办草根性质的社会组织，有9个（11.4%）中标项目的申报机构带有营利性质。民间草根组织中标数量首次超越了带有准官方背景的社会机构。

第四届公益创投活动于2016年7月1日正式拉开帷幕，然而并没有完全延续以往历届创投活动的脉络。公益福彩金对第四届公益创投的资助额度为500万元，相对以往已缩减一半。单个项目的资助额度最高不超过15万元，与以往相比略有降低。申报机构及立项数量等都比以往严重缩水。征集期结束，承办方共收到来自74家机构的103个项目申请，历经层层评议，并经公益创投活动领导小组会议确认，最终仅有39个项目通过评审。其中，仅有5个（12.8%）中标项目的申报机构带有准官方背景，26个（66.7%）中标项目的申报机构都是民间草根社会组织，8个（20.5%）中标项目的申报机构属于带有营利色彩的民办非企业机构。由此说明，带有准官方背景的社会组织呈现消退的趋势，取而代之的是众多民间草根社会组织以及带有营利色彩的民非机构逐渐活跃起来。与往届不同的是，第四届创投在申报项目及组织的质量、能力建设体系、公益伙伴网络以及组织成长等方面给予了更多关注，重点提高公益项目的创新性、可执行性和可持续性。

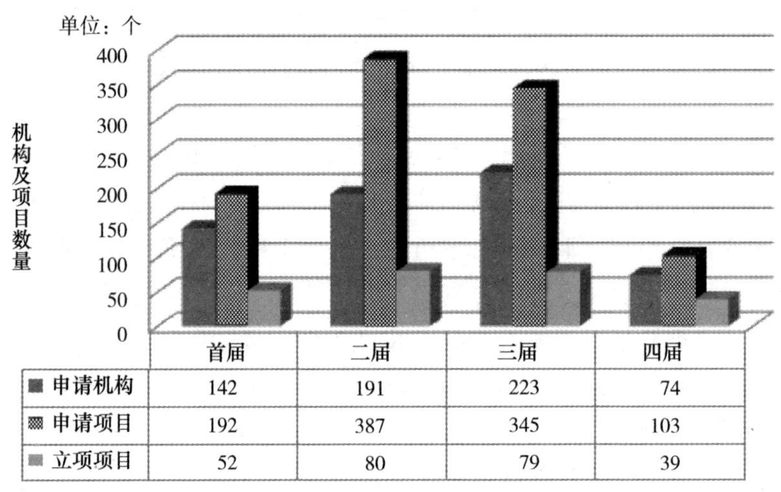

	首届	二届	三届	四届
申请机构	142	191	223	74
申请项目	192	387	345	103
立项项目	52	80	79	39

图2－2　S市四届公益创投项目申报立项数量

纵向比较S市四届公益创投的运行状况，从中可以清晰地呈现创投在S市的基本发展脉络。前三届S市级公益创投具有较强的趋同性，以鼓励培育社会组织为主线：在资金体量上，每年从福彩公益金中提取1000万元作为种子资金，单个项目资金不超过20万元；在主体资质上，要求渐趋严格，由最初的低门槛开始向高门槛发展，社区备案组织将不再成为培育对象；在主体属性上，实现了由官方色彩向草根色彩的逐步回归。第四届公益创投的开启标志着S市创投发展的分水岭的出

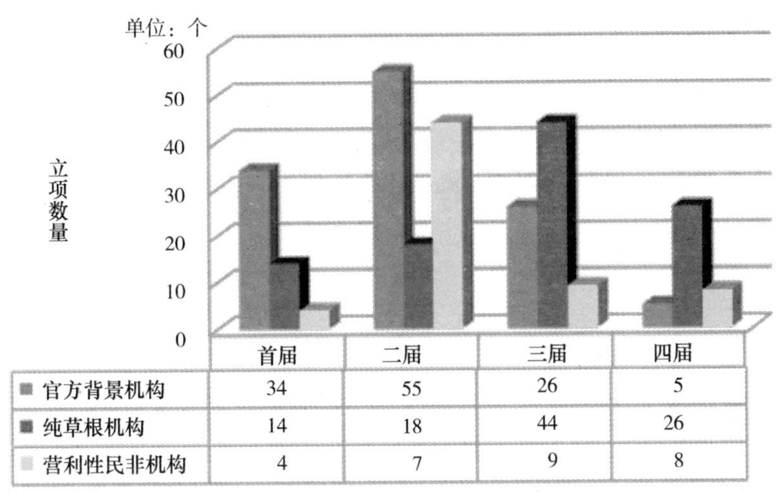

	首届	二届	三届	四届
官方背景机构	34	55	26	5
纯草根机构	14	18	44	26
营利性民非机构	4	7	9	8

图 2－3　S 市四届公益创投立项机构类型

现，意味着 S 市对创投活动进入了反思阶段，以质量提升为主线。恩派机构负责人坦言，“连续多年的创投实践，让我们也发现了不少问题，创投活动也逐渐陷入了发展瓶颈。主要问题表现在创投规模虽然在不断扩大，但是项目成效似乎并不乐观，出资方政府部门并不满意，我们有必要进行及时调整和改革。S 市公益创投不再单方面寻求面的扩散，更要寻求质的提升，把有限资源用于公众迫切需要解决的问题上，把主要精力投入社会力量的深度挖掘上。因此在第四届公益创投活动的动员上，我们更倾向于选拔具有草根性质的社会组织，同时不再盲目追求项目体量的庞大，规避项目执行风险，聚焦于项目执行的可行性与有效性，希望能够做出‘精而美’的特色项目。”

由此可见，整个 S 市公益创投的发展呈现出“由宽松变严格，由鼓励转向为规范”的基本态势。这种转变并非政府或平台型社会组织单方面意志的决断，更非政府一己之力所能达成，其背后反映出的是整个公益创投生态的动态演变，是众多创投参与主体共同合力的作用结果。

第三章　社会服务项目的生态结构及功能

社会服务项目的现实运行涉及多元社会主体的共同参与，主要包括出资方、承接方、执行方以及受益方等。这些主体在参与社会服务项目时并非孤立存在，而是彼此之间均保持着复杂且紧密的联系。一旦社会服务项目能够长期稳定的延续，以服务项目运行为中心，就易于形成相对独立的服务生态系统，对社会服务项目执行以及区域性公益行业的发展均会产生直接影响。

第一节　社会服务项目的生态结构

一　生态系统的概念内涵

1866 年德国生物学家海克尔在其著作《形态学大纲》里最先给生态学下了定义，他认为生态学是研究生物与有机和无机环境全部关系的科学。生态系统简称 ECO，指在自然界空间结构内，各类生物种群与自然环境构成的统一整体。在这个系统内，每一类生物群落与其所生存的自然环境之间，以及各类生物种群之间密切联系、相互作用，通过物质交换、能量转换和信息传递，达成彼此相互影响与制约，具有内在结构、实现特定功能的动态平衡整体。① 生态系统在结构上包括生物成分和非生物成分。生物成分包含生产者、消费者和分解者这三种类型。生产者通常是指自养生物，主要指绿色植物以及一些光合细菌。此类生物

---

① 参见中国大百科全书总委员会《环境科学》委员会《中国大百科全书·环境科学》，中国大百科全书出版社 2002 年版。

可以将无机物合成有机物，并把环境中获取的能量以生物化学能的形式注入生物有机体中。消费者生物类型主要是指以生产者为食的动物。分解者生物类型是指以各种动植物残体及其他有机物为食物来源的小型异养生物，主要包括各类真菌、细菌等微生物。分解者的作用主要是把有机形态呈现的物质及能量通过分解释放到无机环境中。非生物成分主要包括太阳光、大气、水体、土壤等，它们构成了各类生物种群赖以生存的必要自然条件。

生态系统功能是生态系统所体现的各种功效或作用。主要表现在能量流动、物质循环和信息传递等方面，它们是通过生态系统的核心——生物群落来实现的。能量流动指生态系统中能量在不同生物种群以及自然环境中实现输入、传递、转化以及丧失的整个过程。在生态系统中能量流动是一项重要功能，它可以实现生物种群与自然环境以及不同生物之间的密切关联，以达成各生态元素的相互交融。生态系统内的能量流动呈现出两大主要特点：单向流动，逐级递减。[①] 物质循环主要指的是组成生物体的基础元素在各生物群落与无机环境间循环。信息传递指的是发生在生态中的信息流动，可以来自无机环境，也可以来自生物群落。信息在维系生态系统中生物活动时发挥着重要作用，主要表现在：可以确保生命活动的正常进行，促进种群的繁衍，调节生物的种间关系，以维持生态系统的稳定。作为一个独立运转的开放系统，生态系统有一定的稳定性，而且还具有自我调节能力，因此，它可以相对稳定地保持或恢复自身结构和功能。通常，人们常把生态系统的稳定状态视为生态平衡的实现。这种稳定性的实现主要依赖于生态系统的自身调节能力，然而每个生态系统的调节能力也是有差异的。自我调节能力的强弱是受多方因素共同作用体现的。一般地，生物种类的多样性、能量流动与物质循环途径更趋复杂的生态系统，其自我调节能力也相对较强；反之，结构简单与成分单一的生态系统，其自我调节能力也就相对

① 参见［丹麦］S. E. 约恩森《生态系统生态学》，曹建军等译，科学出版社 2017 年版。

较弱。①

生态系统的核心元素在于具有多样性且彼此关联的物种，以及承载多样性物种生存的外部环境。近年来，借助生态系统视角去观察社会的现象越来越多。学术界诸多学科也热衷于将生态系统纳入本学科内的研究视角中，以诠释学科内不同研究主体之间的互动结构与关系，从而创设出不同新型生态词汇。如政治学强调政治生态、社会学强调社会生态、教育学强调教育生态、公益研究领域强调公益生态等。公益创投是社会治理创新的一个新型事物，是以公益项目创新及组织培育为核心主题，助力公益事业发展的一项新型治理模式探索。它具备相对独立的结构框架与主体元素，围绕社会服务开展这一核心内容，逐步形成了一个相对稳定的公益生态系统。任何一个生态系统都可以从生态种群和生态环境两方面对其结构成分加以诠释。

二　多元化的服务项目生态种群

生态种群是生态系统的各个行动主体，从生态视角观察社会服务项目的参与种群，包括作为项目购买方的政府、作为项目承接方的平台型社会组织、作为服务项目执行方的社会组织、作为服务项目受益方的公众等多个社会主体。② 它们共同维持着社会服务生态的平衡与秩序，形成了公共服务的协同治理格局。每个参与主体都类似于特定的生态种群，它们通过联合行动共同致力于社会服务生态的打造以及特定区域公益行业的发展。

其一是出资方种群。社会服务项目的出资方种群由一些愿意为社会服务项目提供资金支持的社会主体构成，包括政府各个职能条线部门、企业、基金会等。它们的共同点在于对社会公益事业都有一份使命和担当，以出资的形式参与社会服务项目，是社会服务项目的发起者和原动力。当前，投入社会服务项目的出资方主体多以政府民政部门为主，其

---

① 马克明、孔红梅、关文彬等：《生态系统健康评价：方法与方向》，《生态学报》2001年第12期。

② 苏书杰：《公益传播的生态系统构建》，《新闻知识》2015年第6期。

他基层政府及群团组织如街道、妇联、残联、共青团、工会等组织也有参与。参与社会服务项目的政府出资方主体，之所以涉足社会服务项目，往往与本部门职能内容及服务对象有关。市场企业以及基金会组织也可以通过资助社会服务项目的形式来践行企业社会责任，但由于对这一新型责任模式缺乏足够认知和了解，所以涉足较少。出资方主体在社会服务项目的生态位中承担的资金支持和任务下放的职责，通过服务购买的形式将自己关注的公益事务转移给社会力量来承接。每个社会服务项目的出资方主体具有较强的区位优势和绝对的话语权，可以凭借主体偏好，对服务项目制度设计与实施要求作出决断。诸多出资方主体的参与为社会服务项目营造出良好的社会氛围，更易于让社会服务项目突显成效。然而，各出资方主体之间却是各自为政，相互独立，没有建立起稳定的创投系统网络。因此，虽然社会服务项目的出资方主体众多，但整体较为零散，未能形成合力。也正是因为彼此之间缺乏联系，给整个区域的社会服务项目带来无序感。

其二是平台方种群。社会服务项目的平台方种群则由一些相对较为成熟的支持类、枢纽类以及平台类等专业社会组织所构成，它们的核心价值在于承接出资方主体的委托，负责运营管理社会服务项目。[①] 这类组织的产生源于社会服务项目的出资方主体缺乏对服务项目的运营管理经验及时间精力的投入，有必要将专业的事交给专业的人来做。这类组织在服务生态中的作用在于，在服务项目出资方与执行方之间搭建起一道桥梁，促成了双方信息的有效沟通。重点工作是协助出资方主体引导培育一线社会服务机构，动员它们积极参与社会服务项目，并对社会服务项目实施有效管理。处于平台方种群类型比较单一，基本都是一些具有丰富专业经验的社会组织。这些机构的共性特征在于在社会服务领域内掌握了多年的实践经验，也累积了丰富的社会资源，能够为一线社会服务机构带来组织建设及专业技术方面的指导和支持。这些平台方在服务范围上存在差异，有些属于区域专属平台，即只受某一出资方的委托

① 徐宇珊：《社会组织结构创新：支持型机构的成长》，《中国社会组织》2010 年第 8 期。

深耕该区域的社会服务项目。还有些属于跨区域平台，即承接多个出资方的委托邀约，在不同区域开展社会服务项目管理工作。作为社会服务项目的平台方种群，它们都有自己特有的一套运营理念，彼此之间也少有沟通与交流，而且多是割地而居相安无事，在同一区域内发生正面竞争的现象并不常见。平台方在整个创投生态系统内扮演着关键角色，平台方的管理水平及资源的丰富性也直接影响着社会服务项目的实际成效。

其三是执行方种群。社会服务项目的执行方种群主要由从事一线公益服务的社会服务机构所构成，它们的核心价值在于履行社会服务的项目任务，这些执行机构是社会服务项目的基层服务触角，具体承担一线社会服务事项。社会服务项目执行方种群类型复杂多样，以社会服务机构为主体，还涉及少量的社团组织。这些执行机构的共性特征在于多数为初创型社会组织，资源匮乏，机构规模小，管理欠规范，也缺乏专业技能和服务实践经验，急需外部资源的支持。

处于执行方生态位的社会服务机构基于服务领域及服务对象的差异，机构类型极其复杂。可以依据服务对象人群的不同进行划分，如老人、妇女、青少年儿童、残障人员、流动人口等。也可以依据服务领域的不同进行划分，如身心健康、技能培训、行为矫正、兴趣培育、人际拓展、社会实践等。还可以依据服务方式的不同进行划分，如个案咨询、小组工作、增能培训、社区治理等。每个执行方涉足社会服务的初衷都存在差异，或是出于公益愿景，或是谋求个体私利，或者二者兼而有之。它们的活动性较强，为拓展机构服务范围，往往不拘泥于某一特定区域。更有甚者，为招揽更多社会资源，同一机构还可能在不同地区民政系统分别登记注册多家机构。以 S 市 H 社工服务机构为例，为获取不同区域社会服务项目资源支持，该机构在 S 市 4 个区都注册了机构。该机构负责人谈道："我们之所以会在本市 4 个区都注册了社工机构，也是迫于地方保护主义的政策驱使。政府购买服务也不例外，每个区的民政部门都要推动本地区社工机构数量增长，所以有限的公益资源都希望能扶持辖区内自己的社工机构。为了获得更多资源支持，我们不得不在不同区域注册多个社工机构，这样才能有身份参与平等竞争。"

不同机构在相同地区往往形成相互竞争的关系，同一地区社会机构数量越多给彼此带来的竞争力就越大。这类机构对政府的政策极为敏感，其生存能力及抗风险能力普遍偏弱，机构创建与机构注销现象时有发生。处于执行方生态位的社会服务机构是整个社会服务项目的主力军，促成它们的成长发展是政府参与社会服务购买的主要使命之一。

其四是受益方种群。社会服务项目的受益方种群主要由各类服务人群所构成，服务对象生活质量改善状况是评价社会服务项目成效的核心指标。他们大多数属于社会亟待关注的弱势人群，人群分布极度广泛。他们对社会组织服务的反馈是评价社会服务项目执行效果的主要依据，也是出资方主体最为关心的创投指标。在政府购买社会服务项目的影响下，受益服务对象在项目周期内能够获得社会组织持续系统地服务，生活状态备受关注，生活质量也可能得到一定程度提升。受益方服务体验良好对出资方的工作给予更多肯定，也有利于形成良好的基层社会风气。与其他三个生态种群略有不同，受益方在创投活动的末端，与出资方、平台方的联结感不足。在整个创投生态中，作为公益创投的受益方，以不同类型的弱势人群为主，虽然分布较为广泛，但多数属于零星式被动性地存在。由于缺乏创投知识普及，他们对政府购买服务、社会组织、社会服务等概念普遍缺乏认知，或者将社会组织提供的社会服务简单理解为政府部门对他们的慰问关怀行动。更有服务对象对社会服务项目的初衷产生严重地戒备和防范心理。现实服务项目中，由于执行社会组织未能深入展开需求调研工作，对服务对象的真正需求缺乏细致了解，受益方参与社会服务项目的主动性较弱。① 执行方不得不通过主动邀请或拉拽服务的方式开展工作，从而导致受益服务对象的受益感体验不强。

三　社会认知是最大的生态环境

生态环境是生态种群赖以生存与发展的自然空间。社会服务项目中

① 王春：《公益创投的生态困境及主体策略——基于S市地方性实践探索》，《长白学刊》2018年第3期。

的不同生态种群在彼此互动中也在慢慢塑造独有的外部环境，包括社会服务的迫切性、社会服务项目实施的社会基础、政策制定、社会对社会服务项目的认知与接纳程度等环境元素。

现代民生服务诉求是社会服务项目生态环境的首要元素。伴随我国经济发展水平日益提升，传统民生服务无论是服务内容还是服务方式均与现实经济发展水平不相匹配。现阶段社会公众对生活水准的要求日益提高，如何有效改善民生生活水平，提升民生服务质量逐渐成为现代社会关注的热点话题。现代社会对于民生服务指数有着更高的期待，必须打破政府全盘托底的传统服务思维，要充分激发社会各种有生力量投入民生服务。而现代政府、企业及社会组织对于满足民生服务诉求都有责无旁贷的义务和责任，越发努力将改善民生作为组织的基本职能之一。社会服务项目就是基于全社会对民生服务不断关注的背景下产生的。

社会组织存量及发育水平是社会服务项目生态环境的第二元素。社会服务项目的主要参与者是社会组织，它们既是被培育对象又是服务执行者，社会组织存量的多少是首要考虑因素。进入 21 世纪以来，社会力量崛起的呼声日益凸显。国家寄希望通过激发更多社会力量参与到社会治理之中，社会组织从而获得较大的发展空间。迄今为止，国家通过正式制度激励社会组织创建的时间尚短。社会组织在近十年虽然取得较快的发展势头，但在总量上完全难以满足现实社会需要。此外，在发育水平上，各类初创型社会组织受诸多条件制约也难以达到独立开展社会服务的要求。正是基于社会组织在存量上以及发育质量上均存在一些不足，迫切需要得到社会服务项目的支持帮助。

社会接纳度是社会服务项目生态环境的第三元素。社会服务项目的实施需要由多个不同社会主体共同参与合作运行。实施合作的基础是各个参与主体必须对社会服务项目有清晰明确的认知，且有一定的接纳度。[①] 出资方主体虽然对社会服务提供资金支持，但并不代表每个主体都会真正了解社会服务项目。出资方主体对社会服务项目的接纳是存在

① 李海芹、张辉、张承龙：《网络公益社会认同影响因素及产生机制研究》，《管理评论》2019 年第 1 期。

差异的且与组织主要领导者的个体公益意识直接相关。以政府出资方为例，有些部门参与购买社会服务项目是因为领导者认可服务项目的社会价值，对其寄予较高期待。也有些部门领导者并不认同购买社会服务项目，仅仅是迫于制度压力而不得不组织实施。除了出资方主体外，平台方与执行方对购买服务基本都保持较高的认同态度，根源在于多数平台方及执行方都是基于政府购买社会服务项目而产生的。而受益方（社会公众）其覆盖人群极为广泛，因缺乏对社会服务项目的足够了解，导致该群体对社会服务项目的接纳度并不明显。

政策设计是社会服务项目生态环境的第四元素。政府购买社会服务项目的具体实施离不开相关政策的制定与设计，购买政策可以对购买行为加以规范和约束。① 购买政策的制定对于购买社会服务项目具有重要指导意义。当前，由于政府购买服务对于多数地区及部门而言属于新生事物，缺乏政策参照和实践经验。因此，政府购买社会服务项目在政策制定环节相对较为滞后，不够系统健全，多数购买服务实践活动往往走在政策制定之前，甚至会出现政策真空现象。此外，由于购买服务的政策设计缺乏经验，倾向于理想化，有些政策对购买服务实践活动的指导性并不明显，甚至会妨碍社会服务项目的有效开展。

纵观整个社会服务项目生态环境，当前上层宏观政策远优于基层实践基础。政府出于对购买社会服务项目这一新型治理形式的尝试探索，相比其他社会主体其购买项目的主推意识非常强烈，为社会服务项目提供了必要的资金与政策支持。与此同时，还积极创造条件大力倡导社会组织的创建与培育。而基层实践基础则相对较为薄弱，尤其是受传统福利思维的影响，社会公众对社会服务项目这一新型服务形式比较陌生，许多服务对象对社会服务项目不太配合，参与率极不稳定，甚至出现质疑排斥的心态。基层社会环境对社会服务项目的接纳度亟待提升。

---

① 涂开均、郑洲：《论我国公益创投项目政策决策逻辑的理论解释——以 15 个副省级城市为例》，《中共福建省委党校学报》2016 年第 2 期。

四 社会服务项目生态雏形的生成

（一）生态位

“生态位”（niche）是传统生态学中一个基本概念，认识清楚生态位有利于强化对生态关系的深度理解。生态位最早于1917年由格林内尔（J. Grinnel）首次提出，认为是维持物种生存的“非生物因素”，强调的是宏观尺度的生态空间。它用于研究生物物种间竞争关系，每一个物种在生态系统内都占据着一定空间，同时发挥着特定功能，因此也拥有特定的角色和地位。1927年，埃尔顿（Charles Elton）将其内涵进一步发展，认为生态位是物种在群落中的机能和地位，强调微观尺度物种间的营养关系。1958年，哈奇森（Hutchinson）对生态位提出了更实用的定义，他认为生态位是每种生物对环境变量（温度、湿度、营养等）的选择范围。①

综上所述，生态位主要指一个种群对环境资源的利用和对环境适应性的总和，是其在时间空间上所占据的位置及其与相关种群之间的功能关系与作用。在生态系统中存在地位和作用相近且可以相互取代的物种，每个物种都有自己独特的生态位，以此表现与其他物种的差异。在自然环境里，每个生态空间都孕育着不同种类的生物种群，其活动以及与其他生物种群的关系取决于它的生理行为与日常习惯，故具有独特生态位。② 每一种生物种群都占有各自的生活空间，在群落中都具有各自的生态功能和营养位置，以及在自然环境下所占据的地位。自然生态系统中的物种或种群首先只有生活在适宜的微环境中才能得以延续。

（二）社会服务项目中的生态位

生态系统存在简单与复杂之分。简单的生态系统是由生产者、分解者及无机环境构成。复杂的生态系统则由生产者、消费者、分解者及无机环境共同构成。无论简单还是复杂，都有固有的生态种群。依据种群

① 百度百科，生态位（ecological niche），https：//baike. baidu. com/item/% E7% 94% 9F% E6% 80% 81% E4% BD% 8D/1872121？fr = aladdin，2018 - 10 - 11。

② 乔慧捷、胡军华、黄继红：《生态位模型的理论基础、发展方向与挑战》，《中国科学：生命科学》2013年第11期。

不同可以将同一生态系统划分为不同的生态位。社会服务项目是社会治理创新的一个新型事物，本身也属于一个生态系统，① 具备相对独立的结构框架与主体成分，依据项目参与主体各自承担的角色不同也可以分解为不同的生态位。②

1. 生产者生态位——项目出资方主体

生态系统中，生产者在生物群落中起基础性作用。它们是整个生态系统的能量源，可以将无机环境中的能量同化为有机能量，同化量就是输入生态系统的总能量，维系着整个生态系统的稳定，通常被视为连接无机环境和生物群落的桥梁。而在购买社会服务项目的生态系统中，出资方主体就类似于生产者的角色。它们的共有特性是通过从社会环境中汲取足够的资源，输入给系统内的其他生态位，实现能量传递。例如，政府出资方主体可以通过向社会征税汲取足够资金用以支持民生事业的改善。企业出资方主体可以通过从市场中的生产经营渠道获得盈利再反哺社会，彰显社会责任。基金会出资方主体也可以通过向广大社会募集资金来致力于特定公益事业发展。

2. 消费者生态位——项目平台方主体及执行方主体

生态系统中，消费者指以动植物为食物来源的异养生物，其分布范围极其广泛，几乎包含所有动物和部分微生物，它们可以通过捕食和寄生关系在生态系统中实现传递的能量。一个简单的生态系统仅需生产者与分解者就可以维持基本运作，数量众多的消费者参与其中就可以起到加快能量流动和物质循环的作用，可以把它们看成是生态的“催化剂”。而在社会服务项目的生态系统中，平台方主体由具有资源互通性质的社会组织构成，而执行方主体由各式各样的社会服务机构组成，它们都类似于服务生态中的消费者角色。其共有特性是发挥典型的资源传递功能，通过捕食生态系统中的生产者为食物来源实现能量的传递。例如，具有平台性质的社会组织通过协助出资方主体落实各种服务事项，将出资方主体的资源汲取出来用于其他执行机构的日常服务开展；而各

① 毕晓静：《浦东新区构建多元公益生态圈》，《中国社会组织》2014 年第 23 期。
② 李珍：《打造良性的公益生态圈》，《中国慈善家》2017 年第 1 期。

种社会服务机构从平台方的渠道获取不同服务资源，通过自我消化，以具体服务的形式满足广大社会公众的需要。

3. 分解者生态位——项目受益方主体

生态系统中，分解者又被称为还原者，它的使命是实现物质能量的跨域转换。它可以将生态系统中的各种无生命的复杂有机质分解成水、二氧化碳、铵盐等可以被生产者重新利用的物质，从而实现生态内物质的循环。它的最大贡献在于是连接生物群落和无机环境的桥梁，为生态系统的无机环境提供充足的资源。而在购买服务项目的生态系统中，受益方主体由各种有着合理化需要的服务对象所组成，类似于项目服务生态中的分解者角色。它们的共有特性是稀释了生态系统中所传递的能量，并将其转化为其他形式的能量填充于无机环境中。例如，各种服务对象因接受社会服务机构所提供的各种服务，其生命质量获得改善，从而强化了他们对社会环境的正面评价，为社会营造积极健康的风气。

（三）社会服务项目的生态雏形

长期以来，政府对社会服务的实施方式以体制内供给为主要特征。伴随社会体制改革不断推进，政府对社会公共服务的提供方式也发生了改变。党的十六届四中全会正式提出了“建立健全党委领导、政府负责、社会协同、公众参与的社会管理格局”，标志着我国开始实现从国家全面控制和包办代替的传统管理模式向多主体合作参与的现代治理模式转变的社会管理体制变革。[①] 之后，关于社会公共服务的实施逻辑是，由原来的“体制内供给”逐渐转变成“体制内购买 + 体制外执行”的新型模式。政府购买社会服务项目就是在此背景下产生的一种新型社会治理形式，在主体结构层面上产生的直接变化，就是社会服务供给与享用过程由“二元主体”发展分化为“四元主体”，涉及政府部门、平台型社会组织、一线社会服务机构、服务对象等，并且对主体角色进行了重新配置。政府购买社会服务以项目运行为核心，以多元主体协同参与为特色，逐渐形成了一套完备的服务生态系统，共同维持着购买服务生态的秩序与平衡。

---

① 何增科：《我国社会管理体制的现状分析》，《甘肃行政学院学报》2009 年第 4 期。

政府部门作为项目发起者，在服务生态中承担着项目委托方的职责，持续向社会治理输入支持政策以及必要的资源与资金。一方面需要强化对平台型社会组织的政策指引，为社会服务项目制定目标，并对项目成效加以整体性考核。另一方面，通过社会服务项目这一平台强化公共服务供给，奠定自身的执政基础。平台型社会组织是在社会治理创新的政策倡导下，催生的一种新型社会组织。它的职责是承担一切与社会服务项目运作与管理的具体事项。在政府购买服务生态中，它肩负着项目运行的承上启下的职能，受项目出资方的委托，对项目执行方施以监管与培育。一线社会服务机构是社会服务的项目执行方，它们通过承接社会服务的方式获取政府资助，维系组织生存与发展。在政府购买服务生态中，既需要投入一线公共服务，又需要接受来自政府、平台型社会组织的监督与管理。服务对象专指有着合理服务需求的社会公众。在政府购买服务生态中，服务目标人群是项目服务的受益者。他们可以无偿接受公益项目服务，通过个体服务体验对公共服务满意度水平作出成效评价。

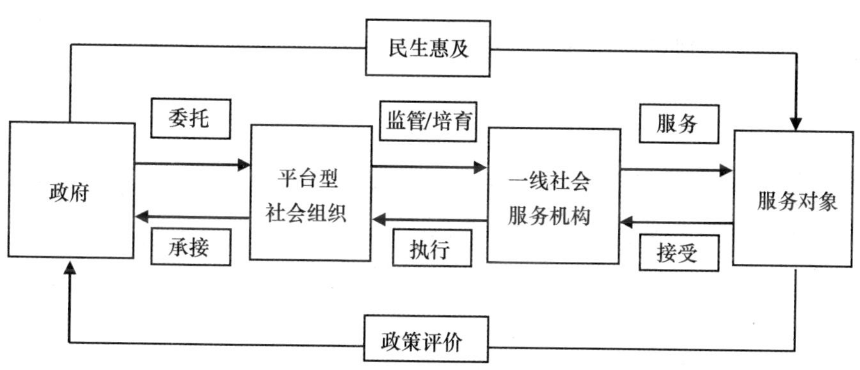

图 3－1　政府购买社会服务生态结构

第二节　社会服务项目的生态功能

生态种群在其存在与活动的过程中，能够对其所处生态系统的内在结构与外部环境带来客观影响，从而产生实际的生态效应。生态功能

(ecological functions)，通常是指生态系统内的生物种群在维持生命的物质循环和能量转换过程中，对其所在生态系统中的结构、功能以及所处的生态环境而产生的影响。社会服务项目的产生与持续发展，易于推动地方公益生态的形成，并对整个社会服务行业的发展产生现实影响。以S市公益创投为例，历经多年实践积累，在政策制度层面、社会组织层面、服务对象层面以及社会环境层面都展现出较大的改善功能，有力地推动了地方公益服务生态的形成以及项目化服务的深远发展。

一　规范服务项目助推政策先行

生态运行需要加以规范，生态的有效维系必须依赖健全的政策制度约束。政策设计对于新兴行业的发展具有规范与稳定的功效，政府购买社会服务项目运作政策设计必须先行。[①] 公益创投活动不是单个社会主体的单项行动，需要不同社会主体间的相互配合。没有健全的政策制度体系，就难以规范各社会服务项目参与主体的项目行为。公益创投活动属于公益领域多主体间的生态互动行为，其具体实施依赖于对各行动主体的行为加以规范，因此，从政策制度层面加以完善有助于创投生态更加稳健地发展。

自2011年底以来，S市公益创投活动的开展带动了该市政府购买社会组织服务的制度体系建设与完善。在引入公益创投之前，S市的政府购买服务的实践活动尚处于空白阶段，政府乃至社会组织对社会服务项目运作没有任何概念，更是没有相应的制度设计与宣传。自2011年底S市首届公益创投开启后，为维系公益创投生态的有序运行，S市政府民政部门及平台型社会组织纷纷设计了不同政策文件及制度规范。S市民政局政策法规处工作人员W向我们介绍道："起初我们决定做公益创投，也是想学学上海的先进经验，一方面把福彩公益金用在最需要得到帮助的人群身上，把好钢用在刀刃上，另一方面也是要激发社会力量来实施社会服务，因为我们在具体服务的方法上并不专业，需要引入专

① 徐家良：《政府购买社会组织公共服务制度化建设若干问题研究》，《国家行政学院学报》2016年第1期。

业团队来做。但是这一领域对于我们来说是首次尝试，完全不懂，特别是这里涉及大量公共资金的投放，因此，必须要通过政策制度的设计来加以规范，我们也陆陆续续出台了十几个规范政策以确保创投工作的有序开展。”

目前，S市级公益创投已形成了《S市公益创投项目实施管理要求》《S市公益创投业务活动费用细则》《S市公益创投项目申报及实施规范指引》《S市公益创投获选项目终止说明》等多项管理制度，为全市公益创投活动提供更加准确规范的政策依据和制度保障。此外，在公益创投执行中，平台型社会组织也制定了系统性的规范资料，如项目申报环节涉及《S市公益创投活动项目申请书》《S市公益创投活动项目预算表》《S市公益创投活动项目需求调研报告》《S市公益创投活动项目落地社区合作意向书》；项目执行环节涉及《S市公益创投活动项目内容和频次调整申请》；结项评估环节涉及《S市公益创投活动项目结项报告》《S市公益创投活动项目终期评估指标体系》等项目资料。这些创投制度设计并非由出资方与平台方凭空臆想而出，多数是基于不同创投主体在互动实践中所遭遇的问题而加以完善的。也正是因为创投生态运行中呈现的问题，迫使各参与主体设计不同制度加以规范。因此，每一个创投参与主体对于创投制度设计都有一定的贡献与价值。而且，这些制度建设对S市各区县、各职能部门的政府购买服务、公益事业发展起到了规范与引导作用，在公益领域内被不断复制效仿，受到了广泛赞誉。

略显不足的是，创投生态并没有衍生出完备的制度体系，这些创投制度基本上都是出于对执行方社会服务机构如何规范操作公益服务项目而设计的。缺乏对其他创投参与主体的行为约束，尤其是出资方主体及平台方主体。这些制度的缺失对于整个创投活动的有序推进也造成了一定的难度，比如关于出资方主体在资金拨付时效上的制度约束，平台方主体在组织能力建设成效方面的制度考评等。

二　社会组织量增质优比翼齐飞

稳健的生态能够为系统内的种群发展带来足够的养分，生态的稳健运行与种群的丰富性及各类物种的数量规模有一定关联。公益创投生态的发展既需要依托社会服务机构在数量与质量两方面的快速提升，同时创投中的主体间的相互作用及生态关系也助推着社会服务机构的发展。

（一）一线社会服务机构增长迅猛

公益创投活动的主要参与者为各类不同属性的社会服务机构。社会服务机构数量越大，创投的竞争性越强，创投服务的质量相对越高，创投所产生的社会整体效应就越为明显。没有足够量的社会服务机构参与，公益创投活动则难以持久维系。而创投活动所创设的初衷之一就是大力培育发展社会组织。公益创投生态的形成，对于社会组织数量增长具有重要推动作用。

在公益创投活动的激励下，S 市一线社会服务机构的数量增长呈迅猛态势。公益创投活动作为推动社会组织发展的“催化剂”和“助推器”，能够有效地解决当前公益服务类社会组织普遍人才资金匮乏、规模较小、组织建设能力不足等瓶颈问题，在治理成效上具有较强的针对性，对于推进社会组织的培育和发展具有重要作用。[①] 相关资料显示，S 市在公益创投前后社会组织数量产生了较明显的变化。2006—2010 年，按照正式在民政部门登记注册的社会组织统计，每年新增社会组织数量基本维持在 300—500 个。而 2011—2015 年，每年新增社会组织数量（包括社区备案组织）平均维持在 2000 个左右。

表 3－1　　公益创投前 S 市社会组织发展情况[②]　　单位：个

	2006 年	2007 年	2008 年	2009 年	2010 年
社会组织数量	2597	3085	7377	8611	9000
新增登记社会组织数量	345	488	329	333	304

① 魏晨：《公益创投的实践成效与反思——以三省八市的公益创投为例》，《中国社会组织》2016 年第 13 期。

② 该资料引自 S 市 2006—2015 年鉴。2008 年，S 市首次引入备案组织建设制度，专指由村（居）民自愿组成的尚达不到登记标准的社区社会组织，属于备案社会组织，一般不再分“社团”还是“民非”，可以统称为“群众团队”“微社团”等。由此引发了社区备案组织创建的热潮，当年新创的备案组织高达 4295 家。社会组织数量每年变动影响因素较多，除了登记之外，还有办理注销、撤销登记等举措。

表 3-2　　公益创投后 S 市社会组织发展情况①　　单位：个

	2011 年	2012 年	2013 年	2014 年	2015 年
社会组织数量	10634	13683	17763	19278	21616
新增社会组织数量	1745	3259	4080	1515	2338
万人拥有社会组织	6.1	6.7	9.0	10.4	12.9

上述两组数据可以看出，公益创投前后 S 市社会组织发展变化的趋势与特征。特别是 2013 年，统计显示 S 市专业社工服务机构 50% 以上是在当年成立的。在申报公益项目的 80 家社会组织中有 56 家社会组织因公益创投活动而进行注册登记，充分体现了各级公益创投活动对培育发展社会组织的带动作用，且呈加速发展态势。S 市恩派社会组织培育发展中心工作人员 G 谈道："我们刚来 S 市时，启动第一届公益创投活动，当时难度是非常大的。全市上下各民政条线的工作人员都不知道这个新事物该怎么玩。这还仅仅是次要的，最关键的是我们从民政部门社会组织登记管理处竟然找不到几家合适承接这种社会服务项目的社会机构。然而，经过几年公益创投活动开展下来，这种情形正在日趋发生改变。在创投活动的带动下，一线社会服务机构犹如雨后春笋，一下子获得了井喷式发展。这里不仅有社区居民自己成立的机构，还有高校老师成立的机构，甚至还有社会上以民非注册的培训类机构也都参与到创投活动中来。"

创投生态的发展不仅为一线社会服务机构的创建带来了机遇，同时对这些机构的内力提升也创造了有利条件。尤其表现在团队建设方面，社会各行各业人群看到社会服务行业呈现蓬勃发展态势，也提升了他们加入这一行业的信心。许多教师、学生、律师、医生、培训师、财务专员、艺术类人才、自由职业者等也纷纷涉足公益创投领域，凭借自己的专业特长助力地方性社会服务行业的发展。

① 该资料引自 S 市 2006—2015 年鉴。自 2011 年起，全市统计社会组织数量均将备案组织一起纳入统计数据之中。自 2014 年起，S 市民政局获得对基金会组织的审批权，每年均有适量基金会组织产生。

（二）平台机构在不同领域不断涌现

生态属于一个由不同生物种群与无机环境共同构成的复杂体系。一个大型生态系统内也可能蕴藏着大小不同的小型生态系统。每个小型生态系统都有自己相对独立的物种运行构架。公益创投生态系统同样如此，可以依据行政区域或条线归属不同，划分为不同的小型创投生态。每个小型创投生态都有一个特定的平台型社会组织。随着公益创投辐射范围日益扩大，不同行政区域或条线部门都希望创建自己的创投平台，从而助推了平台型社会组织的成长。平台型社会组织无论组织规模上还是发展质量上都有超越于一般社会服务机构的优势所在，通常有两种创建形式，一种是外部引进本土再建；另一种是本土机构转型所致。

在公益创投活动的助推下，平台型社会组织逐渐在 S 市、区、街道三个行政层级或不同条线职能部门中获得较大的发展空间。自 2011 年公益创投活动成功举办以来，原本属于一线社会组织也开始积极实现功能转型，拓展组织发展领域，为特定行政区域探索社会组织孵化模式。在此期间，诞生了一大批平台型社会组织。比如乐仁乐助社会创新机构、园区社创中心、清流社工服务中心、飞扬公益创新发展中心、德润社会工作服务中心等机构。这些组织都是仿效市级公益创投承接方恩派的运作模式，先从公益创投活动着手，深度挖掘社会潜在公益力量，培植社会组织与公益人才。

多年来，S 市公益创投活动已由市、区两级延伸到部分镇、街道，由单一民政部门主办向政府其他职能部门以及群团组织辐射，在全市范围内实现了公益创投活动的全覆盖，社会效应不断放大，公众认同度大幅提升。2012 年，全市开展社会组织机构、功能、项目和能力孵化，建成社会组织孵化器 10 家，在建 8 家，累计投入资金 2384 万元，形成 11300 平方米的孵化场所，已入驻接受培育的社会组织 94 家。2013 年，S 市建成 20 家社会组织孵化基地，累计投入资金近 8000 万元，已入驻接受培育的社会组织 250 家。2014 年，S 市建成 29 家社会组织孵化基地，在建 21 家，基本形成 4 个层级、功能有别、错位发展、比较完善的社会组织培育体系。枢纽型管理模式取得新进展，全市已建成枢纽型社会组织 30 多家。社会组织依法自治水平提高，通过建立社会组织长效培训机制，社会组织从业人员的职业化专业化建设、社会组织内部治理、服务政府、服务社会的能力明显提升。2015 年，S 市新建 42 家社会组织孵化基地（累计 71 家），培育社会组织 500 余家，形成 4 个层级、功能有别、错位发展、比较完善的社会组织培育体系。

（三）项目执行经验不断丰富

生态系统的维系不仅依赖种群的丰富性，还需要每个物种对所处环境的生存适应能力获得提升。而对于公益创投而言，则更加需要强化社会服务机构自身的发展能力。在创投生态中，社会服务机构不是孤立存在的个体，需要和创投中其他参与主体进行持续互动，而这一互动过程对于社会服务机构实现自身成长具有良好的推动作用。

当前，公益生态中的社会服务机构成长最为凸显的任务是培育组织的项目化思维。公益创投活动的本质是要求不同社会服务机构在固定期限内分别承担特定的公益项目的服务任务。所谓项目化思维，即在固定期限内对特定服务人群以专业化的服务手法开展系统化的服务活动，并力求促使服务目标的实现。项目化思维特别强调服务对象的明确性，服务目标的具体性，服务方法的专业性，服务内容的系统性，服务周期的固定性，服务成效的明确性。而在创投初期，社会服务机构最为欠缺的组织能力是项目化思维，绝大多数社会服务机构对项目缺乏认知和了解，把公益创投活动简单视为拿政府钱做公益服务。所以，在实践过程中，与项目化思维的要求偏离较大，服务成效难以呈现。

然而，在公益创投的反复实践中，经过平台方组织的多次项目评审、评估以及能力建设培训等活动的开展，社会服务机构对项目化思维逐步有了清晰的认识。从需求调研到项目目标明确，服务指标确定，服务活动设计与实施，服务项目监测、项目评估以及模式经验梳理等方面都得到了很好的历练。尤其在项目评审及评估环节，平台方组织评审专家对每个创投项目都会进行深度剖析，帮助社会服务机构更好识别什么是公益项目，什么是好公益项目。现如今，但凡有过多年创投经验的社会服务机构能够很快适应公益创投的各项要求，对公益创投实施环节及注意要点都能清晰掌握。S 市恩派社会组织培育发展中心主管 L 谈道：“S 市的首届公益创投活动的项目质量确实不敢恭维，很多项目甚至都推行不下去，主要原因在于大多数社会组织负责人都属于‘门外汉’，不理解创投到底是要做什么，或者停留在社区为民服务的活动层面，认为只要开展一些常规性的文娱活动即可，根本谈不上项目成效。然而经历多届公益创投项目监测与评估的打磨，现在这些组织负责人对于创投要看什么，要做什么，要展现什么等都有了清晰地认知和了解。有的项目负责人甚至已经参透了创投的‘玄机’，能够牢牢把握出资方以及平台方的心理，对于我们要评估的指标早已了如指掌。我认为这本身就是一种进步，至少他们真正了解到创投的基本要求了，能够改变一些非专业人士对创投的看法，说明创投活动还是卓有成效的。”

然而，公益创投生态的形成对于各项目主体增强社会服务项目化思维起到了积极的助推作用。不可否认，在项目实施层面各创投主体之间的磨合还存在诸多困难。突出表现为平台型社会组织认为一线社会服务机构服务不够用心，敷衍了事，缺乏规范性。而一线社会服务机构则反过来指出平台型社会组织在扶持基层组织发展方面的力度远远不够。这些问题如何解决，不能孤立地被看待，也需要在实践中通过创投生态系统的自我运行加以消解。

三　弱势人群生活品质获得提升

健康的生态是有产出的生态，具体表现为生态内各类种群的生命力得以强化。生态系统能量的有序传递有利于生态内各类种群的生存发展，每类种群都将在能量传递中获益。[①] 公益创投生态系统主要通过资金、服务以及社会支持等形式实现在各主体之间的能量传递。出资方主体与平台方主体将资金传递给一线社会服务机构，而一线社会服务机构通过专业服务惠及相应服务人群，促进其生活质量得以改善，社会公众则以社会支持与执政认可巩固出资方主体合法性的社会基础。公益创投活动的直接目标是促成社会组织的成长，打造更为适宜的服务项目，其终极目标是促进广大社会公众生活质量的改善。

---

① 冉奥博、刘云：《创新生态系统结构、特征与模式研究》，《科技管理研究》2014 年第 23 期。

就受益服务对象而言，公益创投生态所实现的服务对象受益状况与社会组织实施传统公益服务的效果存在较大不同。主要表现为，传统公益服务仅仅是社会组织的单向度服务供给，对于服务数量、专业性及成效均没有特别的约束。而公益创投生态所推动的社会服务供给则是遵循项目化模式，带有强烈的目标导向及成效导向。服务对象通常被限定为固定人群，对他们开展持续专业性的系统化的服务活动，并且出资方及平台方对社会服务机构的服务成效是要求有所考量的。即带有考评机制的创投生态能确保受益服务对象得到较好的服务。

在整个创投生态所面向的受益服务对象十分广泛，通常以具有合理性服务需求作为筛选标准，重点关注服务对象为“老弱病残孕”等传统弱势人群。各种创投活动的实施通常解决的问题涉及服务对象的生理康复、心理慰藉、困难帮扶、技能培训、兴趣培养、社交拓展、社会实践、公益服务等诸多方面。生理康复主要面向于残疾人群，心理慰藉面向各类存在精神压力人群，困难帮扶主要针对生存存在困难的贫困人群，技能培训主要针对适龄就业存在困难的人群，兴趣培养面向的是生活相对乏味的中老年及青少年人群，社交拓展面向的是社区内人际关系相对闭塞人群或外来人口的社区融入问题，社会实践面向的是缺乏社会体验的青少年人群，公益服务面向的是有着志愿服务意向的热心人士，引导他们如何在本社区开展一些志愿服务活动。

服务对象生活质量的提升是公益创投生态的终极目标。公益创投活动的创建打破了服务对象传统家庭自救式的福利理念，逐渐树立起依托社会力量解决自身问题的信心。当然，我们不得不承认，现阶段执行方各社会服务机构对各个创投项目服务成效的测量尚难以精确地呈现。但值得肯定的是绝大多数社会服务机构在创投中逐渐强化了服务目标及成效考量的意识，注重将服务重点聚焦于服务对象需求的满足，不断尝试链接不同社会资源解决服务对象的问题。且多数服务对象因参加公益创投活动而获得社会组织实实在在的关怀，服务对象对公益创投活动的满意度调查一直保持在较高的水平。

四 公益行业获得良好发展氛围

生态环境是生态主体赖以生存的自然空间，优良的环境有利于为其生态内的各类种群提供适宜的生长空间，同时，生态内各类种群良性互动也更加有助于营造良好的生态环境。① 公益创投的生态环境大体可以分为宏观政策环境、中观组织环境以及微观公众基础。当前，公益创投活动的实施极大地改善了创投的宏观政策环境及中观组织环境。各层级出资方主体对创投活动的重视程度日益增高，一些平台方社会组织以及一线社会服务机构也因创投获得较大的发展空间。从微观公众基础来看，社会公众对公益创投的认知度和接纳度也是构成创投生态环境的关键元素之一。

首先，公益创投生态的形成开启了本土现代公益事业发展的大门。公益创投活动的推行带动了项目制服务模式在政府购买服务领域的广泛推广，为公益生态营造了良好的社会环境。近年来，通过S市区各级公益创投活动，有效地整合了政府、企业以及社会部门三大主体的资源，实现了多元社会主体参与社会公益项目服务，有效践行了创新性整合多方力量解决社会问题的目标，构建全民参与社会公益服务网络。从出资方支持角度看，历经多年发展，S市现已形成纵横交错的公益创投生态网络，从市级、区级、街道到社区均开启了纵向不同层级公益创投活动。在政府体制内，也逐渐开辟了以民政局、教育局、妇联、共青团、残联等条线部门为牵头单位的横向公益创投领域。从公益创投活动对S市不同层面社会群体的纵向影响来看，公益创投活动在S市的发展历程既有其特殊性又有值得其他地方借鉴的普遍性意义。与上海、北京等地相比，S市与全国众多的二、三线城市有更多的相似性，S市公益创投活动从无到有，从一个全新的概念到为整个社会的各阶层所熟知，各项目规则与法律、法规从缺失到相对完善，公益创投活动在S市的发展更具有典型意义，其公益创投发展模式具有更强的可复制性与可推广性。

---

① 石鑫：《公益性民间妇女组织政策环境及行动策略研究》，《妇女研究论丛》2016 年第 3 期。

其次，公益创投生态的形成对外地区域发展公益创投产生了辐射效应。[①] 公益创投活动在S市的成功经验模式直接引发了周边地区参观走访的学习热潮，产生了连锁效应。自2011年S市成功举办首届公益创投活动以来，至今已连续举办了五届，在苏南地区乃至全国范围内都起到了示范引领作用。受市级公益创投活动的影响，S市辖区范围内各区县地方民政系统纷纷前来学习参访，了解公益创投乃至社会服务项目制的运作流程与经验。各区县以及经济基础尚好的乡镇（街道）也都相继启动了微公益创投活动，在社会服务项目化运作经验方面结合本土实情进行了探索。在三级公益创投活动的指引下，社会大众的公益热情得到充分激发，公益服务项目规范运作的能力得到显著提升，社会组织也得以迅速成长，整个区域的公益服务生态逐渐趋于成熟。

最后，公益创投生态的形式为社会公众增强对创投的认知度和接纳度提供了良好契机。公众对创投活动的认知度取决于对创投活动的参与率。在社会组织发育良好的城市区域，社会公众接触公益创投活动的机会较大。对社会组织这一新型事物以及公益创投活动有了更多的参与和了解，慢慢地从内心里开始接纳这一由专业社会组织提供服务的新型模式。而社会组织相对缺乏的区域，社会公众往往较少有机会参与创投活动，特别是在首次参与社会组织提供的服务时心存疑虑。不可否认的是，经过多年的创投实践的推行，越来越多的社会公众开始被纳入创投服务体系之中。他们对社会组织的认知观念开始提升，也逐渐理解社会组织的服务功效，进而增强了对公益创投这一新型服务模式的肯定。伴随时间推移，只要公益创投活动持续推进，创投活动覆盖范围日趋广泛，社会公众必将对创投活动有更加清晰的认知和肯定。

---

① 李健：《公益创投政策扩散的制度逻辑与行动策略——基于我国地方政府政策文本的分析》，《南京社会科学》2017年第2期。

第四章　社会服务项目中出资方主体的实践

无论时代如何变迁，政府对于社会领域的活动仍然担负着管理和调节的责任，这是人类社会发展的普遍规律。一个社会治理得如何，在很大程度上取决于政府社会治理职能是否得到有效发挥。[①] 党的十八届三中全会提出，要“创新社会治理体制”，“改进社会治理方式”。社会治理需要鼓励和支持社会各方面参与，多元主体良性互动，形成各司其职、优势互补、合作共治的格局，但政府的主导作用不可或缺和弱化。发挥政府主导作用是创新社会治理体制的首要前提。[②] 本章主要聚焦于以政府组织为代表的社会服务项目出资方主体，对其参与社会服务项目活动的动因、角色类型以及实践困境进行解构。

第一节　政府参与社会服务项目的制度演变

一　政府职能转变的发展历程

改革开放40多年的历史进程，其实就是党和政府不断重视民生、保障民生、改善民生的过程，也就是民生建设的历程。近年来，随着公民社会理念以及第三世界领域的兴起，中国社会也掀起了社会改革的高潮，不断提出了改善民生与社会建设的新举措与新思路。伴随对民生建

① 李德新：《论中国政府社会治理职能的理性归位》，《社科纵横》2014年第12期。

② 张一：《创新社会治理体制要充分发挥政府主导作用》，《光明日报》2015年3月17日第7版。

设的定位与认识越来越清晰，政府在自身职能选择上也进行了重大调整，最突出的表现是“服务型政府”新型理念的提出。

政府职能转变是指根据国家和社会发展的需要，在一定时期内，政府行政部门对其所应承担的职责、所应发挥的功能、作用的范围、内容以及方式的转移与变化，它由影响政府职能的诸多因素所决定。[①] 自1985 年中共中央文献中首次提到政府职能转变后，中央已多次提出加快政治体制改革，核心是转变政府职能。2005 年温家宝总理在政府工作报告中首次正式提出“建设服务型政府”的要求，得到地方各级政府的积极响应。服务型政府要求政府职能应该从对社会进行管制，转变到为社会及公众提供服务上来，将政府角色界定成为公众提供服务的“公仆”角色，将政府的目标定位在为人民服务和增加全社会的福利。服务型政府在职能定位上也包含有限性的色彩，有限型政府就是说政府的权力有限，不再像从前一样大包大揽，反而有很多事情要交给市场去做，交给社会去做。只有坚持有所为、有所不为，才能集中精力为社会与公众提供更好的服务。

在构建服务型政府的理念倡导下，从中央到地方各级政府迅速启动了系统性的探索。按照“小政府、大社会”的要求，实行政企分开、政社分开及事企分开。坚持有所为、有所不为的原则，把不该由政府管的事坚决让渡给社会力量来承接，做到不“越位”；把该由政府自己管的事，一定要管住管好，做到不“缺位”；把政府与市场、企事业单位以及社会组织的职责分离开来，做到不“错位”。让政府对经济的直接管理职能和对社会资源的直接分配职能逐渐弱化。将政府不适合承担的部分职能逐渐转移给社会组织来做，促进政府行政行为和管理方式从管制型向服务型、从直接干预向间接调控、从具体执行向监督服务的职能转变。[②]

2010 年，党的十七届五中全会上通过了《关于制定国民经济和社

---

① 李文良：《中国政府职能转变问题报告：问题·现状·挑战·对策》，中国发展出版社 2003 年版。

② 李景鹏：《从管制型政府向服务型政府的转变》，《新视野》2004 年第 5 期。

会发展第十二个五年规划的建议》。建议中明确提出要加强对社会组织的扶持与管理，并给出了指导意见，要求政府各相关单位要做到进一步促进社会组织的健康持续发展，并且持续不断推进社会组织的管理能力提升。而在政府其他文件中，也曾多次提出促进我国社会组织发展的相应办法，要求将政府中的事务性管理工作以及公共服务工作通过合适的方式交给社会组织来承接，从而有效地降低行政成本，并提高公共服务效率。政府对社会组织的认知从刚开始的试探性考量，到逐渐认可，再到支持成长，最后到放权，充分表明了中央政府已开始从一种系统、科学的角度来对待社会组织，这也为社会组织的壮大和发展创造了十分有利的宏观条件，为公益创投的实施打下了坚实的政策基础。

习近平总书记在党的十八届二中全会第二次全体会议上明确指出："转变政府职能是深化行政体制改革的核心，实质上要解决的是政府应该做什么、不应该做什么，重点是政府、市场、社会的关系，即哪些事该由市场、社会、政府各自分担，哪些事应该由三者共同承担。"经济新常态下，处理好政府和市场的关系是政府职能转变的核心议题，职能转变就是要使市场在资源配置中起决定性作用，这对于实现国家治理体系和治理能力现代化具有重要的现实意义。① 2013 年党的十八届三中全会上出台了《中共中央关于全面深化改革若干重大问题的决定》，决定指出，"必须切实转变政府职能，深化行政体制改革，创新行政管理方式，增强政府公信力和执行力，建设法治政府和服务型政府"。政府向市场和社会转移政府需要让渡的职能，成为政府职能转变的战略性措施。

二　政府参与社会服务项目的政策背景

在全社会公共需求全面快速增长的新阶段，为了顺应政府职能转变、建构"小政府大社会"的改革方向，各级政府大力推动政府购买服务的政策举措，积极动员社会力量参与公共服务供给，优化政府向社会提供公共服务的方式与效率。推进政府购买公共服务，既是创新公共

---

① 汪同三：《在新常态下处理好政府和市场关系》，《人民日报》2016 年 8 月 24 日第 7 版。

服务供给方式、提高公共服务供给质量和供给效率的重大举措，同时也是政府简政放权、实施职能转变的重要组成部分。从本质上看，政府购买服务是在政府面临社会议题无法通过政府自身力量解决的情况下，坚持“费随事转”，将其外包给社会力量承担并支付费用的方式。公益创投活动是加快推进社会管理创新的有力举措，也是政府转移职能向社会组织购买服务的一种新的尝试。与政府参与公益创投相比，两者有很多相同点，比如都利用了财政资金，都面向社会组织，体现政府对社会组织的支持等。而公益创投是在政府购买服务的政策背景下，直接购买社会力量提供公共服务缺乏稳定模式和有效经验，尝试引入社会组织承接公共服务作出实践探索，从而为这一行业带来撬动性改变。

2011 年初，S 市人大会议通过的《S 市国民经济和社会发展第十二个五年规划纲要》，纲要中明确指出，“要创新和完善社会管理体制，着力加强社会建设坚持以改善民生为重点，不断创新和完善社会管理体制，建立健全与经济发展要求相适应的社会建设领导体系、社会组织管理体系、公共服务体系和社会工作保障体系”，“创新社会组织服务管理体制，加大培育扶持社会组织的力度，依法管理社会组织，积极支持引导社会组织参与社会管理事务，承接政府部分转移职能”，“改革公共服务供给方式，引入市场竞争机制，扩大购买服务范围与力度，实现提供主体和提供方式多元化，增强多层次资源供给能力，满足群众多样化需求”。力求到“十二五”期末，实现全市社会组织登记数实现倍增的目标，万人拥有社会组织数十家以上，等级以上的社会组织数超过总数的 30%。随即在 2011 年 7 月，中共 S 市委办公室和 S 市人民政府办公室联合发布的《关于进一步加强全市社会组织建设的意见》中明确提出了对 S 市社会组织的扶持性政策：“各部门要全面梳理自身所应承担的社会管理和公共服务职能，逐步将事务性、辅助性、公益性职能转移、授权或委托给一些有资质的社会组织去承担”，“加快推行政府购买社会组织服务的试点工作，并制定出台购买社会组织服务的相关政策”，“各级政府要建立专项资金，支持行业协会、农村专业协会、社区社会组织、公益类社会组织的发展；市和区（县）两级每年应该要从福利彩票公益金中安排一定数量的资金，用来支持社会组织开展公益活动、提供公共服务。依据相关法律，税务部门确保各类社会组织税收优惠政策的落实”。

在上述S市政府决策引领下，2011年底，S市成为继上海、深圳、东莞后全国第四个系统规范开展公益创投活动的地区。目的就是期望通过推动政府购买服务，培育和扶持一批公益性社会组织，并使其迅速成长，具备承接政府相关需求职能的资质和能力。公益创投活动的启动实质上是推动政府转移职能、购买服务的新尝试，是对社会组织服务社会能力的检验，也是由传统民政工作向现代民政工作转型的具体实践。此后，公益创投活动日趋成为S市公益领域的一大品牌活动，在其影响下，公益慈善类社会组织开始蓬勃发展，受到越来越多人的关注，公益创投相关政策纷纷出台，公益环境日趋渐好。

三 政府参与社会服务项目的主体类型

政府是推行社会体制改革的主要驱动者，自然也是各地方社会服务项目的主要助力者。社会体制改革的首要前提是推进政社分开、强化政社互动，而政社互动又必须建立在政府主动释放公共管理与服务空间的基础之上。[①] 在不断深化社会体制改革的政策引领下，各级政府、不同政府部门主动重新梳理自身职能，将自己做不到的、管不好的公共职能开展转移，积极委托社会力量协助解决。在主动放权的同时也要做到合理让利，根据“费随事转”的原则，政府通过出资购买的方式，向广大社会力量进行服务购买活动。

政府购买社会服务项目本质上属于政府为改善社会公众的生活困境，通过服务项目化设计，出资向社会组织购买服务满足广大公众服务需求的治理形式。而涉及的政府参与部门呈现出以“条块协同、民政为主，群团组织为辅”的特征。首先，在条块协同方面，从中央到地方各级政府积极投入政府购买服务的实践探索中，各级政府主要通过制定政策、出台办法等方式作政策及资金层面的宣导和支持。条线部门则基于自身服务管理职能，针对特定服务人群的生活需求制定不同的创投

① 龚廷泰、常文华：《政社互动：社会治理的新模式》，《江海学刊》2015年第6期。

管理实施办法。这些条线部门参与社会服务项目的实施路径既有自上而下式，也有自下而上式。即有些政府部门主动设计创投实施方案，动员社会力量积极参与。如民政部门通常是各地方公益创投的先行者，他们预先制定创投政策，撬动公益福彩基金注入公益服务项目，引导社会组织通过项目申请的形式参与进来。也有些政府部门则是社会组织通过基层服务开展形成倒逼机制，诱发政府部门不得不关注其职能范畴内的公共服务供给。如一些青少年服务组织通过对学校青少年开展服务，引起了教育部门的关注，进而触动了教育部门重视对学校社会工作服务的引入。

其次，民政部门是政府系统内公益创投活动的先行部门，也是主推部门，它所形成的项目经验与模式逐渐在其他政府部门中被借鉴和效仿。究其原因主要有二：其一是民政部门的行政职能重点集中在百姓安居乐业等民生建设领域，具体包括社会组织管理、优抚安置、救灾救济、基层政权和社区建设、社会福利和社会事务等。而这些服务性工作领域宽泛、服务面广，政府凭借自身资源不宜深入开展，有必要借助外在社会力量加以实施。其二是政府购买服务必须依赖强大的社会力量作为服务供给载体。① 因此，积极培育社会组织成为各级政府部门推进购买服务政策的配套举措。而民政部门又是专门负责社会组织登记注册的管理单位，为配合国家创新社会治理体制的战略决策，民政部门首当其冲要大力鼓励培植社会组织的建立与发展。

最后，各个群团组织在社会服务项目中扮演着积极的支持角色。我国群团组织主要有青年团、妇联、工会、工商联、残联、文联、关工委等，由于这些组织直接由中央机构编制委员会办公室管理机构编制，因此带有强烈的政治性色彩，通常也被解读为准官方机构。他们能够自觉把自己置于党的领导之下，在思想上政治上行动上始终同党中央保持高度一致，自觉维护党中央权威，坚决贯彻党的意志和主张。此外，这些群团组织还拥有强大的群众基础，开展工作和活动主要以社会公众为中

① 吴玉霞：《公共服务链：一个政府购买服务的分析框架》，《经济社会体制比较》2014年第5期。

心，吸纳了普通群众中的一些优秀代表，能够集中反映这些群众的愿望和要求，是党联系这方面群众的桥梁和纽带。基于强烈的政治性和广泛的群众性两大特征，群团组织在积极响应国家创新社会治理体制战略上表现出踊跃支持姿态。①

第二节 政府参与社会服务项目的动因分析

近年来，地方政府在以市民创意为导向的社会产品、工作流程和服务的创新中发挥了主导作用，中央政府也热切回应了这种地方创新活动。② 政府日益认识到采取积极的政府行动来促进社会企业家精神和公民参与的必要性和迫切性。公益创投活动作为一个“以政府为主要牵头组织的社会创新”模式在我国浮现。时下，发动社会服务项目已成为各地方政府撬动社会力量的有力杠杆。分析政府参与公益创投的介入动因，既有自身内部政府职能转移、公共管理体制创新的改革考量，也有社会体制改革、回应公众需求的民生考量。

一 强化服务属性之本

改革开放后，党对执政路线方针进行了调整，政府启动了从“动员型国家”向“理性国家”进行转型的改革程序，政府执政功能从意识形态的提供者向秩序的提供者进行转变。③ 政府在相当长的一段时间内将工作重心放在经济建设领域，坚持“一切以经济建设为中心”的工作导向，承担起引领社会经济发展的火车头作用，有学者将其称为“经济建设型政府”。④ 经济建设的单项发展，逐渐拉开了公众的贫富差距，也伴生了诸多社会问题。这些问题若不及时处理，将对整个社会发展造

① 李克强：《政府工作报告——2017 年 3 月 5 日在第十二届全国人民代表大会第五次会议上》，《人民日报》2017 年 3 月 17 日第 1 版。

② 敬乂嘉、公婷：《政府领导的社会创新：以上海市政府发起的公益创投为例》，《公共管理与政策评论》2015 年第 2 期。

③ 李北方：《“为人民服务”的内涵和新意》，《南风窗》2016 年第 10 期。

④ 俞桂海：《建设“经济型政府”的意义及对策思考》，《行政论坛》2005 年第 5 期。

成巨大阻碍。后来，党和国家对政府的角色进行了重新考量，开始强调要将政府与市场的职责进行系统划分，把经济发展的任务交给市场来调节，政府职能则转向为管理服务。“服务型政府”的政策倡导在此背景下正式诞生。

“服务型政府”是一个较新的概念，最早提出这一概念的是2004年，由国家领导人在公开场合提出。2006年10月，党的十六届六中全会通过的《关于构建社会主义和谐社会若干重大问题的决定》中要求“建设服务型政府，强化社会管理和公共服务职能”。2007年10月召开的党的十七大上，“加快行政管理体制改革，建设服务型政府”被写入政治报告。当前，政府积极参与公益创投本质上属于“为人民服务”的属性归位。政府是公共权力与公共利益的代言人，鼓励培育社会组织、推动公益事业发展契合了政府的职能要求。伴随市场经济体制改革不断引向深入，社会矛盾与风险相应不断产生，社会诸多问题迫切需要得到及时化解。创新社会治理体系，探寻多元协同发展路径已成为普遍共识。公益创投是基层创新社会治理模式的有益尝试，政府通过公益创投为社会公众提供更多更好的公共服务产品，可以达成政府政策公平正义的目标。[①] 作为公益创投的资源供给方及主要发起者，在创新社会治理体系的时代背景下，政府部门有必要强化协同治理的权责观念，积极参与并鼓励更多社会力量投入公益创投生态系统之中，走协同治理发展之路。从这个角度看，政府参与公益创投的动因是对其自身组织属性的践行与回应。

这种创投政策的效益指向更多是为提高社会成员生活水准、回应社区居民需求、解决公众生活问题、实现社区治理的良性运行等。来自社会基层的民生需求迫使地方政府推行行政方式的改革，可以将其称为“唯下型民生动因”。

二　响应职能转移之策

社会管理和公共服务是政府职能的重要组成部分，由政府直接提供

① 李健：《政府参与公益创投的地方探索与实践》，中国社会出版社2018年版。

公共服务的方式往往缺乏效率，会耗费大量的时间和费用。从 1978 年改革开放以来，各级政府都着力促进经济增长，构建综合性经济服务基础设施，但很少注意到社会服务体系的发展。政府可能具备充分应对社会需求增长的财政能力，但缺乏运作能力，特别是难以应对社会公众广泛而多元化的服务需求。政府积极主推公益创投、激发社会组织成长，主要目的是转移政府职能，减轻政府的社会服务重担。要想构建服务型政府，必须要以培育和发展大量的社会组织来承接政府的公共服务职能为主要目标。政府“购买服务”并非单方面要求政府出资，其前提是要确保购买结构的完善。不仅要有精明的“服务购买者”，而且要有成熟的“服务供给者”，还要有适宜的“服务产品”。[①] 而社会组织在公共服务供给方面则表现出强烈的创造力、革新性和可持续性，它们分布广泛且类型多样，具有更多社会触角，对社会问题也持有高度的敏感性，可以渗透到社会不同人群、各个角落，能够提供有创意、符合社会需求的专业化服务项目。

公益创投在本质上是通过资金、管理及技术的服务支持，对初创期的中小型社会组织及符合公众需求的优秀服务项目的双重培育。政府发起公益创投活动，目的是瞄准社区居民需求，鼓励更多的社会组织主动参与公益性服务，重点扶持资助帮老、助残、救孤、济困等服务项目，这样可以规避政府直接提供公共服务的不及时，解决公共服务产品供给的低效率、高花费的弊端。与此同时，公益创投本身还具有更好的创新性和灵活性。[②] 通过项目化运作，公益创投可以为社会提供更多更精细化的社会服务产品，满足了社会公众的不同需求，有利于提高公共产品与服务质量，完善整个社会服务供给体系；公益创投项目运作和自治管理提高了政府的行政效率，在契约签订、项目实施和信息沟通的过程中大大提高了政府服务效用。[③] 政府大力推动公益创投活动不仅有助于提

---

① 岳金柱：《“公益创投”：社会组织培育发展的创新模式》，《社团管理研究》2010 年第 4 期。

② 崔光胜、耿静：《公益创投：政府购买社会服务的新载体——以湖北省公益创投实践为例》，《湖北社会科学》2015 年第 1 期。

③ 吕纳：《公益创投的本土实践分析》，《价值工程》2012 年第 24 期。

高公共财政使用效率，花少量的钱办大量的事，增强公共服务供给广度与深度，推动公共服务向社会化的方向发展，通过社会化供给方式满足社会公众多样性需求，从而实现政府职能转变以及服务型政府的打造。

这种创投政策的效益指向更多是从中央部委或上级政府关于社会治理领域的政策规定和制度安排着手，政策的逻辑起点是对上级部门政策文件的落实与贯彻，迫于上级部门行政压力而推行的行政方式改革，可以将其视为“唯上型政策动因”。

三　满足政绩彰显之需

政府部门及官员参与公益创投带有较强的政绩导向。政绩观是领导干部对行政成绩的基本态度，是行政人员履行职责所取得的成绩和贡献的总体看法和根本观点。[①] 政绩观犹如政府的行动指挥棒，树立科学的政绩观有利于各级政府真正将工作重心同中央的战略部署统一起来。2013 年，为贯彻落实党的十八大精神，改革和完善干部考核评价制度，完善发展成果考核评价体系的精神，促进各级领导干部树立正确的政绩观，推动经济社会科学发展，中组部专门出台《关于改进地方党政领导班子和领导干部政绩考核工作的通知》。该通知明确指出，对地方领导干部的考核，“要看全面工作，看经济、政治、文化、社会、生态文明建设和党的建设的实际成效，看解决自身发展中突出矛盾和问题的成效，不能仅仅把地区生产总值及增长率作为考核评价政绩的主要指标”，“把有质量、有效益、可持续的经济发展和民生改善、社会和谐进步、文化建设、生态文明建设、党的建设等作为考核评价的重要内容。”公益创投作为创新社会治理手段、激发社会活力的有效策略，在民生建设及社会和谐进步等领域发挥着重要作用，是地方政府展现全面政绩的有力支撑，因而备受各级政府的欢迎。

公益创投这一创新社会治理的新事物易于成为地方政府官员行政绩

① 肖鸣政：《正确的政绩观与系统的考评观》，《中国行政管理》2004 年第 7 期。

效考核的凸显指标。① 政府官员晋升机制是国家的一项重要政治制度，是确保行政命令得以履行的制度保证，它也是国家行政管理活动的重要主题之一。改革开放以来，伴随我国政治体制不断改革，地方政府官员晋升机制不断完善，实现中国经济腾飞奇迹的重要根源在于“晋升锦标赛制度”。② 在该制度的拉动效应下，一些地方政府官员迫切需要将政治绩效的基本价值诉求与自己所面临的具体工作实际联系起来。③ 在大量繁杂的行政事务中，设法通过拓展工作领域、创新工作形式等方式获得上级部门的关注现已成为地方政府官员彰显政绩的有效途径。在社会治理创新的政策大背景下，各级政府纷纷投入购买社会组织服务的实践探索中。公益创投作为培育社会组织的有力支撑，自然会受到一些地方政府的高度关注。一些地方民政部门为了凸显行政业绩，落实上级政府的政策导向，在社会上广泛宣传积极动员，促进地方社会组织数量的提升，为公益创投搭建平台宣传造势。这种以彰显政治组织或政府官员行政绩效为目的的行为可以被视为“唯己型政绩动因”。

综上所述，政府参与公益创投是基于多方因素的综合考量结果。借助公益创投激发社会力量的兴起，通过资金、管理及政策的支持，引入公益服务项目渗透社会各个需求领域，化解社会矛盾和问题，这些举措本身是在践行政府“为人民服务”的组织宗旨，同时也是优化资源配置、提升服务质量的有效治理方式，更是政府及官员行政绩效考核的内在需求。基于组织属性、优化治理、政绩考核三层动因的考虑，决定了政府对公益创投这一新型事物的持续性支持。

第三节　政府在社会服务项目中的生态角色

公益创投相对大多数基层政府而言，是个新生事物。政府部门的介

---

① 陈水生：《项目制的执行过程与运作逻辑——对文化惠民工程的政策学考察》，《公共行政评论》2014 年第 3 期。

② 周黎安：《中国地方官员的晋升锦标赛模式研究》，《经济研究》2007 年第 7 期。

③ 张蕾：《论政绩观的价值诉求及其建构》，《西北大学学报》（哲学社会科学版）2011 年第 3 期。

入打破了社会组织以往参与公益活动的常规模式，也诱发了社会组织自身的角色的改变，从原来的策划者、执行者、评估者转变为独立的执行者。与此同时，政府的参与被赋予了更多的期待，也逐渐明确了自身的合理定位。从整个公益创投生态来看，政府部门在其中分别扮演了政策制定者、资源提供者、奖惩裁定者等多重角色。

一　政策制定者：没有规矩不成方圆

政府是公益创投项目执行规则的主要制定者。在政府购买服务的理念正式提出之前，公益服务项目都是由社会组织独立自主开展，具有较高的灵活性与非规范性。通过购买服务的方式，政府以直接参与者的身份介入公益领域。涉及多个参与主体的联合运作，必须要界定清晰的规则。缺乏规制的合作行动，很难产生有序的行为后果。在整个创投体系中，政府既是公共权力的代言人也是创投活动的主推者，具有先天性的合法身份。在各参与主体自律意识不高的前提下，有必要加强对创投活动的政策规制。政府则通过政策制定的方式对其他参与主体产生较强的行为导向性和约束力。

政策的制定既是对参与者的行为加以约束规范，也可能为该领域的发展营造良好氛围。服务型政府的政策制定是以公共利益至上为根本目标导向，而社会力量的崛起是打造服务型政府的基本前提。[1] S 市民政局社会组织处负责人 C 谈道："为积极响应政府购买服务的政策号召，截至 2016 年底，我市以市委、市政府或民政部门的名义出台了大量有关扶持社会组织培育及公益事业发展的政策文件。这些政策的出台有力地推动了 S 市社会组织及公益事业的发展，对规范公益创投活动起到了良好的导向作用，为公益创投活动的健康发展营造了积极的制度环境。"社会组织因这些政策的出台直接受益，既能获取参与社会服务的合法性身份，也打开了介入社会治理领域的服务空间。

---

① 韩晓莉：《服务型政府政策制定的目标导向和价值观体系》，《理论月刊》2009 年第 6 期。

表 4－1　　S 市社会治理领域相关政策文件

年份	政策文件名录
2010 年	《关于进一步创新完善社会建设管理体制的若干意见》（S 发〔2010〕60 号）
2011 年	《关于进一步加强社会建设创新社会管理的意见》（S 发〔2011〕30 号）
	《关于进一步加强全市社会组织建设的意见》（S 办发〔2011〕63 号）
	《关于对部分社会组织试行直接登记的实施意见》（S 政民〔2011〕226 号）
2012 年	《关于在全市开展“政社互动”试点工作的意见》（S 办发〔2012〕45 号）
	《关于大力发展社会组织的指导意见》（S 政民〔2012〕251 号）
2013 年	《关于加速推进全市社会组织健康发展的若干意见》（S 办发〔2013〕81 号）
	《关于进一步推进“政社互动”工作的实施意见》（S 办发〔2013〕82 号）
	《S 市扶持社会组织培育基地建设“以奖代补”资金管理办法》（S 政民〔2013〕114 号）
	《关于对部分社会组织直接登记的通知》（S 政民〔2013〕196 号）
	《关于在各市（区）试点登记异地商会的实施意见》（S 政民〔2013〕197 号）
2014 年	《关于印发推动政府部分职能向社会转移工作意见》（S 府〔2014〕84 号）
	《关于深化行业协会（商会）改革的实施意见》（S 委办〔2014〕43 号）
	《关于政府向社会购买服务实施意见》（S 委办〔2014〕48 号）
2015 年	《关于印发 S 市社会组织行为规范的通知》（S 政民〔2015〕8 号）
2016 年	《关于加快推进城乡社区治理现代化的意见的通知》（S 委发〔2016〕20 号）
	《关于全面推进社区服务社会化试点方案的通知》（S 府〔2016〕64 号）
	《关于加强社会组织党建工作的实施办法》（S 组通〔2016〕78 号）

在每届公益创投实施之前，S 市民政局都要举行公益创投活动说明会，向社会发布公益创投实施方案，并出台《S 市公益创投活动实施意见》《S 市公益创投项目申报及实施规范指引》《S 市公益创投活动业务活动费用细则》《S 市公益创投获选项目票据说明》《S 市公益创投项目资料提交说明》《S 市公益创投获选项目实施阶段调整说明》《公益创投获选项目终止说明》等正式文件为该活动的有序开展保驾护航。这些文件详细介绍了公益创投活动的指导思想、基本原则、目标任务和总体要求，申报项目范围、创意设计要求、实施范围与周期、项目经费安排、项目实施程序、组织领导和保障等。具体明确了哪些社会主体可以参加，需要做什么，如何参加，使得公益创投活动有了行为规范；规定了公益创投的服务领域和实施流程，让各执行方对创投整个项目日程安

排更加清晰；强化了经费规范管理制度，降低了创投项目资金运作风险；与此同时，还制定了《S市公益创投活动管理制度》对中标组织进行管理，制定公益创投奖惩政策，促进一些优秀的社会组织及公益项目获得官方认可，得到长期持续资助；对于违规执行的服务项目进行必要的惩戒，情节特别严重的做停项处理，必要时追究法律责任。

然而，政府在政策制定层面也存在一定的不足，虽然出台了一系列政策制度，但主要以宏观宣传导向为主，并没有考察政策在不同地区执行的特殊性及可行性。同一城市不同区域的政府领导重视水平、经济发展水平以及社会组织现实基础也是存在诸多差异的。每个区域对相同政策的执行倾向也是存在偏差的。地方领导对创新社会治理的政策意识强、经济水平较高的地区往往更易于接纳公益创投政策，启动更早发展也更快。

然而有些政策受政绩因素影响，甚至超越了地方区域发展公益事业的成长规律，造成政策与实践之间的距离被拉大。有研究指出："在压力型政府体制下，官员政绩考核指标本身就存在诸多属性问题，因此即便做了诸多调整与完善，其存在的一些内在缺陷依然是无法克服的。在现行体制下，各级政府官员追求的永远是上级政府最看重的指标本身，而不去考虑每项指标背后的实质问题。"[①] S市民政局社会组织处负责人谈道："2011年起S市委、市政府提出了关于社会组织的'倍增计划'，要求注册登记的社会组织每年须以15%以上的增速发展，争取到'十二五'期末，实现社会组织数量翻番，努力争取我市每万人（常住人口）拥有社会组织数（注册登记数）在全省领先。然而，事实上这种政策要求并不一定适合所有区域。主城区的基础较好，达成目标问题不大。但是对于那些地处偏远郊区的区域，实现目标是非常困难的。"在缺乏有效抓手的前提下，S市各级民政部门将目光瞄准在公益创投上。然而，由于各区县的社会组织发展基础不同，对于能否完成倍增目标存在显著区域差异。基础薄弱的地区则会产生焦虑情绪，甚至会出现揠苗助长的现象，纷纷鼓励社区居委会工

① 徐志国：《官员政绩考核指标化的困境与出路探析》，《党政研究》2012年第5期。

作人员成立不同的社会组织。

二 资源提供者：我出钱，你办事

政府是公益创投项目所需资源的供给者。政府为社会组织参与公益事业发展提供了必要的资源支持，就公益创投而言，所涉及的支持资源主要包括场地及资金等。长期以来，资源一直都是制约社会组织发展的重要因素，资源供养不足是我国社会组织成长的动力困境。[①] 资源缺失导致社会组织没有立足之基，存在大量社会组织没有自己固定的办公场地以及必要的运转资金，从而导致志愿力量的组织化难以形成。即便社会存在广泛志愿力量，但基本都呈现零散状，难以将他们加以整合形成稳定的社会组织。政府是公益创投的主要发起者，其最大的优势便是具备持续向社会组织提供适当资源的能力，以促进社会组织稳定发展。

稳定的社会组织需要有固定的办公场所。现如今，绝大多数社会组织没有独立产权的办公场地，也难以承受租用办公场地的租金，普遍对政府无偿供给寄予较高期待。以 S 市为例，在公益创投活动的影响下，政府部门为社会组织提供了诸多办公场所，并配备了必要的办公设施，满足了社会组织日常办公的需要。负责 S 市公益园运营管理的负责人 S 谈道："在公益创投的带动下，S 市各级政府及条线部门都在努力打造自己直属的社会组织培育中心。它们对此命名多种多样，包括社会组织孵化园、公益坊、公益园、社会创新发展中心、公益创业中心等。这些场所建立后，受到广大社会组织的热捧，伴随社会组织数量急剧增长，入驻这些公益办公场所的条件也随之被抬升，形成竞争态势。有的机构有实力，一下子可以在多个公益孵化平台入驻，也有不少机构难以获得入驻资格。社会组织在享受政府提供的办公资源的同时，也必须纳入场所的规范管理体系之内，履行入驻组织的职责。如自觉接受园内日常作息安排、参加园内组织的各项培训管理活动等。"

资金也是社会组织实现有效运转的必要资源。政府通过直接提供项

---

① 石国亮：《中国社会组织成长困境分析及启示——基于文化、资源与制度的视角》，《社会科学研究》2011 年第 5 期。

目经费的方式满足社会组织在资金上的需求。政府划拨的扶持资金主要分为两块，其一是直接从政府财政资金中申请预算；其二是动用公益福彩金。[①] 当前，各地创投实践通常以动用公益福彩金的方式来满足创投项目的资金需求为主。自 2011 年起，S 市公益创投截至目前已陆续开展了四届，每届投入的创投资金额度约 1000 万元，依据项目服务规模，单个中标项目的资金额度维持在 8 万元至 20 万元不等。政府配给的这些项目资金极大地满足了社会组织开展公益服务活动的资金需要。无论是场地资源还是资金资源，政府并非只是甩手掌柜，而是委托第三方平台型组织予以监管，最大可能地降低直接给付带来的风险。

在资源供给方面，政府部门受科层体制的影响也会降低公益创投的运行效率。在公益创投的推动下，社会组织数量与日俱增，对政府在物质资源上的需求量越来越大且极为迫切。政府虽然持有公共资源，但资源本身是稀缺的，社会组织获取资源的竞争性日趋明显。因此，政府难以满足所有社会组织对资源的迫切需求，且所给予的资源又不具有长期性、可持续性。另外，受科层体制的影响，政府在资源供给的效率方面也存在一些弊端。[②] 行政工作通常会涉及不同部门、不同层级之间的审核协调，公共资源的给付也需要走行政流程。常常会因为一些不确定的行政因素干扰对创投项目发放资金的及时性，降低公益创投项目开展的效率。S 市每届参与公益创投的社会组织对此颇有意见，又难以通过有效途径促进政府的改变。L 机构负责人谈道："现在我们这些社工机构普遍面临的难题是政府对项目资金拨款的滞后。拨款滞后意味着不能及时发放机构员工工资，影响机构稳定。有的政府部门因为要走流程，层层审批，层层签字，硬生生地拉长了资金拨付期。我遇到更为极端的案例是，S 市某区街道层级的公益创投，今年的项目已经实施到了中期了，但是去年的项目经费还没有到账。很多社会组织不得不自已垫付资金，我们又不好整天向出资方催款，做公益做到这个份上太卑微了，实

---

① 何志宇：《公益创投项目资金来源及使用管理》，《中国社会工作》2017 年第 7 期。

② 张康之：《行政发展逻辑进程中的行政道德》，《毛泽东邓小平理论研究》2006 年第 2 期。

在是说不过去……”因资金拨付滞后，容易造成项目开展滞后或延期，甚至会因工资不能及时发放而影响社会组织团队的稳定性。从政府财务审计部门来看，严格按照行政事业单位的财务制度来要求社会组织，也存在很大操作难度。大多数社会组织缺乏独立财务人员，财务管理也不是社会组织的专业，因此，社会组织在财务管理方面因缺乏经验而存在诸多不规范的问题。每当接受项目财务审计之时，社会组织就会陷入莫名的恐惧中。

三 奖惩裁定者：好坏要有个说法

政府是公益创投项目执行优劣的奖惩裁定者。公益创投本质上属于政府参与社会公益投资活动，需要投入大量的经济成本。政府作为公共资源的持有者，对投入资源能否合理有效利用，实现社会价值负有责任。同时作为公益创投活动的主要推动者，政府对创投项目执行成效的优劣也肩负着评价的责任。因此，在公益创投实践中，政府部门对各服务项目的执行成效，特别是项目形成的社会影响力尤为关注。项目评估属于专业技术领域范畴，需要全程跟踪深度把控。多数政府部门基于自身专业及精力上的不足，有必要委托第三方社会组织来实施。① 然而，第三方社会组织基于自身组织属性的约束，在公共权威上略显不足，对于其评估的结果必须借助政府的权威光环，在被评估社会组织中形成影响力。由此可见，政府虽然不能全程监督各创投项目的实施，但在项目实施的关键节点都会适度介入，以实现对项目执行成效的基本把控。

以S市G区为例，在创投项目评估中，区民政局会派出工作人员亲临项目评估现场，全程了解评估方对项目执行成效的评价。当被问及，民政局为何要现场观察项目评估，平台型社会组织评估负责人W谈道：“公益创投活动的项目评审、评估、评奖等各个环节，我们都会主动邀请民政局的工作人员到场。多数时候是社会组织处负责人到场，还有时候甚至G区民政局分管创投活动的副局长也会过来旁听。我们这么做

① 袁同成：《当前政府购买社会组织服务评估模式存在的问题及对策》，《社会科学辑刊》2016年第1期。

的原因其实很简单，一方面，让民政局的领导知道我们在做什么，我们公益创投工作的程序是否合法合规，我们工作的成效如何，以此来增进彼此合作的了解。另一方面，其实就是发挥出资方的监督功效。因为有民政局的人现场监督旁听，一线社会服务机构也会非常慎重，面对项目申报、执行及评估的各项工作也不敢敷衍了事。这样无形中就提升了我们的工作效率和效果。”这一行为在客观上提升了项目评估的严肃性与规范性，对各执行社会组织也是一种行政监督与威慑。

政府并非单方面涉足项目成效的评判，就执行社会组织而言，他们对政府的评判也保有适度的期待。基于对资源依赖的考量，项目评价好坏会直接影响社会组织在公益领域内的口碑，也会直接影响出资方主体对社会组织扶持的倾向。一些地方政府部门规定较高等级的社会组织评估可优先得到政府转移职能和购买服务项目。[①] 项目评价优秀的社会组织，也亟须通过项目评估的方式呈现项目成果，期待获得良好的口碑，获得官方的肯定。而这些正向的无形资本对于该组织在今后的项目申请中将产生巨大的功效。例如，项目执行成效明显，就会获得第三方评估组织的肯定，进而受到民政部门的关注。在人际层面上，也给第三方及政府工作人员留下好的印象，建立彼此信任的关系。这些关系的建立也有利于今后在类似的项目评审中脱颖而出。

政府对创投项目的奖励主要体现在为每届创投项目设置评优奖项。依据项目执行成效对第三方评出的优秀项目进行荣誉嘉奖。政府对社会组织的表彰形式有三种：一是现金奖励；二是荣誉奖励；三是政策奖励。现金奖励侧重于对执行达到优秀等级的项目，以少额现金的奖励方式发给社会组织。荣誉奖励则是设置一些荣誉称号，作为社会组织的无形资产。如S市公益创投每届结束后，第三方会要求所有项目执行机构围绕公益项目实施过程梳理服务模式，以期形成具有可持续性的项目复制经验，积极对外推广，产生更广泛的社会影响力。政府则会根据评估结果，在所有的参与组织中挑选优秀项目给予荣誉表彰，设置“十佳

① 贾卫、黄一谷等：《评估在社会组织管理中的定位与作用研究》，http://www.chinanpo.gov.cn/700103/92536/newswjindex.html，2015-12-29/2017-08-15。

项目”及“优秀项目”等。政策奖励则是对项目执行成效的政策许诺，如为激励各项目组织积极投入项目执行活动，有些政府部门会承诺当项目达到优秀等级后，给予社会组织在下一届公益创投项目申报上优先审核待遇。针对项目执行不力，政府也会给予必要的警示或惩戒。情况不太严重，则由第三方评估机构邀约项目执行机构负责人进行谈话，限期整改。情况严重，则直接被政府民政部门列入黑名单，限制今后项目申请。

在奖惩裁定方面，政府部门存在的问题是偏重于“扬奖抑罚”。政府发布表彰及荣誉对社会组织而言既是一种肯定也是一种激励。然而，在项目惩罚方面，政府虽设有相关政策要求，但不够具体明确，政策执行缺乏可操作性。如在《S市第二届公益创投活动实施意见》中，明确提出：“（1）凡申报时提供虚假资料以及采取不正当手段虚假参与者，一经发现立即取消其参与资格，三年内不得参加类似活动。（2）任何单位和个人不得挪用或非法侵占、不当使用项目资金，违者依法追究相应责任。（3）中标的社会组织因不可抗力或非主观原因无法继续履行项目服务合同、实施项目时，应及时向公益创投承办方提出申请；未经项目主办方同意，不得擅自将项目向其他组织和单位、个人转让。”针对以上政策存在较大的执行难度，针对社会组织申报项目提供虚假资料没有核实举措、项目资金即便被不当使用也没有明确的追责惩罚措施、社会组织擅自转让项目执行方也没有追责补救办法等。由此可见，政府在政策导向上虽有明文规定，但缺乏细致性的追责办法和举措，大多数停留在形式性威慑，成效并不明显。

四　政府的生态角色反思

政府参与公益创投是系统性的介入，在不同环节扮演着政策制定者、资源提供者、奖惩裁定者等多重角色。公益创投作为一种新型社会治理形态，其制度建设严重不足。在创投前期，需要有相应的政策配套为创投发展营造良好的社会氛围。政府依托其公权代言人的身份，扮演着政策制定者的角色，通过完善政策设计以确保创投系统持续稳定运行。此外，公益创投需要依赖大量的资源支持，然而当前社会资源尚未得到深度开发，且社会组织的资源策动能力又极为有限。政府作为公共资源的持有者在创投所需资源上也发挥了重要的作用，具体表现在社会组织活动场地的提供以及项目运行资金的配给。再者，公益创投需要对不同项目运行成效建立奖惩评价机制。而第三方平台型社会组织缺乏奖惩的公共权威，对社会组织缺乏话语权和威慑力，必须由政府承担奖惩的角色。政府在扮演奖惩裁定者的角色时，能使项目执行优秀的社会组织或创投项目获得肯定，进一步提升项目团队的发展信心。相反，项目执行欠佳甚至存在违规行为的社会组织也会得到相应的惩处。政府对以上三种角色的扮演，客观上弥补了公益创投自行运转的不足，同时也发挥了政府组织自身的独特优势。

值得反思的是，各级政府在引入并正式启动公益创投之初并没有对自己应该扮演的角色加以明确界定。政府委托第三方平台型社会组织负责公益创投具体运营监管，也没有对自己的角色进行交代。政府在创投中的角色是在实践中随着事态的发展逐渐建构而成的。从角色类型上看，政府结合了自身的组织优势弥补了创投运行中可能存在的不足，自发式地扮演了不同角色。也可以理解为政府填补了社会组织通过自身运作难以达成创投目标的缺陷，社会组织难以解决的，政府就会扮演兜底者的角色。由此可见，政府的介入使公益创投的有序运转得以可能。另外，政府参与公益创投的深度依然存在不足，致使创投活动也会产生一些障碍，在政策制定、资源供给以及奖惩裁定方面尚有完善的空间。

第四节　政府参与社会服务项目的实践焦虑

一　责任焦虑：服务项目推动舍我其谁?

在我国现实语境下，公益创投是以政府为典型代表的投资主体与社会组织间达成的公益合作契约，双方共同致力于设计优秀公益项目与培育社会组织发展。从本质上看，它是不同主体之间的合作关系。每个参与主体都需具备合作沟通意识，都有义务维系这一契约的正常履行，且在成效责任的分担上享有对等性。调研发现，政府对公益创投持有宏观的审视视角，与第三方平台组织以及一线社会服务机构之间并不能做到对等性。突出表现为，对公益创投的运行及发展问题产生明显的焦虑情绪。

政府对公益创投的焦虑源于创投发展中衍生出的各类问题。公益创投本身属于新生事物，对于多数政府部门而言，不善运作管理，缺乏应对经验。各类参与主体的互动合作也是一种新的尝试，在不确定的空间领域内各行为主体易于引发各式问题，有的源于自身，有的源于彼此之间的互动。基于出资方的身份，同时对公益创投成效缺乏足够的发展预判，政府对其一直持谨慎且焦虑的心态。[①] 通过对 S 市不同层级民政系统的调研，受访工作人员在认可公益创投现实价值的同时，流露出来的更多的是一种焦虑。访谈间，他们所陈列的创投中存在的问题较多。具体梳理如下：公益创投单靠民政部门一家来推必然举步维艰；平台型社会组织对运行项目监管不力；社会组织成长速度太慢，现有数量远远难以迎合政府实施创新社会治理的改革需求；社会组织专业服务水平有限；各一线社会组织执行不规范；许多社会组织参与创投的动机趋利性明显；公益创投创新水平不足；服务领域超越了政策要求的范围；服务对象受益感知不明显；社会公众对公益创投知晓度不高等。

政府面向公益创投的焦虑心态一方面体现了政府对自身行政改革举措的强烈责任意识；另一方面也折射出政府对公益创投具有浓厚的控制思维。谈及如何有效推动公益创投发展，S 市民政局社会组织管理处负责人 W 谈道："我觉得从宏观角度来看，我们现在政府购买服务，推行公益创投，顶层设计有，相关制度也有，但是我们政府的意识还没有跟得上。我讲的意识主要是管理层领导，政府职能的转移势必涉及利益关系的冲突，在这一过程中我们传统的行政观念，以自我为中心的观念要改变。所以在这里面还需要我们做很多的工作。从微观角度看，对政府职能转移界定不清，什么是购买服务，什么是公益创投，这是一个严重的问题。这些问题搞不清，盲目推行将会失去目标，迷失方向。"由此可见，政府对于公益创投的认识是不限于民政部门自导自演的"独角

① 吴新叶：《政府主导下的大城市公益创投：运转困境及其解决》，《上海行政学院学报》2017 年第 3 期。

戏”，他们期待着政府各条线职能部门都能踊跃参与其中。政府要从整体上主导公益创投发展，在民政部门看来，即便政策制度配套完善，政府各条线职能部门的创投认知不足、意识薄弱也是影响公益创投得到推广的制约因素。

围绕政府在公益创投发展中所扮演的角色，民政部门也给出了自己的看法，坚信政府在创投中的核心地位不可动摇。S 市民政局社会组织处 Z 科长谈道：“一个地方的公益发展要把他从无发展到有，从有到变得更加繁荣，首先肯定还是依靠政府，从非营利组织本身的属性来讲的话，你不能要求他自我造血，他不具备自我造血的功能。所以在这种情况下，政府不去推、不去营造，他不可能有生存空间。政府现在的主要工作是要去营造公益氛围，逐渐带动企业、社会组织、社会公众等社会力量参与进来。当前，我是觉得可能实际的成效不是那么显著，但值得肯定的是大家现在都慢慢有了公益的想法。”

综上所述，“强政府”的体制惯性，使得政府在公益创投过程中，过重地抬升了自己的角色，对其他参与主体产生强辐射，弱化了社会组织的治理伙伴功能。[①] 由此判断，政府面向公益创投具有较强的管家思维，把公益创投视为政府主导的一项体制内改革，弱化了其他参与者的主体角色。这一意识表明，一方面政府在推动公益创投发展中的作用不可或缺；另一方面也反映出政府对公益创投的主控意识较为突出，即政府的角色不可替代。

二　政绩焦虑：任期内如何体现我政绩?

政治锦标赛作为我国官员晋升及地方政府竞争的重要范式，也是地方治理创新的重要场域。[②] 随着时代的发展，改革创新逐渐成为政府部门的一项重要政绩，一些改革创新得到肯定并推广，改革者也容易得到晋升。2015 年，习近平总书记提出：“创新是引领发展的第一动力”这

① 郑家昊：《政府引导社会管理：复杂性条件下的社会治理》，《中国人民大学学报》2014 年第 2 期。

② 吴理财、刘建：《乡镇政府绩效考核体系创新路径及影响——基于 G 市的案例分析》，《北京行政学院学报》2018 年第 2 期。

一重大论断。党的十八大以来，创新驱动发展战略在我国落地生根，引领经济不断向前。党的十八届五中全会提出了“创新、协调、绿色、开放、共享”五大发展理念，其中“创新发展”居于首要位置。从近年来的地方政府创新实践可以发现，地方官员在追求政绩和政绩竞争的驱动下开展了政府创新。“由于政绩与官员的职业晋升联系在一起，一些地方干部为了弥补经济增长的不足而开展政府创新，获取政绩。”①

公益创投本身属于推进社会治理创新的新生事物。公益创投理念的提出，契合了国家对社会体制改革的总体方向，于2006年被积极引入我国，并作为一项新的政绩受到各级地方政府关注，迅速得到推广。多数地方政府一方面借助扶持公益创投，助力社会治理创新，完善政府职能转移；另一方面，通过积极引入公益创投，增强社会影响力，获取官员自身的政绩资本。基于政绩需求的隐私性，后者观点的判断，并没有获得政府部门明确肯定。但行政创新对政府官员政绩的正向刺激是不容忽视的。

以S市首届公益创投为例，2011年底S市民政局与上海恩派（NPI）社会组织培育中心合作共同启动公益创投活动，受到了媒体的广泛关注。从民政部到江苏省政府、省民政厅、S市委、市政府等各级领导都对民政局的此项改革创新表示了关注，多次对S市公益创投进行了考察。与此同时，周边省市政府民政部门也纷纷前来参观学习，极大提升了S市公益创投的社会知名度和影响力，迅速打响了公益品牌。S市民政局负责人L自豪地谈道：“在借鉴了上海、深圳、东莞创投经验的基础上，我市成为江苏省首个、全国第四个系统规范开展公益创投活动的地区。由于我们启动公益创投活动相对较早，探索出创投经验后，迅速在全省乃至于长三角‘走红’。不少地方政府及各级民政部门都纷纷来到我们这里参访调研，这几年下来，公益创投活动确实为我市现代民政工作开了个好头，也为我市争得了不少荣誉。”

然而，创新性政令举措对政府部门的政绩效应容易受到推行者变

① 陈家喜、汪永成：《政绩驱动：地方政府创新的动力分析》，《政治学研究》2013年第4期。

更及时间的限制。“任期”被视为官员表现的机会集合，官员会在任期内极力表现，争取晋升或起码延任的机会。因此，有关任期的规定将左右官员如何施政。[①] 从推行者角度看，每一种政府创新举措背后都离不开一个核心领导者的推动，此项改革也是对该领导者政绩的充分彰显。但是这种政绩不具有共享性，且带有明显的个体性和不可继承性，如果主推领导者发生变更，被其他领导者取代，这项创新举措往往并不能给取代者带来明显政绩，容易导致政府官员不断地废旧立新，开展新的政府创新工程。[②] 从时间限制来看，政府创新举措并非一劳永逸，一旦执行趋于稳定便转化为常规工作，创新所带来的政绩也呈现边际递减效应。创投实施时间越长，其带来的政绩价值就越趋于减弱。通过调研发现，S 市公益创投从启动起，市民政局分管创投的副局长、社会组织管理处处长都发生了调整。后来的领导者对公益创投的重视度开始减弱，甚至对公益创投的实际功效也产生了疑虑。主要表现为：第一，政府的政策创新需求难以从公益创投中获得满足。第二，部分参与创投的社会组织自身暴露的问题令政府产生忧虑。S 市民政局社会组织处负责人 C 谈道：“首先，政府本身在不断追求工作内容或方式的创新，基本上两三年就应该有一些新的突破或变革。然而，S 市公益创投实践经验呈现的是，除了催生了一批社会组织诞生之外，其活动形式基本定型了，并没有什么新的东西出现了，创新性不足。每年政府砸入 1000 万元创投资金，但并没有感受到明显的产出，社会组织也玩不成什么新的花样。其次，有些社会组织本身不够洁身自好，它们并非冲着公益而是冲着钱去参加创投的，在项目运作模式创新上缺乏动力。有些社会组织很少真正在做项目前期调研，脱离了社会公众的真实需求，缺乏对社会问题的深刻认识，所以难以真正做到项目创新。”

---

① 庞保庆、耿曙：《官员任期与政绩挤压：中国政府人事的“试用期任职”》，《学海》2016 年第 5 期。

② 陈家喜、汪永成：《政绩驱动：地方政府创新的动力分析》，《政治学研究》2013 年第 4 期。

三 定位焦虑：机构成长还是项目成效？

任何政策运行功效的优劣判断与不同判断主体对其定位的精准性有较大关联，公益创投亦是如此。党的十八大以来，全面加强以民生为重点的社会建设已成为政府加强社会治理的主旋律。政府职能转移、加强民生建设必须要激发社会活力，动员更广泛的社会力量参与其中。因此，如何促进社会组织数量的增长、如何培育社会组织并引导它们参与社会治理就成为政府关心的重要议题。[①] 在寻求合理途径促进社会治理创新的过程中，公益创投进入了各级地方政府的视线并被热力追捧，最先在东南沿海一些经济发达地区如上海、深圳、东莞等城市落地生根，再后来不断向周边扩散。

公益创投属于一种新型公益风险投出资方式，本质上是一种以解决实际社会问题为导向的新型项目设计模式，目标是实现社会价值最大化。但是在创投项目的具体落实上，政府对公益创投的内涵与实施认知不清，并没有弄明白创投该如何操作。S 市民政局社会组织处 Z 科长谈道："最早的时候，因为要推公益创投活动，首先要知道创投是什么，其实这一点我们也不知道。也没有做过这个事情，既没有开展调研，整个政府系统内也只有我们民政一家'喊得最响'。即便是要借助福彩资金支持公益服务项目，但也不能直接说要开展老年人服务、开展残疾人服务吧，人群类型太多了。以老年人群为例，60 岁以上你都要购买吗，你是什么标准，怎么界定，怎么筛选。再比如服务 80 岁以上的高龄老年人，服务独居老人、空巢老人，那他们的需求是什么，我们一无所知，我们也没有调研力量。"

因缺乏对公益创投的了解，政府积极引入了第三方平台型社会组织实施具体的运营监管。创新的治理形式以及专业组织的运作，激起了政府对公益创投的美好展望，对公益创投也赋予了更多的使命。政府希望通过公益创投来盘活社会资源，促进社会组织的快速增长，熟悉项目化

① 王春：《公益创投下的社会组织发展生态及培育策略》，《中国社会组织》2017 年第 2 期。

服务的运作形式，开发出多种优秀项目模式，以便为政府购买服务做好前期准备。S市民政局L局长在首届公益创投项目展示会上谈道："首届公益创投活动对政府部门来说，从形式上看它是一种工作引领，从资金上看，它是一颗'种子'，通过创投资金的注入，期待催生更多社会组织及公益项目的产生。实质上是推动政府转移职能、购买服务的新尝试。对社会组织来说，这是提升社会服务能力的有效平台、是承接政府转移职能的大演练；对福彩公益金使用来说，是由传统资助向社会公益及民生工程等领域延伸的大转型。社会组织替代政府，为民众提供'嘘寒问暖'的专业关怀是一个大趋势。今后，不适合政府做的事、政府做不好的事，都应该交给社会组织来承接。政府专注于负责创投资金支持、制度设计和政策支撑。相信社会组织'接棒'公共服务后，会跑得更好，居民的满意度和幸福感也将大大提升。"

如前所述，公益创投有其独特的运作形式与功能目标，它更多的价值体现在聚焦社会问题，研发有效服务项目，促进社会问题有效解决。公益创投的独特功能在于设计与引领，走的是专业精准路线，而非全方位撬动整个社会。它的优势在于寻找撬动社会的突破口，通过项目服务渗透社会，引领一种新的社会治理方式。因此，不能从服务体量上对其有过高的要求。民政部门对其定位是政府购买服务的"新尝试"，社会组织承接政府职能转移的"大练兵"。这种定位带有"口号式""倡导式"的特征，实际上放大了公益创投的实际功能。政府以社会整体改善的思维方式来评判公益创投的社会价值，必然超出了创投的承载负荷，最终也影响了政府对创投的成效评价。

简而言之，公益创投的发展重点在于创新了哪些好的社会服务项目，这些项目能够合理利用社会资源，带动社会力量的参与并且是可以复制推广的。创投的真正价值并不在于为社会解决了多少棘手问题或治理难题，减轻了政府多少负担。因此，从前期对公益创投的内涵认知不清，到后来对公益创投功能出现不合理的定位，政府对创投的作用界定基本处于模糊状态，从而降低了政府部门持续投入公益创投的热情。

四 决策焦虑：服务项目善始何以善终？

决策，是政府的一项常态化行政职能，政府拥有对国家事务和社会事务进行政策设置和政策选择的权力，反映的是政府的行政权威。[①] 政府部门在整个公益创投中属于资源供给方，是公益事业发展的主推者，拥有先天合法性身份和决策权，对创投项目执行过程及成效优劣肩负着评价与奖惩的职责。在可动用资源有限的背景下，公益创投对政府资金的依赖非常明显。然而，公益创投在实际运行中会触碰许多新的问题与难题，各参与主体对公益创投这一新生事物缺乏介入经验，遇到陌生议题习惯性将决策权抛给政府来决断。政府决策对公益创投能否持续存在并发展下去有着深远的影响。

政府在介入公益创投活动中会遭遇两大决策难题：一是公益创投是否需要长期开展下去；二是公益创投运行中涉及的问题处理决策。先从发展决策看，任何政策举措的实施都应该设定明确的发展规划。公益创投活动本应是以社会服务项目创新为特色，“政策不息，创新不止”。然而，公益创投是需要投入巨大成本的，创新是一个永恒的话题，创投是否也应该永远开展下去？公益创投属于一种长期性的公益风险投资模式，也应有合理的退出机制。[②] 然而，政府对公益创投的未来发展缺乏明确的预判，不清楚公益创投的终结期在什么节点。一旦政府对其行政工作的未来发展没有清晰规划，就会弱化持续推行的主动性。对于这些问题，政府部门缺乏明确的战略决策，尚未建立清晰的规划思路，对公益创投的未来走向普遍持有较强的焦虑感。访谈中，S 市民政局社会组织处负责人 C 多次提道：“我们当初把第三方平台型社会组织恩派请来时，让他们在我们社会组织中推广公益创投，引导社会组织成长。然而，上至我们局领导，下至我们工作人员，都不清楚公益创投到底怎么做，未来的发展规划也不清晰，仅仅是看到上海、深圳等地方已经搞起

---

① 谢志强、王剑莹：《决策问责与纠错机制建设体制背景分析》，《人民论坛》2013 年第 11 期。

② 陈静雅：《欧美公益创投的演变及实操》，《中国非营利评论》2015 年第 2 期。

来了，我们就不能落后。尝试运行几年后，我们现在的公益环境确实也发生了较大的改善，但创投自身也存在不少问题，如创投的运作模式基本定型，社会组织参与方式日渐固化，项目设计都是老生常谈缺乏新意等，从服务范围、服务人群及实际效果来看，基本上造成的社会影响并不显著。所以，现在我们的决策处境非常尴尬，是否继续做下去，今后将如何发展还是很迷茫。”

从问题处理决策看，在创投中的实际运行中容易产生一些问题，而这些问题的解决迫切需要由政府参与介入并给出决策意见。这里较难处理的是政府如何面对社会组织在项目执行中存在的违规现象。站在政府的角度，是不希望出现类似问题，然而事实已经发生，实践中则会呈现出“爱恨两难”的焦虑心态。这种焦虑反映出政府极其矛盾的施政策略，一方面，政府会要求平台型社会组织要加强对基层社会组织的监察与管理，不能违背公益创投的宗旨，努力促成创投目标的实现；另一方面，政府又要本着培育的理念强化对一线社会组织的扶持。一线社会服务机构是协同治理格局的一股新生力量，又是公益创投不可或缺的重要角色。各地方政府在政策上、资源上，积极倡导对社会组织的支持与培育。政府担心严厉的管理措施会打压一线社会组织的参与积极性，使得一些初创型社会组织面临更加艰难的生存境遇。S 市民政局社会组织处负责人 W 面对公益项目造假现象，曾说道：“面对这种状况（项目造假），我们也很痛心啊！国家政策现在大力倡导社会组织培育，作为我们民政部门首先要鼓励发展社会组织。好不容易培育出来的苗芽，总不能一巴掌拍死吧？”此外，民政部门还会顾及政策执行效能、财政资金回流风险等影响，也不会轻易责难于一线社会服务机构。恩派机构负责人坦言道：“民政部门确实也很难出重拳整治一些不规范的服务机构，主要原因是责任归属和政绩考核的问题。因为公益创投活动是民政部门主推的一项重要政绩，期待这一创举可以为民政部门乃至于相关领导者获得政绩资本。恨不得所有社会组织都很听话，所有创投项目拿出来都是经得起考验的。公益创投活动一旦出现问题涉及的问责对象首先肯定还是民政局背锅，主要领导者个人职业发展受影响。所以不愿过多惩处的原因即在于此。”因此，面对平台型社会组织所呈现的项目监测问题，民政部门通常采取“模糊”策略，更希望平台型机构在处理与基层社会组织的关系时，要把握好适宜之“度”。①

由此可见，政府在面对创投未来发展及社会组织违规惩戒的运行决策中，均会产生严重的焦虑，做出何种决策都会存在治理风险。这种决策焦虑与公益创投的发展进程以及社会治理对创投的依赖程度存在直接关联，短期内并非政府单方面可以化解。而政府则采取模糊的策略加以应对，在面对公益创投是否持续开展的议题时，实施“放缓步伐，匍匐前进”的方式来推进。既做到了公益创投不断水，又减少创投资金策略，把蛋糕做小，降低资金风险。在面对社会组织项目违规现象时，实施“雷声大，雨点小”的策略。在公开场合强调对创投规范的无条件遵守，当项目出现问题时，则尽量不升级矛盾，能够协商解决的尽量不动用行政处罚权力。

综上所述，关于政府在公益创投中的种种焦虑，受多方面因素影响，根本原因在于政府没能真正领会创新社会治理、协同共治的内涵，对与社会组织关系的认知观念仍旧停留在过去的管制层面。在客观层面，社会组织虽获得一定的成长资源，但自主性不足，对政府的资源依赖较高，彼此难以形成平等的合作关系。社会组织弱势身份的定位也反衬出政府强势姿态的形成。政社关系中的强势姿态也助长了政府在公益创投中的主导性，自然也被赋予了更多的责任与期待。面对尚未成熟的治理领域自然易于催生政府的焦虑情绪。在主观方面，政府在意识层面虽主张大力培育社会组织，然而对社会组织发展尚未形成清晰明确的发展规划。政社合作的基本前提要求政府首先要做好职能转移工作，然而政府尚不清晰哪些职能需要转移，即便明确了转移事项，但对社会组织能否较好完成转移事项缺乏信心。政府信心不高既与政府职能部门对创新社会治理的内涵识别不清有关；同时也与社会组织自身功能发挥及服务专业性不足有关。

---

① 王春：《公益创投的生态困境及主体策略——基于S市地方性实践探索》，《长白学刊》2018年第3期。

第五章　社会服务项目中平台方主体的实践

较之于其他社会组织，平台型社会组织具备独特优势。在创新社会治理的进程中，起到整合社会组织，对接政府出资方需求，实现政社互通的桥梁作用。在社会治理中，平台型社会组织实际扮演了社会组织支持平台、政社沟通桥梁及公益服务行业引领三重角色，服务于初创型和中小型社会组织的成长，促进社会组织获取不同资源，助力社会组织能力建设，引导社会组织对接适宜的服务对象，引领和规范社会组织行业发展。

第一节　平台型社会组织基本内涵及项目实践历程

一　平台型社会组织基本内涵

平台型社会组织是伴随政府购买服务深化发展的阶段性产物，是当前政府购买社会服务项目不可或缺的参与主体之一，此类组织在公益领域也常被称为“支持型社会组织”“枢纽型社会组织”等。[①] 由于政府自身组织资源有限以及治理专业的局限性，多数政府部门需要寻找社会治理的代言人，全权委托社会力量承接社会服务项目。平台型社会组织在这种背景下应运而生。因此，从本质上看该组织类型也属于社会组织的一种，特指为其他社会组织提供外部资源链接、组织能力建设及项目

---

① 丁惠平：《支持型社会组织的分类与比较研究——从结构与行动的角度看》，《学术研究》2017 年第 2 期。

运行支持的社会组织，它们在社会服务项目活动中扮演着政府与社会力量之间重要的承接角色。

它们的共性特点在于搭建了一个服务平台促成了出资方与执行方的力量整合，助力一般社会组织成长。然而它们在内涵上仍然存在显著差异。支持型社会组织通常指的是专门满足尚处于孵化期或初创期的社会组织，对这些社会组织成长培育及资源获取等给予多方面发展支持。[①] 枢纽型社会组织通常指在同种类型或相似属性的社会组织中发挥信息中枢、桥梁纽带以及聚集社会服务功能的联合性社会组织。[②] 从认定主体来看，目前对枢纽型社会组织的认定都是政府行为，其存在形式主要表现为党领导下的群众团体。枢纽型社会组织的主要职能是对社会组织进行整合、服务和管理，通过项目化、社会化和专业化运作的运作方式形成枢纽型服务管理平台。而平台型社会组织则是以搭建出资方与执行方的协同平台为己任，实现资源供给与资源需求有效对接的社会组织，共同致力于社会服务项目实施，满足广大社会公众生活需求。

社会服务项目在多地依托的是平台型社会组织加以运营管理。与一般社会组织不同之处在于，此类组织自身具备规模较大的专业团队、较丰富的公益实践经验以及能够链接社会组织发展所需的各种资源。这些组织依据规模大小可承接不同层级的公益创投运营管理项目。基于属地管理的地方性限制，各地方政府希望重点扶持本区域社会组织发展，助推本地社会服务体系建设，将有限的政府资源用来培育本地的社会组织。[③] 同时，各地方政府也是出于彰显政绩的需要，希望在职能发展上有所突破，为社会服务项目运行搭建公共服务平台。一些规模较大的平台型社会组织可能会同时承接多家地方政府委托的创投平台建设。虽然创投平台有服务层级与规模大小的差异，但其主要承担的职责较为相似：第一，与政府签订购买服务委托协议，承接政府部门委托的服务项

---

① 张丙宣：《支持型社会组织：社会协同与地方治理》，《浙江社会科学》2012 年第 10 期。

② 彭善民：《枢纽型社会组织建设与社会自主管理创新》，《江苏行政学院学报》2012 年第 1 期。

③ 张蕾：《论政绩观的价值诉求及其建构》，《西北大学学报》（哲学社会科学版）2011 年第 3 期。

目运营监管工作；第二，通过创投政策宣导，动员社会组织参与执行创投项目，并承担运营与监管工作；第三，承担对一线社会服务机构进行能力提升与组织成长培育工作；第四，定期向政府部门反馈公益创投运行成效并提出改善建议。

二　中国平台型社会组织发展的基本阶段

相比大量从事一线社会服务的机构，平台型社会组织表现为数量少、相对能力偏弱等特点，一直是我国社会组织结构上的一块短板。清华大学 NGO 研究所参与的中国全球公民社会指数（CIVICUS）的研究表明，由于组织之间缺乏持续有效的互动联系，社会组织之间的网络、联盟、伞状组织等支持性结构的不足，是我国社会一个显著的结构弱项。[①] 虽然发展时期不长，仔细梳理也呈现出阶段性特征。S 市顺应社会发展需求，通过外部引进和内部培育相结合的方式产生了诸多平台型社会组织。

平台型社会组织在我国从产生到发展至今，历时较短。学界通常以个体为单位，对一些平台型社会组织的运作状况进行了细致描述，仅有少数研究者能够从总体层面对其发展阶段加以探索。最具影响力的是 2014 年上海映绿公益事业发展中心创始人庄爱玲女士主持的课题研究成果《中国公益支持机构发展现状调研报告》。该份报告中明确提出，经过 20 多年的发展，我国公益支持机构大体经历了三个阶段。第一阶段是 1992—1999 年为萌芽期。中国基金会与非营利组织信息网（后称 NPO 网）和清华大学 NGO 研究中心成立这一时期。前者由商玉生、徐永光等人倡导、十八家基金会和公益组织共同发起成立的非正式公益网络，通过互联网为民间公益组织提供信息和资讯。1998 年，清华大学王名教授等人发起成立了 NGO 研究中心，致力于开展中国非政府公共部门的理论和实证研究，弥补了国内缺乏公益研究机构的空白。第二阶段是 2000—2004 年为初生期。这个时期的民间公益组织有了一定的发展，对能力建设的要求开始显现。因为民政注册难，NPO 信息网在北

① 徐宇珊：《社会组织结构创新：支持型机构的成长》，《社团管理研究》2010 年第 8 期。

京工商登记成立北京恩玖非营利组织发展中心（简称“恩玖”）。2004年映绿在上海以民办非企业单位的身份注册，开了民间创办公益组织能力建设机构在民政部门登记的先河。第三阶段是2005年至今为发展期。伴随政府对社会公益组织的注册登记门槛的降低，大量民间社会组织纷纷涌现。在此背景下，为迎合各种社会组织的发展需要，平台型社会组织的创建数量增速迅猛。

纵观我国平台型社会组织发展历程，平台型社会组织在每个阶段的发展特征表现出明显差异。具体可以概括为：虚拟孕育阶段、实体创建阶段、分支拓展阶段。

1. 虚拟孕育阶段（20世纪90年代）

90年代初期为开发社会资源作为社会保障体系的补充，全国性及地方性的公益慈善组织创建提上了日程，逐渐破土而出。为加强公益慈善组织的业务联系和经验交流，有关社会公益组织网站获得创办，也产生了一些有关支持公益事业发展的出版物，发挥了促进社会组织信息沟通和交流功能的作用。但此时社会组织数量有限、类型相对单一，尚未创建平台型社会组织实体机构。

2. 实体创建阶段（2001—2005年）

伴随社会管理体制改革不断引向深入，社会组织在政策层面上获得了更大的发展空间，社会组织数量由此也得到大幅提升。一些初创社会组织对组织能力建设及资金需求开始凸显，而这些需求仅从虚拟的信息网络渠道难以真正得到解决。为回应这些需求，2004年，上海映绿公益事业发展中心正式成立，这是国内第一家注册为民办非企业单位的社会组织能力建设公益支持机构。2006年，恩派公益组织发展中心也在上海成立，尝试探索“公益孵化器”模式。2006年由南都集团董事长周庆志、青基会创始人徐永光等人共同发起的南都公益基金会成立。[①]这些平台型组织首次以实体型机构的身份面世，从实践层面对社会组织开展具体性支持。

① 庄爱玲等：《中国公益支持机构发展现状调研报告及公益支持机构名录》，上海映绿公益事业发展中心2014年版。

3. 分支拓展阶段（2006 年发展至今）

在这一阶段，随着创新社会治理理念的提出，大力鼓励培育社会力量参与社会治理成为社会体制改革的主旋律。政府一方面从政策层面降低社会组织登记门槛；另一方面从实践层面加大了向社会组织购买服务的力度。一些初创型及中小型社会组织得到快速发展，对这些组织的支持服务的需求也随之增大，从而导致各种类型的平台型社会组织大量涌现。多数平台型社会组织在专业经验、发展资源及组织规模上一般都要超越于一线社会组织，不会轻易被模仿或取代，对周边区域发展容易产生辐射。因此，此阶段基于各地方一线社会组织发展需要，平台型社会组织的兄弟式机构纷纷建立。如恩派公益组织发展中心的总部落地上海，作为一家平台型社会组织，分别在北京、广州、深圳、南京、苏州、杭州、厦门等诸多省市设立了自己的兄弟式机构。

三　社会服务项目中平台型社会组织类型梳理

（一）组织属地类型差异

平台型社会组织依据与本辖区的归属关系不同可以分为外部引进组织、内部培植组织两类。各区县民政部门及街道主要通过外部引进与内部培植两种渠道获取平台型社会组织的入驻可能。外部引进，则是通过对公益圈打听和了解，政府部门知道哪些社会组织在项目管理及组织孵化方面相对成熟，则主动向其抛出橄榄枝，寻求政社合作；无一例外的是，即便从外部引入平台型社会组织，各地方政府依然会要求对方在本地设立新的机构，扎根于本土。S 市直属县级市 K 市民政局 Z 科长谈道："K 市公益创投活动最早启动于 2012 年，当时我们市民政局拿出 500 万福彩公益金作为公益创投项目资金，并邀请南京爱德社会组织培育中心提供运营支持。该组织是国内首家社会组织培育中心，致力于促进社会组织的发展，在全国具有较高的知名度和影响力。为了学习爱德基金会的先进经验，我们展开了与爱德的合作。首次合作的载体就是帮助我们开展公益创投活动。为凸显地方本土社会组织培育绩效，K 市民政局与爱德基金会合作发起，2012 年成立了 K 市爱德社会组织培育中心负责对 K 市的组织孵化及创投运营工作。"通常而言，短期的公益创投对本土组织发展支持相对较弱，因此，以外部引进的方式招揽平台型社会组织的选择面相对较广。

内部培植，则是一些政府部门希望在本土组织中挖掘一些能力相对较强的机构，通过重点栽培、资源倾斜等方式，着力打造出属于本土的平台型社会组织。依据政府属地管理及政绩体现的相关性特征，在辖区内直接培植自己的执行机构更易受到地方政府的欢迎。[①] 内部培植对于本土组织的要求较高，不仅在能力建设上要达到平台型社会组织的水准，同时也要求组织负责人具备较强的资源背景及社会活动能力。以S市工业园区社会创新发展中心为例，该机构由园区社会管理局发起，于2014年初在园区社会管理局正式注册成立。调研中，该机构工作人员Y坦言，“我们机构的负责人曾经就在S市工业园区担任过社区居委会主任，后来得知社会管理局要成立社会创新发展中心，有意向在这一新型职业领域探索发展。凭借其在社区工作时积累的政治资源及社会资源，寻求到工业园区另一个社会组织负责人（合作伙伴），向主管部门提出申请正式注册了园区社创中心。该中心成立后主要承接工业园区政府委托的社会组织孵化平台运作、社会服务、公益创投、课题调研等项目，开展社会工作和社会组织专业人员培训，并组织学术交流、项目合作和策划组织社会服务领域各类项目。由于我们机构是在园区政府的支持下成立的，为我们机构接洽政府购买服务项目提供了很多便利。当然，园区政府对我们知根知底，也愿意和我们合作”。

（二）组织职能属性差异

依据组织职能属性的不同，可以将平台型社会组织分为悬浮型组织与落地型组织。具体而言，悬浮型组织，即悬浮于一线社会服务机构之上，在职能范围上只履行平台型社会组织的基本功能，在出资方主体（政府）与一线社会服务机构间搭建合作平台，为出资方主体加强对一线社会服务机构的规范引导提供监管服务支持，为社会组织提供能力提升及组织成长的智力支持。简单地说，悬浮型组织选择不涉足一线具体的公益服务活动，仅对社会组织提供必要的专业支持。众所周知，参与

① 皮建才：《垂直管理与属地管理的比较制度分析》，《中国经济问题》2014年第4期。

一线公益项目执行会受到相应的资金支持，可以为组织自身发展提供必要的财力资源。这类组织最大的鲜明特色在于对于组织定位非常明确，它以“扶持社会组织发展”为己任，就是“不落地”。S 市恩派机构就类似于这种机构，其负责人 L 介绍道：“我们恩派机构作为 S 市级层面的公益创投监管平台，它承担了全市公益创投项目的发布、征集、筛选、评审、立项、执行监管及评估等诸多职能。在这一过程中，我们既不参与具体的项目执行，也不与服务对象直接接触。但是在搭建政社合作平台、引导一线社会服务机构规范参与创投项目中发挥不可替代的作用。S 市恩派机构给出的理念解释是‘永不下线’，即要站好平台型社会组织的角色岗位，不可以参与一线公益项目的竞争，不能既充当裁判员又做运动员。”

落地型组织，则是“平台方”与“执行方”的身份统一，既扮演扶持一线社会服务机构的职能角色，又参与公益项目竞争之中，充当着具体的项目执行者的角色。落地型平台机构为何要选择同时扮演“裁判员”与“运动员”的双重角色？主要原因有二：其一，平台型机构也要了解一线社会服务机构发展状况；平台型社会组织本质上也归属于社会组织的一种类型，其自身也体现出社会组织的一般固有特性，也需要从实践中寻求经验，获得成长。因此，平台型社会组织也要与其他一线社会服务机构一样参与服务实践环节。只有真正了解实践，才能更好指导实践。其二，获得更多资源维系组织发展。平台型社会组织为了维持自身生存也需要拓展业务范围，扩大组织规模，寻求更大的发展，对资源的依赖性也极为强烈。仅仅依靠政府委托运营监管的项目管理费用是远远支撑不了组织自身的发展。为此，平台型社会组织也要积极开拓新的服务领域，不仅要监管好项目，还要投入项目执行环节，以获得更多的项目支持。

（三）组织功能类别差异

依据平台型社会组织的功能不同，可以分为组织孵化培育类、项目监管评估类、综合发展类等多种机构类型。组织孵化培育类，专指积极动员广大社会力量聚焦特定公益议题，推动公益团体形成，协助该团体创建特定社会组织，强化组织自身能力建设，链接社会资源，致力于社会组织获得合法身份并能自主开展服务活动，维持组织的生存与发展。此类平台型社会组织一般存在于社会组织力量相对薄弱的地区，专门致力于对本地区社会组织的开拓功能。其通常的实践逻辑是通过常规服务活动的开展，发掘社区居民骨干或一些对公益存有情怀的人士，对他们加以引导，发展其成为该组织的潜在负责人，并招募更多成员的加入。进而通过系统化、专业化的训练，使得这类社会群体慢慢转化为社会组织的雏形，并不断加以提升完善。S 市公益园是一家专门以组织孵化培育为主业的平台型社会组织，该平台自成立起，就招募了 8—10 家准社会组织入园孵化，孵化周期通常为 2 年。在此期间，园内要为这些孵化组织链接大量的学习资源，如课程培训、主题讲座、公益沙龙、实地参访等，强化组织能力训练，助推组织自身成长。等到孵化期满，再对这些组织加以出壳评估，达到要求则顺利出壳；未能达到要求，则需适度延长直至顺利出壳。

项目监管评估类，是专门针对有一定数量社会组织基础的地区，为更好动员社会组织参与基层社会服务，提供适宜的服务领域，促进社会组织服务能力提升而设立的一种项目服务平台。如果社会组织发育基础不良，对该类平台型社会组织的工作将会带来强大的挑战。该类平台型社会组织主要承担着项目出资方与项目执行方的中间桥梁作用，重点是承接出资方的项目推进需要，结合项目资金总量设计单个项目额度，动员鼓励社会组织参与项目申报，筛选合适的项目执行主体，将项目出资方主体与项目执行主体对接起来，建立契约关系。一旦契约关系生成，平台型社会组织就要以项目为重心，全面监控签约项目执行实施情况，并在项目周期结束时，对项目执行效果进行评估。因此，此类平台型社会组织是建立在项目的运营管理之上的，涉及项目立项评审、实施监管、成效评估等环节。S 市恩派机构就是一家典型的专以公益项目运营监管为主业的平台型社会组织。自落地以来，已经连续四届承担起该地市级公益创投项目运营监管工作。在前两届，因社会组织发展不完备，公益创投项目申请主体很难寻求，项目实施的问题也不断出现。后来伴随时间推移以及创投生态的自我调节，公益创投项目的质量也逐步提升起来。

综合发展类，顾名思义，涉及的服务领域比较完备，不论是组织孵化培育还是项目运行监管都是该类平台型社会组织的核心工作。多数情况下，这类组织分布较为广泛，更受各级出资方主体的欢迎。该类平台型社会组织依靠组织孵化功能，培育出大量一线社会服务机构，进而动员出资方主体发布社会服务项目，为新孵化的社会组织提供生存发展资源。通常，此类组织在落地方都有较长时间的实践积累，与出资方主体、一线社会服务机构都建立了较为稳定的合作关系，对当地社会组织发展状况知根知底。K 市爱德组织就属于此类综合发展类平台型社会组织，从刚开始扎根 K 市时，就开启了社会组织挖掘拓荒工作。在市级以及各街道（镇）铺开了社会组织培育孵化工作，后期等到这些孵化组织逐渐成熟以后，便撬动政府部门投入支持资金，启动各类公益创投项目。

四　迈向 S 市地方性实践：从公益创投开始

平台型社会组织最重要的功能就是为一些中小型及初创型社会组织提供支持和服务，这一功能的实现离不开相应的实践内容作为保障。当前，组织孵化、能力建设、公益创投、服务采购等是平台型社会组织介入地方社会治理实践的有益抓手，每项运作机制都蕴含着不同的服务导向。而 S 市选择了从启动公益创投项目开始。

（一）缘何始于公益创投

对于大多数地方政府而言，公益创投是实施社会治理创新的新型模式探索。因缺乏操作经验，多数地方政府主要以委托运营的方式引入第三方社会组织负责公益创投活动的推动。恩派 2006 年成立于上海，是被 S 市引入的首家平台型社会组织。为契合地方政府培植本土社会组织诉求，于 2013 年正式登记注册为 S 市恩派公益组织发展中心。

S 市作为一个地方性政府为何会引入公益创投，又如何实现与平台型社会组织有效对接，这一拓荒性实践值得探讨。访谈中恩派 S 区域负责人 L 首先围绕公益创投为何在国内产生兴起进行了介绍：“公益创投这个事最先是恩派在国内做起来的，起源于上海。刚开始就是说政府有一笔钱想要购买服务，或者说支持公益，但是怎么用，在 2007 年左右的时候没人知道。所以我们借鉴了公益里面的一种新型形式，之前我们给企业、基金会也会做一些创投的活动嘛，所以就把这种形式引用到了政府购买公共服务里面。然后这个创投的活动从 2007 年开始做，慢慢地就从企业、社会这边，迁移到政府这边，尝试做一种新型资金使用的形态吧。”然而，对于何种力量促成政府与平台型社会组织的联姻，访谈中恩派 S 区域负责人 L 进行了解释：“通常我们（平台型社会组织）推政府一般很难的，一般是政府自上而下推下来。但在上海那边，很多是组织推政府，因为我们在浦东那边扎根扎得比较久嘛，所以我们就反向推政府。但类似 S 市这种地方的话，一般都是政府主动找组织。2011 年底，S 市民政部门发现慈善公益金中尚有一笔资金闲置，相关职能处室工作人员也是想推动一下 S 市的公益事业发展，改善公益发展环境。又因为自己不懂如何运作，在借鉴周边城市发展经验的基础上，S 市民政部门主动向上海寻求经验。”可见，社会组织在特定区域扎根的成熟程度对能否撬动政府资源参与协同共治的议题是非常重要的。

公益创投是 S 市在公益领域启动社会治理创新的一次有益尝试。创投项目正式启动后，随即受到社会各界的广泛关注。通过政府部门主导发动、平台型社会组织运作、基层社区深入动员、社会媒体广泛报道等多种方式，激发了社会力量参与公益创投的热情。社会组织对这种新型社会治理模式的心态开始由陌生新奇转变为熟悉热衷。经过多年探索，S 市社会公益领域逐渐适应并接纳了这一实践形式，并产生了高度依赖，随即公益创投也逐渐被 S 市不同层级、不同条线的政府部门所追捧。公益创投已然成为 S 市各类平台型社会组织撬动地方性社会治理资源的实践端口。通常，平台型社会组织切入地方参与社会治理实践的抓手较多，例如组织孵化培育、能力建设等。不同地区引入或培育平台型社会组织的治理动因是存在明显差异的。有的侧重于孵化培育出能够独立运行的社会组织，有的侧重于帮助中小型和初创型社会组织提升运营管理能力，有的侧重于为一些成熟型社会组织与政府之间搭建服务购买的资源桥梁。然而，为何平台型社会组织最先要在 S 市尝试推行公益创投项目呢？

公益创投本质上指公益领域的创业投资，就是把经济领域中的“风险投资”或“创业投资”的理念运用到培育一些好的社会服务项目，助推新兴社会企业或公益组织的成长上来，并通过它们来提供优质公共服务以更好满足社会公众的相关需求。公益创投的核心理念在于促进社会组织能力建设、创造公益发展新型模式。[①] 由此可见，公益创投是以公益服务项目为载体，通过对社会组织的能力建设与培养，引导社会组织不断进行服务模式创新，优化服务环节与内容，聚焦服务人群，解决社会问题。它属于一种综合性的实践介入方式，既追求服务项目模式的创新，又追求组织能力的培育，基本涵盖了组织孵化与项目创新的双重功效。单一的组织孵化、能力建设或者服务购买，缺乏将组织培育与公益实践进行有效的结合，不能持续系统地推进组织发展与公益生态改善。公益创投的最大特色在于综融性，能够将组织发展与项目模式创新很好结合起来。

正如 S 市民政局领导人 H 在为何启动公益创投时谈道：“开展公益创投活动，是一次多元社会主体参与的社会治理尝试。它是政府践行社会管理创新、社会组织积极参与公共服务、广大社会公众直接受益的一次生动的社会创新和实践，也是一场动员和组织社会组织参与社会建设的‘大演习’。公益创投活动既可以满足社会公众多样化、个性化的服务需求，又提升了社会组织内部治理和参与社会服务的能力，也促进了社会公益事业的发展和公益类社会组织的成长，对于政府向社会组织转移职能、购买服务进程的推动也是一次提升。”

以公益创投的方式推动地方公益事业发展，更易于激发社会组织参与积极性，将对组织的服务融于项目运行之中，使得社会组织在有效开展服务的同时自身能力得以成长，执行的服务项目得以优化，相应的社会问题逐步得到缓解。公益创投通过调动更多社会组织的广泛参与，激发社会活力，形成公益生态的有序竞争，更易于打开多元协同共治的公益服务格局。

---

① 岳金柱：《“公益创投”：社会组织培育发展的创新模式》，《中国社会组织》2010 年第 4 期。

（二）由点及面蔓延式发展

自2011年底起，伴随公益创投项目的启动，S市首家平台型社会组织恩派正式落地并开展项目服务活动，并于2013年正式登记注册。首届公益创投活动的成功举办，带来了良好的社会效应。一方面，各层级政府部门意识到限于自身精力与专业性不足，有必要效仿市级民政部门的做法，专门委托第三方平台型社会组织来托管运营公益创投。另一方面，一些具体的社会服务机构开始对这一新型组织形态产生了浓厚的兴趣。在政府出资方主体与一线项目执行机构之间还存在第三方平台型社会组织，它的使命与职能和具体的一线社会服务机构完全不同。一些社会服务机构意识到在出资方主体与执行机构之间确实有平台型社会组织存在的需要，也想尝试挑战这一组织的新型职能。至此，在S市公益创投模式的影响下，各类平台型社会组织在不同地区及领域开始蔓延开来。

公益创投本身不仅是公益项目的孕育，更兼有社会组织孵化培育的内涵。S市民政事业发展“十二五”规划就明确提出在市本级和各县（市、区）都要建立一个示范性的社会组织孵化基地，市建立“以奖代补”的激励机制。2013年，全市投入资金2384万元，建成10家社会组织孵化基地，形成了11300平方米的孵化场所，各基地入驻接受培育的社会组织近百家，积极开展机构孵化、项目孵化和能力孵化。姑苏区探索在街道层面建设社会组织培育基地，形成区和街道“1+N”的培育体系。在行政力量的推动下，由民政部门发起的公益创投活动迅速得到了政府各层级的支持。受访中，恩派机构负责人谈道：“2011年S市首届公益创投共有49家社会组织承接的52个公益项目获得资助，这些项目不均衡地分散在S市下设的10个区县之中，且主要以街道社区层面的社会组织为主。在公益环境尚不成熟的现实背景下，街道社区力量的参与为公益创投活动的正常运行提供了组织保障，但也抑制了民间草根力量的成长。更大的潜在价值在于让各区县、各街道层级的政府部门对公益创投这一新型社会治理形态增进了解，强化认知。经过连续四届公益创投活动的开展，共有235家社会组织获得了创投项目的资金支持。多数社会组织乃至于政府各层级、各条线部门对公益创投这一新型事物有了更加清晰的认识，同时也慢慢适应了公益创投的运作模式，对待公益创投的态度也从刚开始的不理解、不认同，逐渐转变成支持与热衷。”S市公益创投犹如该市现代公益事业发展的母体，通过公益创投的持续发力，大量社会组织得以创建，一些优秀的社会服务项目得到实施，一些优质的社会组织得以凸显。发展成熟的社会组织就有可能朝平台型机构的方向开始转型。

恰逢2013年党中央提出了“创新社会治理体系”的改革理念，对各级政府在社会治理领域提出了更高的要求。各级政府部门在社会治理体制及方法上迫切寻求新的思维与突破。公益创投的提出，为各基层政府实施创新社会治理举措提供了很好的介入渠道和手法。受政绩驱动的影响，各区县民政部门、各街道部门纷纷将注意力集中在公益创投上。同时，在市级民政部门的经验影响下，各区县、各街道也开始通过委托第三方机构负责运营公益创投活动。为避免同一家组织重复运作带来的不利影响，各区县、街道也纷纷寻找自己信得过的第三方平台型机构入驻本地助推公益创投活动。相对一般社会组织而言，平台型社会组织被赋予了更多的培育和孵化社会组织及公益项目的职责，在组织专业能力及发展资源上要有更多的积累，此类组织也相对较为稀缺。因此，也有一些区县级政府因寻求不到合适的平台机构而选择相同机构负责运营。如在S市，乐仁乐助社会创新机构这一平台型机构就承接了多个区级政府的组织孵化与公益创投运营管理工作。

第二节　平台型社会组织产生的现实根源

我国平台型社会组织的产生与当前推动创新社会治理体系的背景存在很大关联。它的发展离不开政治与社会体制改革所创设的广阔空间，以及社会组织培育和管理方式创新所提供的强劲动力。同时，也是回应基层社会组织资源依赖的现实需求，是顺应社会组织内部结构优化的必然结果。①

---

① 祝建兵：《中国支持型社会组织发展研究》，博士学位论文，南京师范大学，2016年。

一 政府体制职能转移的空间供给

改革开放之前，政府对社会实行了严格地管控，社会结构分化程度低，国家通过一系列制度安排对社会实行单一向度的管理。社会组织被视为异常因素而被加以防范、限制和约束。这种“强国家、弱社会”的高度集权统治模式破坏了社会组织发展所需的制度环境和思想土壤。① 改革开放以后，伴随政府体制改革不断深化推进，社会结构发生根本改变。国家从制度层面上开始允许社会组织的存在，并逐渐意识到适度让渡职能权限、激发社会活力参与社会共治，促成社会力量崛起对于完善社会治理结构具有现实意义。由此，政府职能转移为社会组织创造了良好的发展环境及必要的资源和空间。② 然而，政府职能转移既要求各类社会组织具备相应的服务供给能力，同时也要在数量上满足社会各领域的治理需要。这些变化预示着政府对社会管制的放松，从严格管控演变为鼓励培育的政策导向，从而促使我国现阶段各类社会组织迈入了快速发展时期。

进入21世纪，政府的改革举措逐渐延伸到社会各个领域，社会组织获得了成长生机，并拥有了巨大发展空间。当前，各级政府部门都把创新社会治理体系定位为核心战略任务，试图通过改变传统的社会治理理念、方式及手段来推动社会事业的快速发展。从理念方面来看，以往政府坚持走“单一中心”的管理路线，期待打造全能型政府，而现在则要求多元社会主体都应该参与到社会建设中来，具体包括市场企业、社会组织以及社会公众等。由此可见，在现实背景下社会组织被赋予了更重要的角色和任务。因此，不能简单地将各类社会组织视为被管理客体或对象，它们既是参与社会治理的重要主体，也是政府可信任的合作伙伴。③ 这种理念的确立，必然要求各级政府重新认识社会组织功能与

① 谢菊、马庆钰：《中国社会组织发展历程回顾》，《云南行政学院学报》2015年第1期。

② 郁建兴、沈永东：《调适性合作：十八大以来中国政府与社会组织关系的策略性变革》，《政治学研究》2017年第3期。

③ 葛忠明：《信任研究中的文化与制度分析范式——兼谈公共非营利合作关系中的信任问题》，《江苏社会科学》2015年第3期。

价值，并将通过多种政策的制定来推动各类社会组织的增长。从实践层面来看，过去政府对社会组织的创建持十分谨慎的态度，严格要求实行“双重管理体制”，确保每一个创建社会组织必须在政府部门的管控之下。而现在的政府部门会主动出击，将社会组织数量增长纳入政绩考核指标。通过各种服务购买、公益招投标等项目招募的方式，动员基层社会力量积极参与社会组织创建及项目投标活动。

二　社会组织培育孵化的动力需求

社会组织是创新社会治理的有力抓手，大力培育和发展社会组织是加快社会治理创新、推进社会建设的必要基础。如何满足创新社会治理进程中对社会组织的迫切需求，又快又好地孵化培育出更多的社会组织，激发社会组织自身优势与活力，已成为各级政府亟须解决的一道难题。① 针对如何实施社会组织孵化任务，许多地方政府进行了实践探索与尝试。如大力鼓励民间力量筹建社会组织、降低社会组织准入制度门槛、提供政策支持或补贴、开展社会组织专业人才培训、向发达地区学习社会组织培育经验等。这些实践在客观上对各类社会组织的创建具有正向引导功效，然而，政府的政策杠杆缺乏介入社会领域的广度和深度。仅有对政府政策具有灵敏度的人群才能关注并响应，真正的社会民间力量未能及时获知此类政策信息，从而导致政策的辐射面受到限制。另外，对于民间力量而言，政策的有效性源自实践引领。政府在推动和执行政策上缺乏足够多的触角深入基层，仅凭政府的自身力量及倡导难以真正带动社会组织的创建。

因此，政府不应成为社会组织孵化培育的唯一主体，必须要充分调动更广泛的社会力量来推动此项工作，尤其是要强化平台型社会组织在此方面的作用发挥。平台型社会组织是一种全新的社会组织形态，它们能够为初创型以及中小型社会组织提供多方面的服务与支持，是公益行业发展不可或缺的支持力量与组成部分。在孵化培育的内容上，平台型

① 高红、朴贞子：《三元整合的社会组织能力培育机制构建及其制度支持》，《学习与实践》2015 年第 6 期。

社会组织可以为一线社会服务机构提供必要的组织建设、资金支持、专业知识培训、信息分享等综合金融性服务。① 许多地方专门为一些孵化组织量身设计了一整套培训课程，邀请社会公益领域的实务专家授课培训，为筹建社会组织打下了良好的基础。而这方面的细致性工作是政府部门难以企及的。越来越多的地方政府意识到必须尽快改变传统低效的行政培育模式，将社会组织培育工作交给那些综合实力强及公信力高的平台型社会组织来完成，以充分发挥它们的孵化功能，构建适宜各类社会组织发展的生态环境。

三　社会组织野蛮生长的规范监管

社会组织大量涌现如不加以规范引领，势必带来不可预测的管控风险。“近年来国内社会组织的爆炸性增长对政府的监管能力形成了重要考验。”② 在传统的管理模式下，相当多一线社会服务机构因找不到业务主管单位而难以注册，而且业务主管单位监管负担沉重，极易出现监管缺位等问题。为改变这种“成立难，监管难”的局面，2013 年《国务院机构改革和职能转变方案》明确提出，要改革社会组织管理制度，行业协会商会类、科技类、公益慈善类、城乡社区服务类社会组织应直接登记，不再需要业务主管单位审查同意，这就为社会组织的成立创造了良好的制度环境。但也有可能引发社会组织野蛮增长而缺失管控的风险。政府对于社会组织的管控易于陷入“一管就死、一放就乱”的治理怪圈。③ 从本质上看，是因为政府自身科层属性的制约，在引导社会组织发展方面，难以把握管控社会组织的适度性。因此，加强对社会组织的适度管控也成为政府亟待解决的迫切议题。

而平台型社会组织的产生，对于有效破解政府对社会组织的规范监管难题具有重要意义。首先，在投入精力上，平台型社会组织可以全身

---

① 张丙宣：《支持型社会组织：社会协同与地方治理》，《浙江社会科学》2012 年第 10 期。

② 彭善民：《枢纽型社会组织建设与社会自主管理创新》，《江苏行政学院学报》2012 年第 1 期。

③ 马庆钰、井峰岩：《论社会组织多维性规范管理体系的构建》，《国家行政学院学报》2014 年第 3 期。

心关注社会组织的发展。平台型社会组织以服务社会组织成长为使命，它可以投入充足的时间精力去了解各类社会组织的发展动态，可以将那些长期处于真空失管状态下的社会组织重新激活。在得到政府授权的前提下，履行政府的监管职能，可以对于一些社会组织的欠规范行为发挥监管效用，做到“以社管社”，从而有利于从政府直接管理向社会自主管理的转变。其次，在监管内容上，平台型社会组织会综合考量社会组织各方面成长，突破了政府部门只依靠审核文字资料来评判社会组织的弊端。平台型社会组织可以深入社会组织实践环节了解各个社会组织真实发展情况，对其规范发展给出明确具体建议。最后，在监管方式上，平台型社会组织具有明显优势。平台型社会组织本质属性依然属于社会组织，在执行监管职能时具有灵活性、变通性。它不会像政府部门一样，在制度框架下采取“一刀切”的监管方式。平台型社会组织可以发挥“说理式”的服务优势，与一线社会组织建立良好的服务关系。既可以对社会组织的不端行为加以约束，又可以采取柔和的劝说方式避免彼此产生强烈的对立情绪。依托平台型社会组织实施代理监管，政府可以将有限精力进行聚焦，主抓平台型社会组织这一治理枢纽，达到全面了解各类社会组织发展动态的监管目标。

四 社会组织自身成长的资源依赖

资源依赖理论作为组织理论的重要分支，被广泛应用于组织关系的研究之中。萨兰奇科（Gerald Salancik）和费弗尔（Jeffrey Pfeffer）于1978年在《组织的外部控制：一个资源依赖的视角》中提出：由于外界环境存在诸多变数，且缺乏足够的依赖资源，组织为了生存，必须减少和避免因环境变化带来的冲击，需要追求更多的资源以确保自身安全。任何社会组织均无法实现资源自我保障，环境会给组织提供关键性资源（稀缺资源），这种资源需要环境内各主体相互交换，必须关注组织间交换网络的形成。通过与其他的组织交换获得生存和发展所需的关键资源，组织间就不可避免地形成依赖关系。[①] 缺乏这种资源组织就无

① Pfeffer, Salanick. The External Control Organizations, New York: Harper and Row, 1978.

法正常运转，因此，出于对资源的需求，组织自然就产生了对外部环境的资源依赖。资源的稀缺性和重要性决定了组织对环境的依赖程度。[①]依据此理论可以判定，一个组织的运作必须要建立与外部环境的资源互动关系。这种对外部环境的资源依赖，不仅限于资金、场地等物质层面的输入，还包括智力、信息、技术层面的补给。脱离环境独立运作的组织是不可想象的，每个组织必须要向周围环境不断获取资源才能满足自身成长。

现如今，社会组织的发展环境比以往已有很大改善，从组织创建的政策条件，到运作资金的外部支持都呈现了良好的发展态势。然而，社会组织的成长是一个系统性工程，人力资源、物质资源、专业技术资源都是不可或缺的三大核心资源。当前，这三类资源严重制约着社会组织的持续稳定发展。在人力资源方面，人是一个组织的核心资源。专业人员短缺、专职人员流动性大是当前社会组织面临的最大难题。当前社会组织最为缺乏的就是那些既懂管理，又具备一定专业知识，同时还具有较强社会活动能力的复合型人才。在资金方面，目前绝大多数社会组织的资金来源都不太稳定，缺乏长期固定的资金支持渠道，而且企业及社会公众的捐赠意识并不强烈。相当多的社会组织在初创时期，其运行只能依靠组织团队成员的无私“奉献”。在专业技术资源方面，专业性是一个成熟社会组织的生存根基。有些社会组织急于招兵买马组建团队，但是缺乏专业型人才。即便工作人员再多，也不能胜任社会对该组织服务成效的期待。资金、场地等物质资源的不足，可以通过政府购买服务的方式予以解决。然而涉及组织能力建设等专业技术资源的不足，单纯依靠政府是无法解决的。专业的事务理应交由专业的人去打理，平台型社会组织的兴起及发展恰好是对这些需求的有效回应，它可以发挥自己的专业优势，帮助社会组织进行能力建设和组织建设，从项目、资金、政策以及信息等各方面对社会组织进行扶持。

---

① 参见邓延平《多维审视下的组织理论》，清华大学出版社 2007 年版。

第三节　平台型社会组织在社会服务项目中的生态角色

平台型社会组织是社会组织发展中出现的一类新型事物，其创建原始动力在于在出资方主体与项目执行主体之间架构一道桥梁，弥补政府出资方主体单纯运营监管公益项目的诸多缺陷，维持公益项目的良性有效运行。在公益创投活动中，平台型社会组织承担着项目运营监管、组织能力建设、政社沟通桥梁等主要角色。

一　项目监管者：让项目正常运转起来

平台型社会组织在公益创投中承担着项目运营监管的重要任务。以政府为代表的出资方主体因专业性欠缺、人员精力不足等诸多问题，不便直接监管公益项目的实施，必须委托一些具有成熟资质的社会组织来承接公益项目的运营管理工作，协助出资方主体运营管理好每个项目的落地实施是平台型社会组织的首要职责。

公益创投项目从项目酝酿筹备、启动发布、社会组织动员、项目征集、立项评审、契约签订、项目优化、监测实施、效果评估等具有一套完备的运作体系与流程。[①] 而整个项目的运营管理过程基本都是在平台型社会组织的推动下实现的。项目酝酿筹备意向是决定是否打算实施公益创投的前奏，也是重要决策阶段。通常有两种途径来决定是否实施，其一是出资方有意向实施公益创投，主动向平台型社会组织寻求委托监管；其二是在已有合作的基础上，由平台型社会组织主动向出资方提出倡导，鼓动其继续支持创投项目。在达成实施共识后，则由出资方名义对外正式发布公告，确定项目监管单位，积极动员辖区内社会组织踊跃参与创投项目申请。随后，整个公益创投则进入具体操作阶段，每一个环节都由平台型社会组织负责组织实施的。而在这些环节中，立项评

① 参见陈为雷《社会服务项目制的建构及其影响研究》，中国社会科学出版社 2015 年版。

审、项目监测、项目评估是三大常规工作。

立项评审，即平台型机构要组织专业评审团对所有创投申报项目进行多轮评审。专家的选择通常由高校学界代表、政府官方代表、实务业界代表等成分构成，专家类型的多元化是为了彰显评审结果的多方共识。立项评审通常由“首轮专家盲审”“专家现场评审”“组织尽职调查”等部分构成，每一部分的打分都占据一定的权重。平台型社会组织在这一环节要充分组织好各项打分环节，尽可能做到客观、公平、公正。最后依据得分高低，择优选择立项项目名单，对外进行公示。

项目监测，通常由平台型社会组织依据每个项目实施周期，实施常规活动随机性监测，贯穿项目始终。项目监测由平台型社会组织内部工作人员跟进实施，通常因为“人少项目多”的缘故，每个工作人员要承担十几个乃至数十个项目的监测工作。项目监测有两项重要功能，一是对各个项目执行状况进行现场摸底，了解各项目执行动态，对项目态度不端、执行不力的社会组织形成一种威慑。二是根据项目实施现场状况，查找存在问题，给予项目执行组织现场工作指导。

项目评估，是项目执行的最后一项工作，也是检验项目实施成效的关键节点。[①] 在此环节，不同平台型社会组织安排的评估团队也存在一些差异。有些平台型机构实施组织内部评估，如此安排的原因主要有两点：第一，平台型社会组织一直与各个项目执行机构打交道，深知项目执行状况和成效，因此，对项目评价并非完全聚焦文本资料，也更加务实。第二，动员组织内部工作人员实施评估，相对于邀请专家参与评估有利于节约组织运营成本。如S市恩派社会组织培育中心，该机构在实施评估时，会临时抽调本机构其他区域工作人员及时救场。大多数平台型社会组织会邀请外界专家，实施评估。如此安排也是出于对项目执行成效的客观公正评价。由于平台型社会组织与项目执行机构长期打交道，易于产生工作之外的私人关系，因此，为避免引发外界对评估结果的质疑，邀请专家参与评估相对而言是更加合适的选择。如乐仁乐助社

① 袁同成：《当前政府购买社会组织服务评估模式存在的问题及对策》，《社会科学辑刊》2016年第1期。

会创新机构、爱德社会组织培育中心等。

二　组织增能者：让服务机构成长起来

组织能力建设是平台型社会组织围绕一线社会服务机构自身成长及项目执行管理能力提升而开展的能力培育工作。在公益创投中，由于多数一线社会服务机构属于初创性组织，组织自身管理极不成熟，更缺乏项目执行经验，迫切需要得到组织发展能力与项目管理能力的支持。因此，平台型社会组织在负责项目监管的同时，有必要对一线社会服务机构开展能力建设支持。

组织发展能力是一项系统性工程，其将涉及阶段、环境、资源和组织等多个变量。[①] 社会组织发展能力的内容依据其类型的不同而有所差异，表现为不同的能力指标。社会组织的核心能力通常包括战略规划能力、内部管理能力。战略规划能力涉及组织未来发展方向的定位以及发展阶段的预判，主要指社会组织发展规划能力、资金筹集能力、市场营销能力以及公共关系能力等方面内容。此类能力需求的主要受众对象为社会组织负责人。平台型社会组织通常会采取与组织负责人面谈的方式，对该机构的使命宗旨进行重新梳理，找准组织服务特色及核心竞争力，规划未来发展品牌等。而内部管理能力涉及组织内部管理的制度化与规范化，确保组织运转更为高效，主要包括社会组织的财务管理、人力资源管理以及信息资源管理等众多方面。此类能力需求的受众通常来源于各机构的中层管理人群。平台型社会服务机构通常采取分领域集中授课的方式，对不同业务范围内的事务进行培训。

项目管理能力是社会组织运作项目的实践能力，也是公益创投中最重要的能力建设内容，主要涉及需求调研、项目设计、执行及评估等能力的培养。[②] 项目需求调研是公益项目的开端，任何社会组织的项目设计必须建立在需求调研的基础之上。社会组织如何选定区域、服务人群，通过何种方式展开调研，如何甄别需求的真实性、合理性、迫切性

① 李长文：《非营利组织能力建设的几个基本问题探讨》，《青海社会科学》2014 年第 2 期。

② 陈守龙、张锐：《项目管理能力评价体系框架研究》，《社会科学家》2005 年第 2 期。

等问题，都需要掌握这些基本技能。优秀的公益创投项目离不开精致的设计，平台型社会组织有必要教会一线社会服务机构如何设定项目目标、成功指标、服务对象人群及数量、服务活动的内容及方式等技能。项目执行涉及项目的具体实践，包括与服务对象建立稳定服务关系、招募志愿队伍、开展各类服务活动、专业方法的运用技巧等。项目评估并非仅限于平台型社会组织对社会组织的评估，还包括社会组织自我评估。项目周期结束，各一线社会服务机构必须要具备对项目实施成效加以自评估的能力，要学会自我呈现，这项技能也需要得到平台型社会组织的支持。

针对组织能力建设需求，平台型社会组织采取了多种培训引导措施，如专业培训、公益沙龙等。专业培训是社会组织能力建设较为常用的手段和方法，是提升初创型及中小型社会组织能力的有效途径。通过专业培训，可以为社会组织行业培养大批不同层次和类型的专业人才，满足社会组织对多样化人才的需求。与此同时，专业培训现已成为提升初创型及中小型社会组织内部治理能力和外部拓展能力的重要途径和手段。除此之外，公益沙龙是当前社会组织之间较为常见的互动形式，也有利于促进社会组织能力的提升。“社会组织之间的联络和对话本身就是能力建设的一部分，是能力建设的有效实现途径。”① 通常由主办方确定沙龙议题、举办时间地点等信息，对外发布活动公告，鼓励有兴趣的社会组织踊跃参与。受邀社会组织相聚在一起针对不同公益议题展开交流讨论。社会组织之间通过各种交流活动的开展，既可以传递知识、经验与相关信息，互通有无，还可以节省社会组织的运作成本，提升社会组织的工作绩效。

三　关系协调者：让政社互动顺畅起来

出资方主体与执行主体之间的信息沟通需要平台型社会组织搭建桥

① 李长文：《非营利组织能力建设的几个基本问题探讨》，《青海社会科学》2014 年第 2 期。

梁。① 在公益创投中，一线社会服务机构数量类型繁多，管理难度较大。以政府为代表的出资方主体难以应对不同社会服务机构的问题，同时，这些社会服务机构也无法直接向出资方主体表达诉求。双方的信息沟通渠道不畅，容易引发诸多问题，平台型社会组织有必要在二者的信息沟通上发挥桥梁作用。

首先，在沟通方向上可以划分为“政→社”与“社→政”两种信息传递形式。“政→社”的信息传递是最为常见的一种沟通形式，通常以政策制度的形式由政府部门草拟，交由平台型社会组织传达给各相关社会组织。如政府部门发布《S市公益创投项目实施管理要求》《S市公益创投业务活动费用细则》《S市公益创投项目申报及实施规范指引》《S市公益创投活动优秀项目评定办法》等政策制度，都是将出资方的意见整理后再通过平台型社会组织的渠道向一线社会服务机构进行传达。“社→政”的信息传递指的是在公益创投活动中，一线社会服务机构针对创投中出现的政策制度层面的问题，表达自己的态度和看法，通过信息反馈倡导政策调整。例如，S市前三届公益创投活动针对经费预算有着明确规定，社会组织中的项目人员是严禁从项目经费中领取补贴的，从而大大挫伤了项目执行人员的积极性。针对这一问题，几乎所有参与公益创投的社会组织都表达了强烈不满。在项目评审阶段，每家组织都提出了将项目人员补贴纳入项目预算许可范畴的建议，而这种建议也只能经过平台型社会组织梳理汇总后，向政府出资方主体加以汇报。单个社会组织向出资方提建议的渠道并不顺畅，且出于资源依赖的考虑，这种办法可操作性不强。

其次，在沟通内容上，政府出资方主体与一线社会服务机构也因视角不同，存在显著偏差。创投活动中，政府部门关注的是公益创投项目的规范运行及项目成效。关于项目规范运行一直是政府极其强调的，“按规章办事”是政府部门开展工作的核心准则。这种行事风格也被政府移接到公益创投项目执行领域，公益创投政策如何要求，一线社会服

① 祝建兵：《支持型社会组织在社会治理中的角色定位》，《中共福建省委党校学报》2016年第2期。

务机构就该如何履行职责，这里没有讨价还价的余地。在创投活动中，政府部门一直非常关注项目执行是否按照计划开展，有没有出现项目走偏现象。如服务对象人群及数量是否符合项目要求、活动开展频次与申报书是否保持一致、项目资金是否存在违规使用等问题。关于项目执行效果也是政府部门非常关注的，政府部门急切希望在项目执行成效上得到有效性回应。公益创投项目资金来源于福彩公益金，民政部门作为主管部门也需要向财政、审计等部门呈现创投项目的价值。针对项目运行规范及项目执行成效的诉求，政府出资方主体通常是借助平台型社会组织的渠道向一线社会服务机构提出明确要求。

一线社会服务机构通常在寻求政策与资源支持方面期待能向政府传递信息表达诉求。公益创投属于公益领域的一个新兴事物，各种政策配套与资源供给尚未成熟，社会组织参与公益创投既缺乏经验又缺少资金，因此，对政府支持存有较高的期待。如一线社会服务机构期待政府主推的公益创投项目要有稳定性，最好能形成制度化；期待在项目评估环节，增加灵活度，可依据机构或项目类别的差异适度调整；公益创投项目周期通常为一年，期待周期能够适度延长；期待增设创投项目成员人员补贴预算；期待项目资金能按期拨付，不长期延后；期待在项目执行上能获得更多的经验支持等。鉴于创投项目出资方与执行方的不对等关系，一线社会服务机构寄希望通过平台方的渠道，将这些诉求向政府传递以获取出资方理解与支持。平台型社会组织迫于一线社会服务机构的压力，也会把一些成熟且合理的建议向政府部门反馈，促使双方信息沟通的顺畅。

最后，在沟通形式上政府出资方主体与一线社会服务机构也存在明显差异。政府部门习惯性采用颁布政策、发布公示等文本沟通方式表明态度。政府作为公共权威部门往往要通过正式文本的形式表明自己的立场与态度，或正式出台相关政策，或发布创投项目奖惩结果以达到影响诸多社会组织的目的。这里涉及的信息有些是政府直接对外公开发布，有些则通过平台型社会组织转告相关社会组织。而一线社会服务机构向政府表达诉求的形式则趋于多样化。面对公益创投制度设计存在的问题，一线社会服务机构会选择公共平台或私人渠道向政府出资方主体反馈意见，这些形式通常包括各种培训交流会、评审评估会、私人闲聊、电话邮件等。而传递信息的渠道无一例外的选择主动向平台型社会组织表达诉求。至于选择公共平台或是私人渠道去发声，主要取决于社会组织的诉求是否具有共识性、迫切性，以及与本组织的关联强度。通常具有共识性、迫切性的诉求，社会组织会选择在公共平台表达心声，以获取更多其他社会组织的支持；而涉及本组织的独特诉求，则多采取私人渠道向平台型社会组织发声，以期获得特殊关注。

四　平台型社会组织的生态角色反思

平台型社会组织是在政府推行社会体制改革、社会组织快速生长的背景下，得益于政治空间释放以及社会组织培育的需要而产生的一种新型社会组织形态。不同于一般社会组织，平台型社会组织的战略定位、愿景宗旨、组织职能基本是以搭建政社桥梁、培育扶持社会组织成长、更好发挥服务性功能为使命。在创投实践中，平台型社会组织存在的重要意义在于，为一些地方政社多元主体参与社会治理创新搭建了合作框架与运行枢纽。① 基于平台型社会组织的出现，地方政府推动社会治理创新才有了有力抓手，社会组织参与社会治理创新才有了专业性依靠，公益创投活动才有了运营实施的组织平台。

社会行动映射着主体的角色。平台型社会组织在公益创投中所承担的角色是多元的，每种角色也是务实的。平台型社会组织既要联系出资方政府部门扮演创投活动的承接者，又要对接一线社会组织扮演公益项目的管理者，把出资方与执行方的治理合作落实到创投项目上来，确保创投活动的顺利开展是其基本要义。此外，组织培育与项目监管都属于平台型社会组织的常规性工作。在这些角色中，平台型社会组织虽都有所作为，与理想的作用成效尚有一定距离。主要表现在平台型社会组织的实际功能未能得到充分展现，在扮演政社桥梁的角色时，平台方多数时候是在履行政府下达的创投工作任务，站在政府立场考察项目行为，

① 徐家良：《枢纽型社会组织的价值与发展趋势》，http：//www. shzgh. org/renda/node5902/node5907/node6568/u1 a5990914. html，2013 - 09 - 29/2017 - 08 - 20。

忽略了社会组织的现实需求，较少代表社会组织向政府反馈诉求。在组织培育方面，虽有常规的能力建设课程，但对前期培训需求没有细致调研，对后期培训效果缺乏深度跟踪，这种撒网式能力建设缺乏精准性。在项目监管方面，平台方的项目监管是为了更好地促进项目执行。然而，现实中平台方对项目的监管仅停留在规范层面，提升不到帮扶培育的高度。

平台型社会组织在履行组织职能时之所以容易陷入各种行动困境，根本原因在于，各主体在创投中的身份理念、契约权力未能在彼此间达成共识。[①] 从身份理念上看，无论是出资方政府部门还是一线社会服务机构，他们对平台型社会组织的身份定位都没有建立在平等合作的基础之上。政府与平台型社会组织实际上形成的是一种“雇佣关系”，平台型社会组织与一线社会服务机构建立的是“管理关系”。这种身份理念的定位，限制了平台型社会组织的功能发挥空间。从契约权力上看，公益创投要求各参与主体能形成权力对等的契约关系。然而，基于对资源的依赖，创投活动的出资方、承接方、执行方并不能形成对等的契约关系，彼此之间依然存在权力钳制行为。缺乏平等的对话平台，契约要求自然也难以得到有效落实。如政府以雇主身份自居，平台方通常不易提出更多自己的想法；平台方以创投出资方的代理人自居，通常不会顾及所有项目执行组织的个体化需求；一线社会服务机构以“被给予者”的角色自居，心理就难以树立对等谈话的自信。

总体而言，平台型社会组织对于公益创投活动的持续推进具有重要作用，但在角色功能的发挥上尚存有空间，如何实现由“形式性管理”向“深度性合作”的转变仍需长期的实践探索。一方面，平台型社会组织自身需要强化专业能力提升，对一线社会服务机构要能发挥真正指导引领作用；另一方面，要在了解创投各方主体现实需求的基础上，充分发挥桥梁作用，消除彼此沟通障碍，共同致力于创投活动的良性稳健发展。

---

① 吴新叶：《政府主导下的大城市公益创投：运转困境及其解决》，《上海行政学院学报》2017 年第 3 期。

第四节　平台型社会组织在社会服务项目中的实践困境

平台型社会组织作为公益创投系统中的重要参与主体，在创投中以项目运营监管与组织能力建设为主要职责，在政府出资方主体与一线社会服务机构之间搭建了沟通桥梁，为公益项目运营管理提供了公共服务平台。然而平台型社会组织因组织属性、参与职能、组织权威以及专业能力等诸多因素的影响，在参与创投项目运营管理时易于陷入各种行动困境之中。具体的行动困境包括：身份认同困境、角色冲突困境、权力式微困境以及组织培育乏力困境等。

一　身份认同困境：我并不是“二政府”

身份认同，即对主体对客体的身份确认以及所伴随的情感认知的心理过程。[①] 平台型社会组织其本质上也属于社会组织的类型之一，也具备一般社会组织的自主性、志愿性等特征。在公益创投中理应与一线社会服务机构建立平等合作的伙伴关系。然而，平台型社会组织因其自身在创投中承担项目监管的特殊角色，客观上影响一线社会服务机构对其身份认知的偏差。这种偏差性的身份认知使得平台型社会组织陷入身份认同的困境。

在创投实践中，身份认同偏差已成为影响平台型社会组织与一线社会服务机构之间关系建立的首要障碍。因平台型社会组织主要承担出资方授权下的项目运营监管工作，在出资方主体与项目执行机构之间搭建互动平台，多数情况下，是在履行完成出资方交办的各项项目管理事项，如创投项目的发布、立项评审、执行监管等。其工作的管理色彩较为浓厚，容易给一线社会服务机构造成平台方只是履行政府职能的代理人的错觉。在公益创投中，多数平台型社会组织容易被行政化，即完全

① 崔岩：《流动人口心理层面的社会融入和身份认同问题研究》，《社会学研究》2012 年第 5 期。

按照政府出资方的意志推行各项工作。①

究其根源，一方面，源于政府出资方主体对平台型社会组织也强化了严格的控制或影响举措；在公益创投中，政府与平台方是委托与被委托的关系，平台方的项目监管行为是得到政府的充分授权的。政府引进平台型社会组织入驻本辖区开展创投工作，在专业操作上给予了充分授权，但在发展方向上又设定了明确的界限。例如，S市恩派机构负责人L在谈到政府如何定位和影响公益创投的发展时提道：“就公益创投本身的定位而言，目前业内对其的理解五花八门。S市在创投实践中，政府与我们恩派第三方对此的认识也存在差异。政府将公益创投视为政府购买的一种新形式，其功能是为了社会组织提供大练兵的舞台，以便今后更好支撑政府购买服务工作。然而，我们第三方则把公益创投理解为对一些好的公益项目的模式探索，是对一些初创型社会组织的资金支持。简言之，政府将公益创投视为社会组织参与未来政府购买服务的演习机会；平台方则寄希望通过创投研发出一些好的项目，促进社会组织能力的提升。”因此，平台型社会组织在运营监管公益项目的理念与思路必然会受到干扰，只能遵照政府部门的要求开展创投工作，呈现给外界的印象就是平台方是被政府雇佣来协助政府工作的一个办事机构。

另一方面，平台型社会组织对政府出资方主体存有高度的依赖性。② 如前所述，平台型社会组织本质上属于社会组织，其公共权威性不足，直接获取生存资源渠道狭窄，对出资方资源的依赖性较高。在创投实践中，积极靠拢政府部门更易获得合法代言人身份，更有利于实施其对各公益项目的执行监管。因此，平台型社会组织习惯性将创投工作提升到在政府指令下履行的必要工作。一旦出现一线社会服务机构不配合项目监管工作，平台方则会搬出政府部门的牌令，要求其必须完成项目要求。在项目评估阶段，一线社会服务机构未能严格

① 马全中：《政府向社会组织购买服务的“内卷化”及其矫正——基于B市G区购买服务的经验分析》，《求实》2017年第4期。

② 王清：《共生式发展：一种新的国家和社会关系——以N区社会服务项目化运作为例》，《中共浙江省委党校学报》2017年第5期。

按照项目申报书的要求履行项目职责，存在诸多问题。平台型社会组织则会借政策之名，将相关问题整理好，向政府出资方部门反馈。走访中，一家老年社会服务机构负责人C倾诉道："现在这些平台方的工作人员可厉害了，工作经验不一定丰富，但是官方腔调倒是很足。在评估过程中，动不动就拿公益创投的政策制度说事，给我们的项目服务扣帽子，说我们违反了哪些政策规定。要么借用民政部门的名义对我们提出建议，或者直接搬出审计部门对我们的服务提各种各样的要求。整得我们机构的小社工们在评估时担惊受怕的，我认为评估工作不应是这样的。"

上述两种情形表明，在控制和依赖这两种力量的相互或共同作用下，平台型社会组织与政府部门之间的关系呈现高度紧密的态势。平台型社会组织也容易被外界，尤其是参与创投的一线社会服务机构视为"准政府部门"。诚然，这种身份认同与事实存在重大偏差，但客观上对二者的合作关系建立造成巨大挑战。

稳定信任关系的建立是创投活动得以发展的基本前提。平台型社会组织自诩为创投参与组织的伙伴与支持者，但是在实践中，又习惯性站在出资方立场去审视执行方的项目实施状况。不少一线社会服务机构虽然对平台方的组织属性已有清晰的认知，但情感上仍将其视为政府对创投工作的附属管理机构。他们的普遍观念认为，与平台方关系相处不好，意味着与出资方关系处理不当，带来的结果便是对今后的组织发展及资源支持产生不利影响。然而，平台方却为此陷入了身份认同的困境。许多一线社会服务机构把平台方视为"二政府"，对一些自认为不合理的现象不敢质疑，甚至认为平台方已"官僚化"，缺乏沟通的平等地位与空间。长此以往，这种身份认同偏差导致一线社会服务机构与平台方处于紧张对立的情绪状况，不利于创投活动的健康推进。

二　角色冲突困境：左手拿糖，右手持棒

角色冲突，是指个人在所履行的两个或多个社会角色之间所产生的不适感或矛盾性。角色冲突有可能源自于个人遭遇来自不同群体的外部

压力，或出现在自身角色定位出现偏差之时。[①] 在创投实践中，平台型社会组织的主要工作职能可分为“培育”与“监管”两大模块。一方面，要承接来自出资方委托的项目运营监管工作；另一方面，也要承担对项目执行机构的能力建设培训工作。然而，“培育”与“监管”这两种带有冲突性质的角色作用于同一客体，易于使平台型社会组织陷入角色定位的困境。

培育社会组织、促进其能力提升是出资方推动创投活动的基本初衷。聚焦于“培育”这一主题，平台方应该以“扶持者”“引导者”的角色呈现在社会组织面前。不仅要关注一线社会服务机构的项目执行能力的提升，还要促进其在组织自身管理上获得成长。为此，平台方在创投活动中，通常要安排针对一线社会服务机构的系统的能力建设培训课程，或者召集所有创投参与机构开展公益沙龙、世界咖啡馆等交流活动，鼓励社会组织成员积极参加。这些培训课程主题通常是结合当地社会组织参与创投活动的实际需要而设计的。课程名称一般包括，《公益项目开发》《公益项目需求评估》《公益项目设计》《公益项目财务管理》《公益项目志愿者团队管理》《公益项目拓展》等。在培训专家甄选上，平台方也是极其用心的，通常选择在公益专业领域或实务领域具有一定经验积累的专业人士。调研发现，在各类组织培育或能力建设活动中，平台方与一线社会服务机构之间能够实现友好良性互动。平台方的出发点也非常明确，寄希望通过此类活动开展，真正帮助这些社会组织在项目经验上或组织管理上获得成长。而这些社会组织在参与活动时，也切实能有所收获，对平台方所提供的培训活动也是赞不绝口。

项目执行监测与评估是确保项目正常开展，达成项目目标的基本保障，这也是平台方推进公益创投的常规性工作。项目监测关注于过程，项目评估侧重于效果。为督促每个项目都能如实开展达成预期效果，平台方必须要履行好项目监测与评估的职责，扮演好“监测员”与“评估员”的创投角色。依据不同区域创投规模不同，出资方主体每届创投中都要审批立项几十项公益服务项目（S 市一般控制在 20—80 个/届

① 参见乐国安《社会心理学》，中国人民大学出版社 2009 年版。

左右）。这些项目会被平台方工作人员相对均等划分，确保每个项目都有对应的平台方联系人。这些联系人实际上就是项目监测员，负责项目立项后的所有项目对接事项。实践观察发现，项目监测可以分为文本监测与现场监测。文本监测属于常规性工作，就是平台方要求项目方能够按照项目管理制度的规范要求，按时提交一系列项目文本台账。如项目方每月都要向平台方按时提交月活动计划表、月预算表以及月结算表等。现场监测即是项目监测员依据项目月活动计划表的设计安排，在计划时间内直接前往项目实施地点对项目具体实施情况进行现场情况了解。监测的要点在于，项目实施现场与计划要求是否出现了偏差，可以现场进行询问弄清实际情况，对项目执行状况形成初步了解。这两种监测对有效管控项目执行进度，预防项目执行走偏，防范项目执行风险等都发挥着重要作用。

文本监测与现场监测都会给项目方增添更多的事务性工作，也造成了项目方的诸多压力。当前，多数创投项目方都属于初创型社会组织，机构发展尚不成熟，团队人员严重缺乏且不够稳定。特别是项目经验不足导致每个组织在项目执行上都倾注太多精力，难以应付来自平台方的文本监测要求。与此同时，因项目活动计划存在不确定性，落实到具体实施环节可能会存在偏差。因此，项目活动调整也是较为普遍的行为。而平台方的项目现场监测带有明显的抽查色彩。由于人力有限，每个项目在周期内被现场监测的次数不多，所以每个项目方对现场监测会做好精心准备，以证明该项目的执行效果。然而就现场监测行为本身而言，项目方多数心理是不太情愿的。正如一家服务机构项目社工小 C 所说："平台方不是说好的吗，和我们社会组织之间是合作伙伴关系，还要培育我们社会组织成长。但是就监测行为来看，一点看不出是来帮我们的，反倒是像警察监视罪犯一样。来监测项目搞突然袭击，让我们一点心理准备都没有。项目计划得再好也是会有变动的可能吧。如果项目活动临时进行调整，一旦被现场监测，责任就全部推在我们身上。平台方不能搞得像稽查队一样，每次过来都是说这样不好那样不行，都是在挑我们的刺。而他们的眼里只有申报书里的计划，却考虑不到执行方的难度。反正我是感受不到平台方对我们的帮助在哪里。"

由此可见，平台型社会组织长期在“培育者”与“监管员”的两种角色之间不断转换，这种角色交错现象，让平台型社会组织也陷入角色冲突困境之中。不仅让一线社会服务机构产生强烈的心理反差，更让平台型社会组织的工作人员心生迷茫。在监测中，发现项目执行与计划存在偏差，尤其是项目方主观原因导致的问题，是该保持宽容理解的心态还是坚持严格谨慎的风格，这是摆在平台型社会组织面前的一道难题。正如平台型社会组织项目监测员小 W 所说，“每次监测完项目，内心就很沉重，这哪里是在做项目、做公益啊，这分明是在捣糨糊嘛。你们说，我该怎么办？按协议规定，这样的烂项目就该停掉，可是这样的项目又太多，那样杀伤力会很大。而且民政那边肯定也不会同意。我们本身也有扶持组织发展的职责，但是你要是明明知道他们（执行方）在活动中造假，你还苦口婆心地去劝导，他们肯定是有恃无恐。长此以往，公益这坛净水迟早是要被搅浑的”。在走访中，平台型社会组织常常就自身的角色定位，举棋不定，难以把控。

三　权力式微困境：我能拿他怎么办

权力式微，指的是权力主体对施予对象的作用空间和力度逐渐消减。需澄清的是，公益创投各主体间的基本关系形态是合作协同，理论上只有相互之间的契约关系，并没有权力关系的存在空间。[①] 然而，本书所探讨的权力，即为创投主体之间因契约关系而产生的制约力。出资方、承接方、项目执行方各参与主体之间会在契约关系生成后，对其他合作主体产生行为预期。一旦任一主体未能履行承诺，则被视为破坏契约行为，对其自身信誉产生不良影响。研究判断，出于对自身信誉的维护，各创投主体间在维持契约时是存在一定权力关系的。创投实践表明，随着创投活动的持续深入开展，平台方对出资方以及项目执行方的影响力、话语权呈现逐渐式微的态势，平台方也陷入了权力式微的困境。

平台型社会组织在创投体系中的契约权力面向两个参与主体，项目

---

① 王春：《公益创投的生态困境及主体策略——基于 S 市地方性实践探索》，《长白学刊》2018 年第 3 期。

出资方与项目执行方，且这种契约权力总体呈现先高后低的态势。首先，在与项目出资方的关系中，平台型社会组织拥有专业建议权。政府虽然是公共权力部门，也掌握丰富资源，但公益项目领域并非是自己的长处。以政府为代表的出资方主体之所以将公益创投委托给平台方进行运营，主要出于对其专业水平和管理能力的肯定。因此，平台型社会组织落地之初，围绕如何启动公益创投项目，如何撬动社会力量，如何激发社会活动，如何设计公益项目，如何管理公益项目等问题，对于出资方而言都是全新的领域和挑战，必须要让专业的人来打理专业的事。平台型社会组织被引进之初，其在政府部门面前具有充足的专业建议权。政府部门也乐于支持平台方推动创投工作的创新与探索，对平台方的实施建议多半都会积极采纳。后期，伴随公益创投活动持续开展，政府部门也逐渐熟悉了创投项目的运作流程及实施经验。通常，当一种新鲜事物被解剖清晰后，人们便会降低对其神秘感的好奇。正因为政府熟悉了公益创投，所以对其的敬畏心理也开始走低。此外，政府与平台型社会组织之间是委托合作关系，对平台方的工作成效具有较高期待。创投项目中所呈现的各种问题也容易被归咎于平台方的管理能力不足，从而降低对平台方专业水平的信任度。① 依据S市的实践观察，可以充分验证这一论点。恩派机构负责人L坦言："我们机构受邀请刚落地S市时，政府民政部门对我们的信任度较高，双方沟通也极为便利，凡是合理性的建议都容易被采纳。现如今，随着创投工作的日趋成熟，要求越来越严格，项目中暴露的问题也越来越多。在公益创投多方联席会议中，民政领导对我们恩派在S市推动公益行业发展的成效虽给予了积极肯定，但也颇有微词。我们现在与民政部门的沟通难度也开始增大，专业建议权逐渐式微。公益创投活动的项目资金体量也呈现萎缩趋势，表现最为明显的是，从2018年S市第五届公益创投活动起，创投资金由最初的1000万元/年下降到500万元/年。还有小道消息说，今后S市的公益创投活动可能就要停掉了，我们的压力也很大。"

---

① 吴强玲、祝晓龙：《政府与支持型社会组织良性互动关系研究——基于上海浦东公益组织发展中心（NPI）的个案观察》，《党政论坛》2013年第10期。

其次，在与项目执行方的关系中，平台型社会组织拥有项目监督权与专业指导权。项目监督是平台方对创投项目管理的常规工作，其监督的权威性来源于对项目的考核评价。任何事物一旦被赋予了考核的色彩，就容易被相关主体所重视。作为初创型社会组织对于公益行业口碑普遍较为在意，对待平台方的项目监督行为就不得不引起重视。在公益创投实施的前几年，一些社会组织面对这套陌生的公益实践模式，项目实践较为谨慎，但凡平台方指出来的不足都会积极加以修改完善。因此，公益创投的起步阶段，平台方面对各项目组织具有较高的监督权和专业指导权。多届公益创投活动实施后，平台方对各个项目的监督行为，虽有评价高低，但缺乏配套的奖惩措施。即每个项目的监督考核结果并没有对社会组织产生后续实质影响。这就导致一些社会组织开始淡化对平台方项目监督工作的重视与投入。① 在调研中，许多一线项目社工曾抱怨过："有些社会组织项目做得不好，最后也顺利通过了项目评估。试问，这种项目监督和评估行为意义在哪里？"恩派工作人员 W 也抱怨道："我们在日常监测中看到了许多问题与项目要求不符，也都当面给项目方指出来了。在一次项目监测中，项目要求计划服务 30 名家长，但实际只到了 5 位家长，与计划严重不符。活动邀请一位心理学专家进行授课，但主题不明确，与服务对象需求脱节，活动形式过于简单（浏览图片、做简单的体操、分享简单的感受），对于服务对象没有什么触动。活动持续时间约 20 分钟，类似于走过场。现场效果很不理想，随即与项目负责人约谈，然而对方却很不以为然，一副满不在乎的姿态。回来后，我把这个问题向我们机构负责人反馈，但是也没有很好的处理办法，似乎只能听之任之。感觉我们身为平台方其实话语权也是很弱的。"这些话语充分反映了平台方对项目方的监督权和专业指导权都渐渐式微。

综上，平台型社会组织在创投中呈现出的两种契约权力式微，其共性之处有两点。其一，历经多年实践，无论是政府出资方主体还是社会

① 王春：《拒斥、嵌入、反噬：社会组织行动策略与制度适应逻辑——基于 S 市公益创投的观察与思考》，《浙江工商大学学报》2017 年第 5 期。

组织项目方主体，皆因为两个主体对公益创投运作过程的熟悉与了解，从而降低了他们对公益创投这一新型模式进一步探索的热情。其二，平台型社会组织在创投活动中也没能将自己的契约职责发挥到位，导致其权威性受到挑战。一方面，在监管创投项目的过程中，没能及时消除项目中的种种问题，让政府部门逐渐失去信心；另一方面，在培育创投组织的过程中，没能促进社会组织能力实现真正提升。参与创投的社会组织之间发展层次差异较大，有些社会组织在项目执行上持续低水平徘徊，让社会组织发展也信心不足。

四 组织培育乏力困境：拿什么来帮助你

组织培育，指的是能够针对社会组织存在的现实问题加以细致化梳理，找出问题根源，采取精准适宜的方法对其进行能力塑造的过程。① 在创投实践中，对一线社会服务机构进行培育是平台型社会组织的主要职能之一。在明确培育对象的前提下，弄清楚社会组织要培育什么，以及平台方自身是否具备足够的培育能力显得尤为关键。创投实践表明，平台方虽然为参与创投组织提供了系列能力提升培训课程，但是这些课程已成为平台方的能力提升标配，刚开始还有些新鲜感，后来的培训效果呈现边际递减效应。不少社会组织是为了响应平台方的考核要求，而被动接受培训。种种迹象表明，平台型社会组织为一线社会服务机构所组织的能力建设培训工作已陷入了形式泛化的困境。

组织培育内容十分广泛，创投活动所实施的培训以组织能力与项目经验为主。理想的组织培育内容理应考虑组织自身成长阶段的不同、培训对象个人职业经验的差别以及组织个性化成长的需要。社会组织在发展的不同阶段，对培育的需求也在不断调整，如果历届创投的培训课程千篇一律，必然会大大降低社会组织对组织培育效果的认同。这种情况给平台型社会组织工作人员的能力建设工作带来不少压力。S 市恩派机构工作人员 Y 说："我们本身也不是社工专业出身，接触公益行业时间

① 许小玲、马贵侠：《社会组织培育：动因、困境及前瞻》，《理论与改革》2013 年第 5 期。

也不长。现有的专业能力难以为社会组织提供建设性帮助；此外，我们平台方还要为社会组织链接资源；开展系统性的能力建设培训，而且不同发展阶段的社会组织也有不同的需求。我们日常工作花在不好的组织上的时间太多，对优秀组织的帮助较少。"

在创投中，就被培育组织而言，新老组织在一起集中接受培训的现象比比皆是。一些初创型组织面对一切话题都充满新鲜感，而一些成熟型的社会组织对老生常谈的话题越来越提不起兴趣。访谈中，一家青少年服务机构社工 G 反馈道："我们已经连续参加了三届公益创投了，每届创投培训的课程体系都大体相似，甚至是参与培训的主讲老师也是同样的人，同一张 PPT。以前感觉老师讲什么都很新鲜，也学到了不少东西。但是，现在就越来越感觉，这样的培训对我们组织而言，已经不太有吸引力了。该掌握的我们早已吸收，现在还在反复接受这样的培训，意义就不太大了。"就受培训人员而言，有些属于职场资深人员，也有属于新入职人员，他们彼此关注的焦点也存在很大差异。培训的内容过于基础，会让人感到没有获得感；培训内容过于前沿，又会让人感到不接地气。访谈中，一位较有经验的社工 T 说道："其实，很多培训的内容我都已经学习过了，为什么还要来呢，主要是平台方发了通知给所有组织要求大家尽量来参加培训。我们是否参加也影响着平台方对我们的日常考核，所以，能出席就尽量出席吧。"此外，就组织的个性化需要而言，每次组织培训基本都是采取集中授课的方式，无法兼顾每个组织的个性化需求。然而，组织个性化需要通常都是最为迫切的，希望得到平台方的培育和支持，这也是平台型组织在培育上表现最为薄弱的环节。有一家为老服务机构负责人 W 提道："我们有一个为老人服务的项目，我们机构特别需要志愿者的支持，但是在落地社区年轻人很少，居住的基本都是老人，凭借我们机构 3、4 个人很难打开服务局面。上次参加平台方组织的一场有关志愿者工作的专题培训。但培训的重点说的是怎么管理志愿者，而我们关心的是怎么挖掘志愿者。连志愿者都招募不到，谈什么管理呢?"

培育主体过于依赖外界资源，平台方机构内的专业能力有待提升。平台型社会组织的基本使命是架接出资方与执行方二者沟通的桥梁，协助项目执行组织更好地实践项目，实现组织自身成长。[①] 无论是出资方还是执行方都对平台方的专业角色寄予了厚望。然而，调研中发现，平台方虽为项目方的支持培育组织，但其主要精力投入在日常项目管理方面，自身专业能力并不突出。平台方的工作人员在专业水平上并不优于一线社会服务机构，多数平台方的工作人员是缺乏一线项目服务经验的。在社工人才紧缺的现实背景下，许多应届大学毕业生直接被吸纳入平台型社会组织，具有社工专业背景的学生更容易受到礼遇。由于缺乏项目实务经验，他们将主要精力投入在对项目的管理和监测上，即便涉及专业性议题，也仅仅是站在政策层面去回应和解读。在培育一线社会服务机构时，多数平台方缺乏灵活的方法与技巧，其专业能力也会遭遇外界社会组织的质疑。在课程培训方面，多数平台方会邀请外界专家来完成，平台方起到组织者的作用。外界专家的引入确实能为社会组织带来系统前沿的专业知识，但一味邀请外部资源，也丧失了平台方自身专业能力的锻炼机会，也降低了平台方在一线社会服务机构面前的专业威望。随着社会组织发展领域的多样化，对平台方培育支持的诉求也呈现多元化。因此，平台方工作人员有必要强化专业知识的学习，打造自身硬实力。力求做到每位项目监测员都能渗透到项目执行中，设身处地地为项目执行机构量身把脉，找准项目方的薄弱点，为其提供有价值的指导建议。

综上所述，平台型社会组织所提供的日常组织培育工作，对于社会组织成长及项目经验积累起到了积极作用，但与外界对其角色期待尚存在一定差距。这种差距主要表现在培训课程设计过于固化和笼统，难以顾及不同受训对象的个性化需求。另外，平台方工作人员的自身专业能力有待提升，不能单方面地发挥监督执行的功能，在组织培育和项目指导方面也要发挥积极作用。平台型社会组织有必要先行自我变革，拓宽工作视域，把项目监管与组织培育工作合并起来开展。

① 孙志祥：《枢纽型社会组织的双重属性及其治理》，《中国社会组织》2013 年第 8 期。

第六章　社会服务项目中执行方主体的实践

社会服务项目是社会组织开展服务的主要实践载体；反过来，社会组织又是社会服务项目的主要执行者。公益创投活动是全面推行社会服务项目的酝酿基础及有益尝试，在地方公益行业发展历程中扮演着重要角色，影响着社会组织数量及质量的双重发展。了解公益创投活动对社会组织的影响，必须要了解创投启动之前社会组织的实际发展状况。同时，有必要梳理清楚在“创投期”，创投理念是如何渗透到公益服务类社会组织的工作之中，并在该类组织中如何蔓延开来。

第一节　社会组织的基本类型与实践历程

一　社会组织的基本类型概况

一线社会服务机构是社会服务项目的执行主体，是通过具体服务活动将公益项目输送到服务对象之中的主要力量，其数量众多类型多样。2016 年 9 月 1 日实施的《中华人民共和国慈善法》规定，慈善组织可以采取基金会、社会团体和社会服务机构三种组织形式。其中，社会团体是指中国公民自愿组成，为实现会员共同意愿，按照其章程开展活动的非营利性社会组织；社会服务机构（原指“民办非企业单位”）是指由企业事业单位、社会团体和其他社会力量以及公民个人利用非国有资产举办的，从事非营利性社会服务活动的社会组织；基金会是指利用自然人、法人或者其他组织捐赠的财产，以从事公益事业为目的的；非基金会是指利用自然人、法人或者其他组织捐赠的财产，以从事公益事业为目的的非营利性法人。因此，但凡具有合法的社会组织身份属性的组织或机构都有资格申请参与公益创投活动。

改革开放以来，中国社会组织的发展经历了一个从无到有、曲折发展、成长壮大的历史过程，大体可以分为“复苏发展期”“曲折发展期”和“稳定发展期”三个发展阶段。[①] 在整个发展历程中，政策障碍与资源不足是制约我国社会组织发展的两大重要影响因素。[②] 伴随新一届中央全面深化改革战略的实施，我国社会组织迎来了新的发展机遇。国家在政策层面极力鼓励发展培育社会组织，2013 年民政部明确提出对行业协会商会类、科技类、公益慈善类和城乡社区服务类四类社会组织，可以依法直接向民政部门申请登记，不再经由业务主管单位审查和管理。同时在资金上也通过购买服务的方式给予社会组织必要的资源支持。2013 年国务院办公厅出台了《关于政府向社会力量购买服务的指导意见》，力求到2020 年，在全国基本建立比较完善的政府向社会力量购买服务制度。公益创投活动的实践创新带动了一大批社会组织的诞生与兴起，尤其以社会服务机构的发展表现更为突出。主要原因在于，社会服务机构在申请注册登记的条件上门槛较低，在组织管理上更加灵活可操作，因而更容易受到公益组织筹建者的青睐。在参与公益创投的社会组织中，也是以社会服务机构占绝对多数。

通过对 S 市的实践观察，参与政府购买社会服务项目的社会组织大体可以分为街居型、专业型、市场型、草根型四种基本类型。街居型社会组织是街道联合居委会在体制压力的催生下而形成的社会服务机构，组织成员大多为居委会正式工作人员。这一组织是迫于行政命令而不得不成立的组织，公益创投服务项目属于他们职责之外的事务，有部分街居型社会组织甚至将申请到的创投项目全盘外包给其他专业组织来执行，因此他们的参与动机并不强烈。专业型社会组织是由具有社会工作专业背景的专业人员发起成立的，以高校社工专业教师、学生为主；参

① 谢菊、马庆钰：《中国社会组织发展历程回顾》，《云南行政学院学报》2015 年第 1 期。

② 关信平：《当前我国增强社会组织活力的制度建构与社会政策分析》，《江苏社会科学》2014 年第 3 期。

与公益创投的目的是拓展社工专业建设平台，引领专业实务领域的发展。此类组织在创投项目的专业化设计上占有明显优势，并易于将项目执行成效加以梳理，颇受公益领域的欢迎。市场型社会组织指的是一些市场化程度较高，与市场接轨能力较强的民办非企业单位，如职业培训机构、技能康复中心等。此类组织自身拥有较稳定的服务群体，通过服务收费维持组织日常运营，他们参与公益创投的盈利动机十分明显。① 草根型社会组织则是由一些热爱公益的人士发起成立的致力于某一公益服务使命的组织。该类组织参与公益创投的热情很高，但整体服务专业性水平不高，对项目专业化需求尤为迫切。他们在项目执行中自主性较强，规范性略显不足，数量众多且分化严重，整体发展水平参差不齐。

二 “前创投期”S市社会组织发展背景

公益创投活动在S市社会组织发展历程中具有里程碑意义，从时间上可以分为“前创投期”与“创投期”。“前创投期”即政府正式实施购买服务前，依然延续着社会组织传统的“双重管理”体制，政府尚未将社会组织培育政策落实到具体服务项目购买上。在“前创投期”S市社会组织依然延续着“社会团体、民办非企业单位、基金会”三大传统组织类型的划分。但主体成分是社会团体，特别是一些行业协会，它们发展较快且比较规范。民办非企业单位的数量其次，通常表现为一些民办教育、医疗、养老、培训等实体机构。基金会的数量则更加稀少。总体而言，在“前创投期”，国家虽提出了培育社会组织发展的政策倡导，但社会组织发展步伐仍然较为缓慢，活力不足，缺乏有效的资源支持。

在访谈中，S市民政局社会组织处负责人C对“前创投期”的社会组织发展状况还记忆犹新。当被问到，在公益创投之前，S市社会组织的基本发展背景时，他谈道：“任何一个地方的社会组织发展与当地社会经济发展是有很大关系的。当时，我们S市的社会经济发展快一些、

① 张林江：《社会组织的营利冲动及其规制》，《中央社会主义学院学报》2012年第5期。

好一些，我们的社会组织发展比周边要早一些，这是一个较好的基础。从数量上讲，当时 S 市整个社会组织，三分之一好，三分之一死掉了，三分之一半死不活。我是 2008 年接手社会组织处的。面对这种情况，我们当时采取两个解决办法，一方面，面对死掉的组织，要把它剔除掉，弄出一个‘引导注销’的办法。目的是动员他们自行申请注销。如果不自行申请，那就进行强制撤销，意味着行政处罚，这些社会组织就慌了，他们就来办个手续就算注销掉了。剩下的还有三分之二的组织就好些了。后来为了更好地将这些组织盘活，我们再弄一个等级评估，促使一批好的社会组织变得更好一些。还启动了年度检查制度，通过年检把连续两年未举办活动的社会组织再进行撤销。如此一来，S 市剩下的整个社会组织就被盘活了。”

以上都是对 S 市社会组织存量问题的处理，可以看出，在“前创投期”社会组织内部分化严重，组织发展参差不齐，要想让社会组织重获生机，必须对这些组织重新洗牌。经过多轮的整顿调整，剩余的社会组织也主要以行业协会为主要构成，公益服务类社会组织很少，与创新社会治理需求并不完全契合。S 市民政局社会组织处负责人 C 谈道：“从改善基层民生的角度看，我们所说的创新社会治理需要培育的社会组织，大多数指的是公益服务类的社会组织。当时这一类组织非常少，尤其是没有专业的从事公益服务类的机构。即便有，也仅是一些志愿性、公益类团队。实体运行的社会服务机构基本看不到。”

加强与完善社会治理创新，需要加大对基层社会组织的培育力度，尤其是促进公益服务类社会组织成长与发展。因此，如何破解公益服务类社会组织数量不足，是当时 S 市民政部门面临的焦点难题。为培育更多基层公益服务类社会组织，S 市民政部门在政策上也进行了必要的调整，积极鼓励引导社区草根团体走组织化路线，即创建社区社会组织备案制度。S 市民政局社会组织处负责人 C 谈道：“我们在社区积极推行社区社会组织备案制度，并降低登记门槛。当时，每个社区都有十来家居民文体团队，虽然不属于公益服务类的组织，但也是很好的组织雏形，具有培育发展的潜力。由于缺乏组织化，直接登记基本不可能。既然工商部门能够对企业等类似机构建立备案制度，我们对公益服务类的社会组织也可以采取备案的办法。因为登记类社会组织要求较高，要有场地、资金、人员等。鼓励这些公益服务类的社会组织让他们逐渐正常起来。当时所说的公益类社会组织也并不是没有，社区里的小的、草根组织还是有一些的，让他们备案，就是到街道去填个表，章程是统一的，场地是街道社区的活动场所，资金也不需要，这样一来备案了一大批组织。后来，公益创投启动后，又出现了新的情况，因为没有登记账户，钱没办法给这些组织。所以就降低门槛登记，原来需要筹备 3 万—5 万元注册资金，后来拿三千块也可以，对于两年来备案较好的组织实施登记制度。”

由此可见，在前创投期，社会组织存量有余但活力不足。大批社会组织徒有其名，并未能有效运转起来，社会价值未能得到真正开发。S 市社会组织发展整体呈现出组织空壳化、类型单一化等特征，难以与创新社会治理的要求相匹配。政府民政部门为了激活现有存量社会组织，释放了极大的政策让渡空间，为公益创投活动顺利开展做好了铺垫。公益创投活动的兴起，为社会组织培育成长创造了良好的机遇。一线社会服务机构参与公益创投活动的历程告诉我们，社会组织培育发展必须要建立在服务项目的实践载体之上，不能纸上谈兵。公益创投活动契合了各级政府创新社会治理的战略需要，为社会组织培育提供了资源支持和实践空间。[①] 在此期间，各类社会服务力量纷纷被激活，大批社会服务机构积极把握发展机遇获得了创建与成长。而且，公益创投活动的主要参与者是社会组织，其目标就是要带动更多社会组织的兴起，探索出更多有益的服务项目，二者形成了紧密的共生关系。

三　社会服务项目启动与社会组织动员

大量公益服务类草根组织登记注册后，面临的首要问题是如何发挥其用武之地，急需找到合适的服务平台，提升自身的专业水平与服务能力。因此，如何寻找发展空间、实现专业水平提升则成为公益服务类草

---

① 岳金柱：《“公益创投”：社会组织培育发展的创新模式》，《中国社会组织》2010 年第 4 期。

根组织面临的重要议题。恰逢2010年《政府工作报告》提出，要努力建设人民满意的服务型政府。报告强调要以转变职能为核心，深化行政管理体制改革，大力推进服务型政府建设。加快健全覆盖全民的公共服务体系，全面增强基本公共服务能力。这一政策出台，为社会组织指明了发展方向，也打开了广阔的服务空间。在此政策动员下，S市民政部门顺势而为，努力向公共服务发展较好的地方取经学习。在借鉴了上海、深圳、东莞创投经验的基础上，发现这些社会服务发达地区都在推行公益创投活动。这一新型活动形式也被纳入了S市民政部门撬动社会治理创新的重要杠杆。

公益创投活动启动后，S市民政部门面临的首要挑战便是动员哪些社会组织参与，以及如何动员这些社会组织来参与。从创投的扶持对象来看，公益服务类的社会组织都可以参与到创投活动之中。具体实践中，更倾向致力于从事公益服务的社会服务机构。然而，对于大多数社会组织而言，公益创投尚属于新生事物，对其缺乏基本的认识和了解。在社会服务机构尚不充足的背景下，也不知有多少社会组织能够回应创投活动的要求，S市民政部门采取"普遍撒网"式的动员策略。当被问及民政部门联合平台型社会组织是如何动员社会组织参与公益创投活动的，S市民政局社会组织处负责人C谈道："这个其实也很简单，我们采用的就是人民政府的常规动员方法，如发文件、开会、网络通知等。为了扩大首届公益创投的影响力，我们只希望有更多的社会组织能知道有公益创投这么个事。当时，对各区、街道只是发了个文件，也没有给出具体的硬性指标要求动员多少家社会组织参与此活动。我们当时有一个社会组织网，我们也借助这个平台向社会发通知。恰逢当时国务院政府工作报告有个关于政府职能转移的意见出台，强调政府的事情今后要让我们社会组织来做了。当时，大家都很振奋，我们将其形象地比喻为'天上要掉馅饼了'。因此，在动员社会组织时，就说政府让社会组织做事了，社会组织要不要找一些服务项目来练练手呢？通过执行服务项目，就可以提升组织的专业技能与水平，未来在社会服务的市场中所占的份额就大一些。那么，到底怎么做呢？2011年底由市委宣传部、市民政局、市财政局联合主办，民政部门具体负责的S市首届公益创投活动正式启动。S 市成为江苏省首个、全国第四个系统规范开展公益创投活动的地区。”

由此可见，公益创投启动后，主要依托的是行政化手段推行创投宣传，并动员社会组织积极参与，而街道、社区是创投动员的主要阵地。就首次入选公益创投项目支持的组织来看，一共有 52 家社会组织获得项目资助，这 52 家入选项目分别来自 45 家社会组织。其中，有近一半以上的项目（28 个，约 53.8%）由准官方社会组织申报成功。

上述数据显示，首次参与公益创投活动的社会组织以准官方色彩的社会组织占据主要成分，尤其以街道、居委会成立的组织较为明显。那么，为什么街道、居委会对公益创投这一新鲜事物产生了浓厚兴趣？分析原因，主要有两点：第一，与政府部门的常规动员方式与力度有直接关联。科层体制下上级部门习惯以下达文件、通知的方式向下级部门传递政策意志，而无条件遵照执行上级部门的文件要求是下级部门的基本职责。因此，在 S 市民政部门下达创投文件的要求下，基层街道社区部门起到了重要支持作用。第二，体制内各行政单位之间存在相互竞争机制，寄希望通过文件执行成效突出自身政绩工程。越是创新的行政任务，越能彰显实施主体的执行水平。在具体落实上级创投动员工作时，各区、街道都会积极行动起来，以获取创投项目数量的多少来表明对上级政策的执行状况。所以，公益创投项目对于多数区、街道及社区而言，是有“争抢”的意义的。

四　社会组织参与社会服务项目的发展动态

以 S 市级公益创投为例，从 2011 年底至今，公益创投活动已连续开展了四届。从“完全陌生”到逐渐被“广泛认可”，连续四届的公益创投活动吸引了大批社会组织参与，也推动了许多初创型社会组织的成长，极大改善了公益事业及社会组织的发展环境。整个创投发展历程，也映射出公益服务类社会组织的成长轨迹。依据实际组织类型，研究将参与公益创投的社会组织大体分为草根服务机构、培训研究机构、群团直属机构、街道社区组织、商业行业协会等类别。通过这些社会组织在历届公益创投活动中参与权重的比较，可以反映出公益创投对不同类别社会组织的影响力。

首届公益创投活动共有45家社会组织获得52个公益项目资助。其中，草根服务机构（10个，占比19.2%），群团直属机构（10个，占比19.2%），街道社区组织（18个，占比34.6%），培训研究机构（7个，占比13.5%），行业商业协会（7个，13.5%）。上述数据表明，S市首届公益创投活动的宣传辐射广泛，动员领域多元。其中，群团直属机构与街道社区组织都带有一定的准官方色彩，二者合并比例达53.8%。草根服务机构属于公益服务类实体运行组织，所占比重约19.2%。培训研究机构与行业商业协会两类组织占比相同，参与的积极性都比较高。虽然中标项目总量不大，但上述几类组织都获得了创投出资方及平台方的支持，彼此入选项目数量差异不大。原因在于，这是首届创投大多数社会组织都缺乏项目申报经验，因此只要是围绕解决弱势人群需求的项目，就有获得项目资助的可能。

第二届公益创投活动共有72家社会组织获得80个公益项目资助。其中，草根服务机构（25个，占比31.3%），群团直属机构（13个，占比16.3%），街道社区组织（37个，占比46.3%），培训研究机构（4个，占比5.0%），行业商业协会（1个，1.3%）。相比较首届公益创投，第二届的参与组织规模有了较大的提升。中标项目的执行机构在结构上也产生了一些变化。同样，将群体直属机构与街道社区组织合并起来，带有准官方色彩的社会组织依然占据最大成分，所占比重已达到62.6%，比例也有一定提升。草根服务机构所占比重较首届有较大幅度的提升。培训研究机构获选项目比首届有所降低，行业商业协会仅有1家入选，呈现大幅度减少趋势。通过第一年的尝试，许多街道社区组织对公益创投有所了解，又因为初次尝试公益创投，出资方与平台方要求不高并允许试错，降低了项目执行难度。在许多街道社区看来，这种项目还是比较容易应对的，从而激发了更多的街道社区组织参与创投的积极性。

第三届公益创投活动共有73家社会组织获得79个公益项目资助。其中，草根服务机构（34个，占比43.0%），群团直属机构（1个，占比1.3%），街道社区组织（30个，占比38.0%），培训研究机构（10

个，占比 12.7%），行业商业协会（4 个，5.1%）。与第二届创投相比，草根服务机构继续呈现上升趋势，占比 43.0%，首次超过街道社区组织。通过连续两届的公益创投，大大激发了草根服务机构参与创投的热情。恰逢 2013 年国务院机构改革和职能转变方案和党的十八届三中全会《决定》，都明确提出和促进实施行业协会商会类、科技类、公益慈善类和城乡社区服务类四类社会组织，可以依法直接向民政部门申请登记。该政策为公益服务机构发展带来了良好机遇。一些有经验的公益人士会从原服务机构中脱离出来，自己申请注册了社会组织。随着草根服务机构的兴起，带有准官方色彩的街道社区组织与群团直属机构承接的创投项目有所下降，但依然占据较高比例（39.3%）。市场中的培训研究机构也以民办非企业单位的身份参与公益创投项目申报，比例较上一届有较大提升。行业商业协会类的组织变化不大，也略有提升。

第四届公益创投活动在项目数量和资助金额上出现了较大幅度的下降，共 33 家社会组织获得 39 个公益项目资助。其中，草根服务机构（20 个，占比 51.3%），群团直属机构（2 个，占比 5.1%），街道社区组织（3 个，占比 7.7%），培训研究机构（8 个，占比 20.5%），行业商业协会（6 个，15.4%）。与第三届创投相比，草根服务机构继续呈现快速增长的态势，在所有项目比例中占比最大，并首次突破了半数以上（51.3%）。群团直属机构与街道社区组织共占比 12.8%，与上一届相比出现了很大滑坡。原因在于，伴随创投活动的持续开展，项目质量要求越来越高，而多数准官方色彩的社会组织缺乏专职项目人员，项目执行难度较大，一些群团或街道成立的社会组织逐渐退出了公益创投舞台。培训研究机构的获选项目有了较大幅度的增长，从 12.7% 提升到 20.5%。行业商业协会所占比重也有大幅度提高，从 5.1% 上升到 15.4%。这两类机构协会参与创投的积极性越来越高，主要原因在于他们能将创投项目服务与机构自身日常工作结合起来，项目服务的额外成本较低。

纵观 S 市连续四届公益创投活动，各类社会组织获选资助项目呈现了清晰的变化态势。草根类社会服务机构发展最为迅猛，也最符合激发基层社会动力的政策初衷，获选项目连续几届创投的参与率逐年上升。

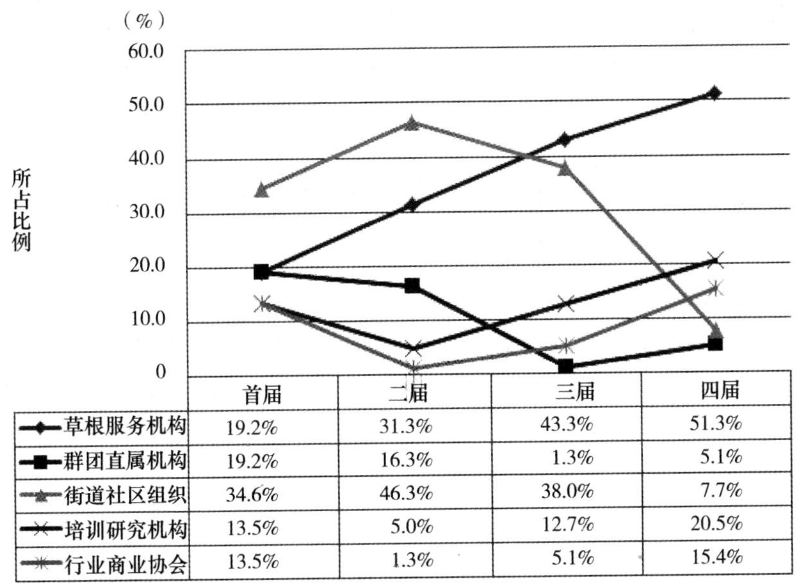

	首届	二届	三届	四届
草根服务机构	19.2%	31.3%	43.3%	51.3%
群团直属机构	19.2%	16.3%	1.3%	5.1%
街道社区组织	34.6%	46.3%	38.0%	7.7%
培训研究机构	13.5%	5.0%	12.7%	20.5%
行业商业协会	13.5%	1.3%	5.1%	15.4%

图 6－1　S 市历届公益创投各类社会组织获选项目

草根服务机构伴随创投活动的持续开展，其参与率也不断提升，充分反映了创投活动对草根服务机构的催化促进作用。可以说，草根服务机构是创投活动的最大受益者。

群团类、街道社区类的带有行政性色彩的服务机构在创投早期扮演着重要参与角色，后来因为组织自身服务的专业性、独立性、自主性等问题，钳制了这类组织在创投中的参与积极性。群团直属机构参与公益创投活动呈现先高后低的趋势。共青团直属的青年志愿者组织是早期参与创投活动的主力军，此类组织早期缺乏创投经验，积极参与公益创投活动目的是了解公益创投的运作流程。由于这些组织本身具有群团组织背景，后来群团组织也纷纷加入他们自己条线的公益创投行列之中，因此，后期对于民政条线的创投活动参与逐渐走低。街道社区组织参与公益创投活动也呈现明显的先高后低的趋势，这种变化非常明显。前两届创投中此类组织获得的项目数量均占据首位，第四届迅速跌入低谷。主要原因在于街道社区组织对创投的项目申请多数体现为领导意志，带有鲜明的政绩导向，项目执行难度较大，项目成员需要投入工作之外的精力完成创投项目任务，积极性受到挫伤，后期申请动力表现不足。

培训研究机构多数体现为市场中的教育培训、康复医疗、养老服务等实体性民办非企业单位。行业商业协会多数是以会员制组建而成的社会团体，此类机构也有专职工作团队负责协会日常工作。这两类组织在创投活动参与中，都表现为“先高后低再高”的波动态势。创投启动之初，或出于项目资金的考虑，许多商业培训类的社会服务机构蜂拥而至，大家参与热情较高。后期因缺乏项目管理经验，一些商业培训类的社会服务机构并没有呈现较好的项目成效，挫伤了这类机构的积极性。也有一些机构在历次评估中不断总结反思，更加清晰地理解了公益创投活动的内涵，也明确了自身定位，形成了丰富的经验，能够更加持续稳定地参与公益创投活动。近年来的公益创投活动中，此类机构作为一支新型力量，也开始兴盛起来了。一些致力于文化研究、职业培训、文化娱乐类的机构或协会，在首届创投活动中由于项目执行的公益色彩较弱，或将协会日常工作通过移花接木的方式转变为创投活动，未能受到平台方的好评，在第二届创投活动中，遭到冷遇。然而，另一部分立足于弱势人群的培训康复机构或者协会主打“公益牌”，契合了创投活动的服务对象需求，获得了发展，在后两期的创投活动中逐渐发展起来了。

总体而言，由此可知，社会组织参与公益创投活动不是一窝蜂地一起进一起退的过程，社会组织受自身属性差异，他们有起有落，在整个创投历程中也在不断摸索适合自己的组织发展之路。

第二节　社会组织参与社会服务项目的动因分析

S 市公益创投活动持续开展，巨大社会力量得到唤醒，一些社会组织开始纷纷涌现。对这些社会组织参与公益创投的动因进行分析预判组织发展方向是一项重要议题。作为公益创投的执行方，社会组织类型存在较大差异。社会组织类型不同，其参与创投的动机也有显著差异。结合 S 市各类参与创投社会组织的成立基础不同，研究将其划分为街居型、专业型、草根型、市场型等多种类别。[①] 从动力学角度去考察社会组织产生的基础，有利于更客观地诠释公益创投的现实形态与问题根源。

一　街居型机构：首当其冲，赶鸭子上架

街居型社会组织，顾名思义，指的是在街道或居委会两级基层单位的行政动员下组建起来的社会组织。通常以“某某街道居家养老服务中心”“某某社区服务中心”等形式加以命名。它们的创建有两个主要原因，一是基层街道或社区是政府体制各项政策的执行终端，为配合各个条线部门的工作开展，不得不设立多个部门称谓。同一主体承担多个职能身份，一套人马挂了多个牌子，此类现象在基层街道、社区比比皆是。许多以“服务中心”名义呈现的机构多数为在民政部门注册登记的正式社会组织机构，而组织成员基本都是现任职的街道社区工作人员。二是街道及居委会在体制压力下而催生的一种新型社会组织，此类组织并非承接政府常规职能，而是为了应对上级部门需要临时成立的新型机构。其成立的动因来源于上级政策执行要求或部门领导的行政意志。以上两类社会组织的共性特征在于，社会组织的创建均来源于行政工作的需要，其组织内不设专职人员，均由街道或社区正式工作人员承担机构工作。由于机构工作超出了他们常规职能范畴，是迫于行政体制的要求，从而导致机构成员对机构的投入热情相对不足。

街居型社会组织在S市早期公益创投活动中扮演着重要的参与角色。创新社会治理体制要求充分动员发挥社会力量参与社会问题的治理，其中社会组织是不可或缺的重要角色。政府民政部门虽是社会组织的登记管理机构，但缺乏直接动员社会组织参与社会治理的有效平台和抓手。由政府主导的公益创投活动首先考虑依托体制内资源进行组织动员。[②] 首届公益创投活动启动后，S市民政局向全市发布创投活动通告，

---

① 王春：《政策理论研究：公益创投的主体运行困境与治理成效机制》，民政部政策研究中心，2016年。

② 吴新叶：《政府主导下的大城市公益创投：运转困境及其解决》，《上海行政学院学报》2017年第3期。

通过行政化手段向各区民政部门传递活动信息，鼓励基层街道社区积极参与其中，充分发动辖区内的社会组织资源投入创投活动申报。从市民政到各区民政，再转向到各街道、各社区，创投活动得以在基层社区生根发芽。在行政力量的动员下，各街道、社区或动员辖区内已有的公益服务类组织，或依托自身名义直接参与公益创投申报。此外，相对于常规工作事务而言，行政工作创新是考验基层领导行政绩效的重要依据。公益创投活动出现后，引发了基层街道领导的关注与兴趣。多数基层街道领导寄希望通过对创投活动的支持与投入，获取上级部门的青睐与认可。

在调研中，不少街道为了对辖区内所有社区社会组织在创投活动中进行统一管理，专门创建了街道级的社会组织。G区民政局社会组织处负责人L谈道："为了配合公益创投活动的开展，我们G区所有街道都成立了'幸福联盟'这一组织。该组织实则为街道级的服务平台，为辖区内各类备案社会组织提供'借名'服务。因为在S市第二届公益创投实施后，为规范对申报社会组织的管理，出资方与平台方对社会组织提出了资质要求，必须要达到在民政部门正式注册登记的组织才有资格参与公益创投。而社区内广泛分布着备案组织，无法达到正式注册登记的要求，街道层面索性成立了'幸福联盟'机构。一旦项目中标，出资方主体会与项目落地街道'幸福联盟'机构签署合作协议，将项目资金打入'幸福联盟'账户。而每个具体项目的实施则由各社区工作人员具体对接，各项目依据项目活动实际支出凭借有效凭证到街道进行报销。"这种形式安排，一方面有利于不同备案社区组织获取申报创投活动的资格，更有利于街道部门对辖区内不同社区创投活动的资金管控。另一方面也造就了项目执行人员不愿投入的风险。因为项目执行人员对于所有项目仅有执行义务，却没有经费管理权，而且这种项目投入又难以体现为劳务报酬。调研中，S市G区某社区书记X坦言："我们也不知道什么是公益创投，当初是街道开会动员我们申报的，一个街道如果没有一个项目，街道领导在面子上是过不去的。我们现在手上的活忙都忙不完，做这个创投项目只会给我们增添平时工作的负担，而且付出了辛苦，也没有拿到任何劳务报酬，项目资金被街道牢牢攥在手里。

如果全凭自愿，我想大多数社区是不会主动申报的。”

综上所述，依据公益创投活动而设立的街道社区组织多数带有行政动员的色彩，自主性展现不足，项目决策人员与执行人员出现了分离，执行人员对项目投入的积极性不高。申报创投项目的初衷来源于对上级部门布置任务的遵照执行以及基层街道领导的政绩需要。

二　专业型机构：落地办学，专业驱使

专业型社会组织，强调的是对服务核心团队专业身份的认定，特别是组织负责人的专业背景。专业性对于公益领域而言，尚没有明确的界定，且缺乏科学规范的划分标准。既存在理论专业性，也存在实务专业性，而且这两者在当下公益领域分裂较为严重。具有理论学术背景的不一定具有实操经验，相反，具有丰富实操经验的，可能缺乏理论的支撑。在高校学科体系内，社会工作专业因立足“扶持弱者、助人自助”的服务理念，与推动公益事业发展高度契合，在公益领域受到广泛追捧。由于高校社工专业秉持专业化的系统训练，在服务理念、服务方法、服务技巧等方面都展现出一定的专业色彩。因此，在本书中，姑且将由高校社会工作专业背景的师生创立起来的社会服务机构视为专业型社会组织，学界将此类组织理解为“教师领办型”社工机构。[①] 此类组织具有先天性的身份优势与资源优势，较容易被外界环境所青睐，在相同条件下，更容易获得出资方的项目支持。

S 市共有两所本科院校，都开设有社会工作专业。一些教师为了发挥专业所长，同时为了助推社工实务领域的发展，纷纷成立了自己的社工服务机构。K 高校社工专业教师 T 在 S 市创立了第一家教师领办型社工服务组织。访谈中，T 老师谈道：“在公益创投之前，社工专业师生在公益实践领域基本是个盲区，不知如何将社会工作专业知识与公益实践有效结合起来。特别是毕业实习，由于没有完全对口的实习基地，基本处于放羊状态，或安排在社区里做一些勤务工作，或由学生自己寻找

① 史柏年：《教师领办服务机构：中国社会工作专业化的理性选择》，《华东理工大学学报》（社会科学版）2013 年第 3 期。

实习单位。”2011 年起，中央提出加强和创新社会管理的重大议题，强调要探索城乡社区治理模式，各地方政府也纷纷响应，提出了“政社互动”“三社联动”等重要治理策略，对社会工作人才的需求更为迫切。在此背景下，基层地方政府开始与高校社工专业接触，强化合作理念，探索社区治理模式。为了更好与地方政府建立持久合作关系，一些高校老师开始创建社会组织，承担基层政府的专业培训、课题研究等。但此时这类社会组织并不多见，只是零星式的存在。

公益创投启动后，为社会组织创建与发展提供了良好契机。一些高校社工专业师生顺势而为，围绕自己研究领域创建了不同的社会服务机构。K 高校社工专业 C 老师谈道：“我们学校的社工专业内共有 9 名老师，受公益创投影响，已有 6 名老师纷纷成立了自己的社会服务机构，涉及青少年、养老、社区治理、助残、外来务工人群等多个服务领域。这些社工服务机构成立后，为我校社工专业学生的社会实践、专业实习提供了合适场所。专业实习也带动了我们的一些社工学生萌生创建组织投身公益服务的想法。迄今为止，我们每届社工学生都有大量毕业生流入社会组织领域就业，助推了 S 市公益服务行业发展。”当前，在 S 市以社工专业学生牵头成立的社会组织也呈现上升势头，为本地公益事业发展增添了更多支持。

高校社工专业师生在公益创投的影响下，为何积极投身于社会组织创建，主要有以下多方面原因：第一，为社会工作专业开辟对口的就业岗位和空间。在公益创投前，S 市两所高校社工专业的就业对口率都是非常低的，绝大多数毕业生并没有从事本专业的工作。主要问题在于学无所用，社会难以提供足量的专业对口的就业岗位。公益创投启动后，社会组织迎来了良好的发展机遇，同时也开辟了广泛的就业岗位，社会组织对社会工作专业人才的需求极为迫切。不论是专业教师还是学生自己创建的社会组织，都在客观上为社会工作专业提供了充足的就业岗位。第二，为社会工作专业发展提供教学与实践平台。社会工作属于一门实践性很强的学科专业，需要把理论知识与实务操作结合起来。在公益创投之前，S 市 K 高校的社工专业常常难以为学生提供合适的实践场所。专业授课也基本停留在教科书上，缺乏实践性，对专业人才培养非常不利。而公益创投后，专业老师创建的社会组织满足了学生在专业实践领域的需求。老师们通过接触大量实务环节，提升了自己的实务经验，丰富了教学科研内容。第三，致力于地方公益行业的专业引领与发展。公益行业发展既需要有丰富的实务经验，也离不开理论知识的规范与指引。公益创投催生了一大批社会组织开始投身于公益服务事业发展，但各组织自身的公益理念与业务技能参差不齐。因此，有必要强化对各社会组织的专业引领，具有高校社会工作专业背景的社会组织本身具有专业的服务团队，它们可以通过自己日常工作与行为感染或影响其他社会组织的项目行为，提升它们的专业化水平。第四，部分高校老师谋求“第二事业”发展平台。现行教育体制下，高校教师是一个工作时间相对自由的职业。一些高校老师可以充分利用自己本职工作之外的时间投身社会组织创建与运营，把公益服务发展当作自己的“第二事业”发展平台。在高校里，存在不少专业老师在校外经营公司、开办工作室等现象。许多社工专业老师可以借助自己社会服务的专业身份优势，通过创建社会服务机构的方式达成“第二事业”的理想抱负。

三　草根型机构：讲初心，谋生存

草根型社会组织，专指由民间力量发起而在民政部门正式注册登记的社会组织，创建人自身既没有官方色彩，也没有专业背景，他们或凭借一份公益信念，或凭借一己兴趣，致力于公益事业发展。① 该组织在构成成分上最为复杂，分布也极为广泛，在公益创投活动的影响下，发展也最为迅猛。本书将具有“非官非学非商”色彩的自由职业人创建致力于特定公益领域发展的社会组织统称为“草根型社会组织”。此类组织的显著特点在于负责人投身公益事业具有偶然性，具有相对充足的精力，早期服务领域比较单一，组织自主性较强，但对组织如何发展的规划性不强，专业摸索时期相对更长。

通过对 S 市公益领域的调查，近年来草根型社会组织呈现逐渐递增

---

① 参见冯利、章一琪等《中国草根组织的功能与价值：以草根组织促发展》，社会科学文献出版社 2014 年版。

的态势。调研发现，草根型社会组织的成立主要有两种模式，其一是组织创建人在自己的生活历程中因为一些偶发性的事件无意中涉足公益领域。有些组织的成立，与组织负责人的人生经历有着莫大关联，多数因为机缘巧合接触到公益行业，然后再置身于其中并将其当作事业来做的。以 S 市七彩阳光健康咨询服务中心为例，这是一家致力于预防和干预性病、艾滋病在男男人群和其他弱势人群中的传播，关心关爱艾滋病感染者并使他们得到必要帮助的社会组织。

其创建人谈道："我曾经是一名军医，2002 年退伍后在 S 市经营一家酒吧，因行业关系开始接触到'男男同志'人群。该群体艾滋感染风险很高，但由于疏于检查往往带来严重后果。出于对这一人群潜在风险的关注，帮助他们链接医疗资源，协助他们检测治疗。一旦深入接触这个群体，发现问题很严重，且缺乏政府及社会的关注。2006 年，我关闭了自己的酒吧，决定把'男同'工作做起来，随后成立了针对'男同'服务的公益工作小组，取名为'彩虹工作组'。2014 年得到 S 市公益园的组织培育孵化并正式注册成立了第一家'七彩阳光健康咨询服务中心'。随后 2015 年又在 S 市直属的三个县级市注册成立了三家'七彩阳光'组织，就这样一步一步将组织做大起来了。"

其二是组织创建人之前就在公益组织中供职，后期对公益发展越来越有兴趣和信心，就独立出来创建自己的社会组织。比如有一些草根人士在自己所参与的公益行动中逐步实现了角色转换。通过参加志愿活动再转变成草根型社会组织创建人的现象非常普遍。以 S 市吴中区正梵公益服务中心为例，该组织创建人 WZJ，早期在一家 4S 店工作，后来到一家居家虚拟养老院工作。调研中她说道："我原本只是一名志愿者，早期参与志愿服务的原因是，在 2008 年前后，社会出现了很多行为偏差的青少年。为了预防自己的孩子在未来发展过程中产生行为偏差，让他未来的路能够走得更顺利一些，我就带着自己的孩子做志愿者，带他去福利院啊、图书馆啊这些公益组织机构。当时我也不知道他们是专业化的，我只知道他们是热心人。在一次志愿服务活动中，结识到居家虚拟养老院，感觉机构的服务理念和模式都挺好并正式入职。恰逢该机构当时成功申报了 W 区第二届公益创投活动，我有幸全程参与了这个项目，并结识到W区创投平台方组织。在多次接触中，平台型社会组织工作人员对我比较了解了，认为我对公益事业有热情，就开始鼓励我成立一个社会组织，在这样一个情况下，2015年就比较顺利地注册了现在这个机构。”

草根型社会组织涉及领域极为广泛，S市并非所有草根型社会组织都会参与公益创投。但值得肯定的是，近年来S市在公益创投活动的影响下，草根型社会组织不断涌现。此类组织参与公益创投活动的主要动因如下：第一，为规范组织未来发展指明方向。多数草根型社会组织的创建是出于负责人对公益领域的兴趣和责任意识。在创投之前，S市多数草根型社会组织处于野蛮生长的状态，对组织未来发展缺乏明确的规划，本着“能做一点是一点，能做一天是一天”的理念艰难地前行。对于公益服务也缺乏专业的理解，笼统地把公益服务与慈善行为画等号。公益创投活动让草根型社会组织能够正视组织的发展规划，规范组织团队运营与管理，实现组织质的提升。第二，出于对组织发展资源的依赖。资源是社会组织生存与发展的必要元素，人力、资金、场地等资源不足是草根型社会组织的共性特征。[①] 绝大多数草根公益人士涉足公益行业并没有良好的资源基础，如何解决组织生存是每个草根型社会组织必须正视的首要问题。在公益创投之前，多数草根型社会组织所展现的组织活力不足。公益创投活动的开展为多数草根型社会组织提供了项目资金支持，能够确保组织正常运转起来。第三，强化组织管理规范性与服务质量。草根型社会组织在创建初期会带有强烈的自主性，自主性过度就容易失去约束，偏离管理的规范性。[②] 现实中负责人个人意志常常凌驾组织制度之上的现象颇为多见。公益创投活动对组织自身建设提出了规范性要求，通过创投活动的参与，组织在管理上能够逐渐步入正轨。组织必须严格遵守创投规则才能获得业内认可。此外，通过公益创投活动，草根型社会组织逐渐建立起项目化思维，把以前零散式服务整

---

① 万玲：《资源获取与社会组织的可持续发展——基于两种不同类型社会组织的对比分析》，《辽宁行政学院学报》2018年第5期。

② 允春喜、张绪龙：《中国草根组织发展路径探析——基于草根组织与政府关系的视角》，《北京航空航天大学学报》（社会科学版）2013年第1期。

合成项目化服务，提升服务的专业化水准。

四 市场型机构：一鱼两吃，有利可图

市场型社会组织，本质上都属于民办非企业单位，与一般社会服务机构不同的是，该类组织在成立之初就带有较强的营利色彩，多数以教育、培训、康复类、养老等类型的机构为典型，在市场中具有自己的实体服务场地。本书把通过收费的方式为特定服务对象提供专业服务的民办非企业单位视为市场型社会组织。虽然市场型社会组织通常以“民非”的称号向外宣传机构的属性，但通过市场化渠道获取服务对象并且向其收取等价服务费用。它与纯粹的市场营利性企业的主要区别在于两方面：第一，注册登记部门存在差异。企业在工商部门注册登记，民非在民政部门注册登记。第二，机构经营收益的处理存在差异。民非的收益要接受社会监督，且不用于机构内部成员之间的分红。除此之外，二者基本雷同。由于现阶段我国对社会组织（包括民非）的管理监督不够健全，造成大量民非机构打着“非营利”的招牌，行营利之实。

市场型社会组织的产生与社会服务需求关系极为紧密。21 世纪以来，伴随社会对各类弱势人群服务的需求关注度不断提升，公众需求空间得到开发。为弥补政府部门、市场营利性组织在供给上的缺陷，市场型社会组织迎来了创建的良好契机。社会中大量教育培训类、康复服务类的机构纷纷诞生，每家组织都在市场中有明确的服务人群。从首届创投发展至今，参与创投活动之中的市场型社会组织大体可以分为“养老服务类”“心理咨询类”“康复干预类”“法律服务类”“优孕护理类”“职业培训类”等多种机构。这些机构的共同之处在于，第一，都有自己的专业化服务技能。团队成员必须是获得国家职业资格认定的专业人士，普通人不具备从业资质。如心理咨询机构必须依托心理咨询师开展服务，法律服务机构必须是持有国家司法执业资质的人员开展服务，康复干预机构也必须由专业的康复技师来为服务人群提供服务，等等。因此，这类机构的服务具备较强的市场竞争力。第二，这些机构具有相对固定的服务人群，致力于专业领域的深度服务。与其他公益服务类社会组织相比，此类机构并没有走综合性服务发展的理念。他们始终

坚持自己的专业化发展方向，服务对象、服务内容、服务方式都不会出现太大的改变。第三，这些机构会依据所提供的服务并非是免费的，而是要向服务对象索取适度的费用，而这些服务费用是维系其组织正常运营的主要资金来源。服务费用的收取基本遵循市场的价值规律。公益创投活动对市场型社会组织而言并非是不可或缺的，庞大的市场需求确保了这类组织获取资源的空间，它们有维系组织生存与发展的能力。

以 S 市 CG 服务中心为例，这是一家典型的职业培训类的市场型社会组织。该组织负责人谈道："我们机构是 2004 年由 S 市妇联主管、S 市民政局登记注册的民办非企业机构，属于一个家政服务技能培训机构，专门针对妇女人群开展家政类的职业技能培训，如月嫂、育儿嫂、保洁员等，对这些培训对象收取一定的费用，培训期满经 S 市职业技能鉴定中心考核合格，颁发职业资格证书，并提供就业信息。"由此可知，这家机构的主要服务人群就是有就业意向的妇女，女性就业是他们的工作重心，服务方式采取组织专家集中授课培训的形式，为她们链接就业信息和资源，提供合适的就业机会。该机构于 2014 年首次成功申报了 S 市第三届公益创投项目"单亲贫困母亲帮扶活动"，该项目立足于为单亲贫困母亲提供各项职业劳动技能培训，为她们提供岗位实践的机会，增加她们就业的机会，目的是提高她们的收入。经调研了解到，S 市具有大量处于待业状态的妇女人群，她们是该机构的主要服务对象，且服务受众广泛，流动性较大。这些妇女接受该机构的培训是需要支付必要的培训费用的。为获得公益创投活动的项目资助，该机构将项目服务对象聚焦为单亲贫困母亲这一弱势人群，从而获得立项。

市场型社会组织依据服务的不同领域，存在多种类型。梳理这些组织参与公益创投活动的动因比较单一，主要源于对项目资金的考量。因为多数市场型社会组织都是先于公益创投而创建的，在创投活动之前，这些机构都已经存在，且具有稳定的运营模式。创投活动兴起后，参与条件的低门槛以及可观的项目资金对这些机构产生了强烈的利益刺激。只要是社会组织，且致力于公益事业发展都可以参与到创投活动中来。这些市场型社会组织在设计创投项目时，只要聚焦于弱势人群生活质量提升，通常都有机会获得项目资助。此外，在项目执行环节，该类机构的服务成本相对较低。因为其服务对象与其常规服务人群近乎完全重合，且相对稳定，项目团队无须重新寻找新的服务对象。项目服务内容与其常规活动也近乎雷同，如养老机构的常规服务就是对老人的日常照料，心理咨询机构的常规服务就是为有需要人群开展各种心理疏导服务等。简言之，该类市场型社会组织参与创投活动的项目投入成本相对较低，项目执行难度较低，因项目而带来的营利性空间较大，这是它们参与公益创投活动的主要动因。①

以S市一家L特殊儿童早期干预中心为例，该机构于2013年在S市W区民政局正式注册，专注于脑瘫、自闭、智障等特殊儿童早期干预与服务。该机构的主要收入来源为服务收费，能容纳30—50名特殊儿童的服务。恩派机构工作人员G认为："对于这些特殊儿童的医学康复，残联部门投入的资金非常大。依据S市残联政策，现在的0—6岁残疾儿童康复费用均由残联为他们买单，特殊儿童早期干预中心具体承接这方面的服务，也能拿到残联的支持经费。然而，L机构也申报公益创投，并顺利获得立项，又得到一笔创投经费资助。等于服务同样的人群，分别获得两个部门的资助，这种营利色彩非常明显。"

纵观上述四类不同社会组织类型，它们都有各自不同的创投动因，但也有共通之处。在宏观理念上，参与公益创投活动的社会服务机构基本上都致力于特定领域或人群的生活改善，目标是推动社会公益事业的发展。在资源支持上，各类社会组织都需要获得项目资金的支持，对创投项目资金的需求极为迫切，而对待创投项目资金的分配使用各组织间存在显著差异。简言之，就是想做一番事业，但是苦于手中缺乏资源。而公益创投活动恰恰对应了此类社会组织之需，为他们提供服务实践平台以及必要的资金支持。这就是公益创投为何有大量社会组织纷纷兴起的主要根源。

---

① 余跃、喻建中：《社会组织营利性经营活动的认定困扰与立法完善》，《中国社会组织》2008年第6期。

第三节　社会组织在社会服务项目中的生态角色

社会组织是社会服务项目的重要执行主体，对上对接服务项目平台方，对下连接各种社会服务人群，是将政府社会服务政策转化为具体服务措施的重要实践者。它的实践成效直接影响着整个社会服务项目的最终产出，关系到社会服务项目的社会影响力及基层民众的获得感。一线社会服务机构又是参与服务项目的主要构成，它们在公益创投实践中扮演着政府服务政策的践行者、基层服务的供给者、社会力量的撬动者、公益品牌的探索者等多种角色。

一　政策践行者：行动听从政策安排

公益创投活动的启动有着明确的政治动因。在构建服务型政府的政策背景下，民生服务成为考量各级政府执政能力的重要指标。公益创投活动不仅是政府创新社会治理方式的有益尝试，更是政府推行社会服务政策的直接渠道。S 市公益创投活动的项目经费来源于福彩公益金，对创投项目的服务导向也作了基本要求。而这些政策要求的背后映射出来的是政府对社会服务的期待，不同项目对创投的执行本质上就是对政府社会服务政策的践行。在 S 市的创投实践中，政府在社会服务领域的政策意志突出体现为三个方面：改善弱势人群的生活质量、推崇专业科学的服务方法、加快培育社会组织成长。①

首先，公益创投要求所有资助项目必须立足于传统的“扶老、助残、救孤、济困”等福利慈善项目。现实社会中零星分布着各类不同弱势人群，这些弱势人群的存在严重制约着社会公众整体生活满意度的提升。现有服务政策尚难以满足每个弱势人群的需求，必须依靠发动社会力量参与对他们的扶持救助活动。在创投实践中，绝大多数一线社会服务机构立足于社区开展服务，面向的服务人群主要包括正处于弱势生存状态的老人、妇女、青少年儿童、残疾人群、低保贫困人群、外来务

① 王春婷：《政府购买公共服务的内涵与动因》，《湖北科技学院学报》2012 年第 10 期。

工人群、社区矫正人群等。这些人群分布零星且广泛，是政府开展民生服务的重点对象。一线社会服务机构本身就有着复杂的领域划分，它们通过对各类福利慈善项目的设计，有针对性地解决社会弱势人群的问题，以弥补政府社会救助体系的不足，为广大弱势人群的基本生存编织了一道防护网络。

其次，公益创投项目要求能够按照社会工作专业理念和方法开展社会服务，这里强调的是专业性的问题。专业化是现代社会服务的重要指标之一，而专业化的基础必须是服务理念与方法上的专业化。在理念方面，伴随社会服务不断向深度推进，政府越来越感到常规的物质补给式的服务并不能满足服务对象的所有需求。特别是现代社会的快速发展给社会公众带来的精神层面的压力与创伤，迫切需要得到专业化的服务。此外，现代社会服务不仅仅停留在“助人”的过程，在专业层面上更要求达成“自助”的功效。① 在方法方面，传统的社会服务通常被理解为单纯的物质性或劳务性帮扶，或是建立在劝说沟通层面的调解服务。而现代社会服务要求在服务方法上有所突破和创新，服务方法必须建立在科学规范的基础之上。社会工作作为一门科学的助人学科，其专业的服务方法得到了学科的验证和肯定。因此，从理念及方法两个层面去强化社会服务的专业性也是政府推行公益创投的题中之义。一线社会服务机构参与公益创投活动本质上也是对专业服务的尝试。

最后，公益创投活动要求必须致力于对公益类社会组织和社区社会组织的培育。基层大量的社会服务需求需要多元社会主体共同参与合力解决，政府公共服务体系的建设与完善离不开社会力量的参与。促进社会力量的兴起，激发社会组织的活力是政府推行完善服务体系的有力补充。长久以来，国家对社会力量的成长保持谨慎的态度，基层社会的结社土壤呈现“板结化”的特征。② 如何推进社会治理创新、激发社会力量的兴起是摆在政府面前的一大难题。政府主导并推行的公益创投活动

① 张和清：《社会工作：通向能力建设的助人自助——以广州社工参与灾后恢复重建的行动为例》，《中山大学学报》（社会科学版）2010 年第 3 期。

② 张紧跟：《治理社会还是社会治理？——珠江三角洲地方政府发展社会组织的内在逻辑》，《天津行政学院学报》2015 年第 2 期。

不仅关注基层服务的供给，还赋予创投在社会组织培育上的使命与职责。因此，在创投项目中，一些一线社会服务机构在承担对各类弱势人群开展服务的同时，还注重对公益类社会组织以及社区社会组织的培育，这项工作主要由社区组织孵化器来承担。近年来，S 市在街道层面创建社会组织孵化器的模式不断涌现，这些社会组织孵化器的主要功能就是为街道辖区发掘、培育一些新型社区社会组织。社会组织孵化器虽是独立运营的民非机构，但也可以以培育社区社会组织为目标，申报承接 S 市级公益创投活动。

综上，政府在推行公益创投之初就赋予了该活动丰富的使命和内涵。一线社会服务机构在创投活动中践行的改善弱势人群的生活质量、推崇专业科学的服务方法、加快培育社会组织成长等角色，充分展现了政府对社会服务领域的政策导向，是对政府社会服务政策意志的贯彻与落实。而这种政策践行者的角色是在公益创投活动的设计上已有明确导向，是一线社会服务机构不可选择的。

二　服务供给者：改善服务对象生活品质

现代社会的快速发展，改善了社会公众生活的同时也引发了诸多社会问题。践行公益理念，推行社会服务是每个社会组织的天职与使命。[①] 而公益创投活动为社会组织解决这些问题搭建了实践平台。一线社会服务机构参与公益创投的主要功能是发挥基层服务的供给者角色，向社会公众提供力所能及的有效服务，尤其以弱势人群为主要服务对象。这些服务都涉及向谁提供服务、如何界定需求、提供哪些服务、提供服务的方式有哪些等问题。

首先，一线社会服务机构对基层社会服务供给包含人群服务与社区服务两大板块。从人群类服务供给看，一线社会服务机构在公益创投中的服务对象通常辐射整个基层社会公众，但重点聚焦于弱势人群。主要包括社区中“老、弱、病、残”的那些正常生活受到影响的人群。至于是否弱势缺乏具体的衡量标准，没有严格的界限，主要取决于一线社

① 程竹汝：《认识民间组织社会功能的四种理论视角》，《理论视野》2011 年第 3 期。

会服务机构的主观认定。而一线社会服务机构对服务对象的认定取决于该类人群的正常生活需求是否得到满足。带有“老弱病残”标签的人群自然是项目执行机构重点关注的对象。

以老年人群为例，它是公益创投最为常见的服务人群。现如今，我国人口老龄化趋势愈加严峻，城市社区的老年人群尤为密集。现代生活节奏加快，年轻人都无暇顾及对老人的日常照料，社区老年人群的问题表现最为突出，也是一线社会服务机构重点服务人群。就老年人群而言，其内部也可以分为很多类型，如空巢、独居、失独、丧偶、随迁等。围绕每一种老年人群的日常生活、健康医疗、文化娱乐、精神慰藉等方面都可以设计不同的公益服务项目。除此之外，公益创投项目还涉及青少年儿童、妇女、残疾人、外来务工人口、贫困人口、失业人口等各种人群的服务。因此，一线社会服务机构针对提供服务的人群并没有严格的限定，主要取决于对社会公众是否存在真实合理的需求，通常会以常规的弱势人群为重点关注对象。

从社区类服务供给来看，一线社会服务机构的创投活动并不限于对指定人群开展，还可以针对社区中存在的公共问题开展必要的服务工作。现如今，城市基层社区居住人群复杂，人口异质性高，社区居民公共意识淡薄，引发的社区公共问题不断。社会问题需要借助社会力量加以解决，单纯依靠政府力量严加管控，治理成本过高，容易激化社会矛盾且不具有可持续性。加强社会治理创新，必须要树立多元协商共治的理念。① 社会组织作为社会力量的典型代表致力于公益事业的发展，其组织行为具有较大的自主性、灵活性。从人群问题转向社区问题，一线社会服务机构在提供服务的视角上实现了从微观向中观的跨越。因此，一线社会服务机构在公益创投平台为解决社区公共问题也发挥了重要功能。

其次，为迎合基层社会服务多元化需求，一线社会服务机构在服务供给的内容与形式上也有了诸多突破与尝试。就服务内容而言，也存在

---

① 宋连胜、李建：《民主与参与：协商民主推进国家治理现代化的政治逻辑》，《社会主义研究》2015 年第 5 期。

人群服务与社区服务的差异。围绕人群服务，一线社会服务机构习惯性关注服务对象的生理、心理、行为、社交、兴趣、发展等各个方面。具体涉及对生理缺陷的医疗康复训练，对心理困扰与压力的疏导与抚慰，对行为偏差的矫正，为人际疏离人群重建社交网络，为生活乏味人群拓展兴趣爱好，为有需要人群提供知识技能培训，为成就感低的人群提供志愿服务平台等。围绕社区服务，一线社会服务机构通常采用两种视角加以鉴别。其一是问题视角；其二是发展视角。问题视角主要针对解决社区公共生活存在的问题而言的，其辐射范围包括环境卫生、社区绿化、设施损坏、小区治安、宠物饲养、邻里纠纷、物业管理混乱等。发展视角则致力于让社区变得更美好的愿景，其服务主要围绕公共活动、文明礼仪、社区公约、社区组织培育、社区自治、社区融合等方面开展一些社区治理类及增能类的活动。

就服务形式而言，一线社会服务机构崇尚采取多样化的服务形式满足人群类及社区类各种服务需求。通过 S 市创投实践观察，一线社会服务机构常用的服务方式包括对服务对象的生活照料、精神抚慰、活动宣传、团体交流、知识讲座、技能培训、社会实践、团体拓展、艺术展演等。这些服务形式具体来说，既有个体服务，也有团体服务；既有志愿劳务，也有心理疏导；既有专家知识讲座，也有职业技能训练；既有意识引导，也有实践演练。多样化的服务形式能够满足服务对象的各种需要，也彰显了一线社会服务机构的服务水平和能力。公益创投活动对于服务形式给予了充分的自由，没有特定的约束，凡是能凸显服务成效的服务形式都可以被接纳与肯定。

综上，一线社会服务机构通过大量服务实践满足了基层社会多元化需求。其服务范围是极其宽泛的，既包含微观层次的人群服务，也包括中观层次的社区公共服务。长期的基层服务探索，丰富了一线社会服务机构的服务经验与形式，公益创投活动得以渗透基层社会的各个角落，基层社会公众由此获得真正的实惠。

三　社会撬动者：唤起社会力量的觉醒

完善创新社会治理体系要求强大的基层社会力量必须被唤醒，基层社会组织必须被充分挖掘和培育。面对当前基层民众公共意识淡薄的现实，如何撬动基层社会力量，强化基层民众参与公共事务的责任意识是完善社会治理创新的迫切议题。[①] 社会力量的唤醒既需要实践主体，又需要方法技巧。一线社会服务机构借助公益创投的活动平台，把具体服务输送到基层社会，激发了基层社会的活力，促进了基层社会组织的产生。在深入社会基层的各个人群，发掘社会组织潜在骨干，引导社会组织成立，培育社会组织发展等方面均发挥了重要功能。

首先，一线社会服务机构本身的组织类型繁多复杂，建构了一张覆盖全面的基层服务支持网络，渗透基层社会的各个角落。对于绝大多数服务对象而言，公益创投与社会组织都属于一种新鲜的事物。创投项目的实施打破了基层社会服务的固化格局。在创投之前，弱势人群受益面窄，获得的仅仅是体制内政策的恩惠，如低保人群、残疾人群。体制内的政策补给力度有限，且无法照顾到一些人群的特殊需要。创投启动后，由公益项目所覆盖的人群享受到的服务更加全面、更加专业、更加精准。甚至是一些不被服务政策所覆盖的人群也由此而得到实惠。由此可见，一线社会服务机构通过创投项目的实施，不断渗透基层社会的各个领域，让不同受益人群既能感受到政府的关怀，又能体会到社会公益力量的存在。

其次，长期稳定的项目服务使得基层社会公众加深了对社会组织及公益服务价值的认识与理解。实践证明，一线社会服务机构如何实现被基层社会民众所接纳，有其内在的逻辑。公益创投项目刚开始进入落地社区时，面临的最大挑战就是如何实现“破土”，让基层民众了解项目。针对创投项目，基层社区居民基本都持防范怀疑的态度，难以接受这一新生事物。迫于项目执行的压力，一线社会服务机构不得不通过各种办法加强服务项目宣传，利用各种渠道让居民了解社会组织，并通过开展公益服务吸引居民参加，逐步打开社会组织自身的知名度。基层居民认识公益创投项目后，一线社会服务机构开始通过创新服务设计，增强服务的针对性及有效性，逐步提升居民对公益项目的认同感，体会到

① 李东泉：《中国社区发展历程的回顾与展望》，《中国行政管理》2013 年第 5 期。

公益项目的价值。大量服务活动的开展有利于强化基层居民与社会组织之间的信任关系。①

再次，与居民的信任关系建立之后，一线社会服务机构开始积累潜在的可利用人力资源。单凭社会组织自身力量难以应对基层社会广泛需求，人力资源不足是关键障碍。因此，加强社会治理创新必须要充分发挥基层社会民众的力量，激发社区草根组织培育的活力。在创投实践中，一线社会服务机构善于从两种渠道挖掘社区人力资源。其一，可以通过发动社区居民参与志愿服务活动，从中选拔优秀的中坚力量加以培养；在S市公益创投项目中，近乎所有服务项目都强调对志愿者的招募与使用。招募对象则来源于项目落地社区，可见项目执行方善于利用本地人力资源解决本地社会问题。其二，可以在项目执行时从服务对象中影响并吸纳一部分积极分子作为潜在人力资源加以培养。这种人力资源挖掘方式在许多创投项目中被得到推广，尤其是涉及亲子教育类的项目。如一些项目以亲子绘本阅读为主题，在活动中积累了许多热心年轻父母，当他们认识到这种活动对于孩子成长很有意义，也会主动加入。由最初的服务对象身份转变成活动志愿者，最后甚至完全被吸纳为社会组织的成员。

最后，当大量热心公益的社区民众被挖掘后，一线社会服务机构则可以尝试推动一些草根社会组织的筹建。社会组织筹建的关键是要找到合适的公益负责人。② 通过前期的项目服务，从志愿者或服务对象中挖掘的骨干人群，都是值得引导培育的有生力量。一线社会服务机构可以通过组织培训、前期筹备、申请登记、引领成长等多种方式协助一些公益人士创建自己的服务机构。新建社会组织则通过具体的服务实践不断磨炼组织服务团队，提升组织服务水平，动员更多有公益理念的基层民众参与其中，从而促进基层服务生态的改善。

综上，长期以来，以体制内供给的方式满足基层服务需求，客观上

---

① 赵罗英、夏建中：《社会资本与社区社会组织培育》，《学习与实践》2014年第3期。

② 吕京蒙：《地区发展模式视角下培育发展社区社会组织的研究》，硕士学位论文，首都经济贸易大学，2015年。

抑制了基层社会公益力量的兴起。一线社会服务机构借助公益创投平台，把服务项目渗透基层的各个人群，通过具体服务传递了公益理念，感染了潜在公益人群，激发了基层民众参与公益服务的热情。与此同时，一线社会服务机构还通过基层社会组织培育，引领更多社会力量参与社会组织创建上来。以更多社会组织为抓手，不断辐射基层社会服务的各个领域，既满足了基层民众的各种需求，又唤起了基层社会力量的真正觉醒。

四　品牌塑造者：探索公益项目的服务品牌

对于一线社会服务机构而言，参与公益创投活动不仅意味着服务项目的执行，还包括对公益服务品牌的实践探索。品牌是一种信息传播与交流的手段，具有身份识别的功能，它可以帮助社会组织与其受众进行与其价值使命相符的对话，成为可以通过其鲜明个性以获取竞争优势的有效途径。[①] 公益创投活动辐射的社会组织很多，发动更多服务机构向基层社会提供服务并非是创投的唯一使命。以公益创投的项目执行为载体，尝试运用新型服务方法探索各种新型服务领域塑造成熟且有影响力的公益品牌是诸多一线社会服务机构的普遍诉求。唯有通过公益品牌的塑造，才能成就真正有实力的服务机构，促进服务机构持续健康发展。在公益创投中，一线社会服务机构通过尝试探索、服务聚焦、扩大影响等策略，逐步实现公益品牌的塑造。

首先，尝试探索指的是服务机构对未来服务领域的梳理与判断，它是一线社会服务机构塑造公益品牌的第一环节。一线社会服务机构分为专业性机构与综合性服务机构，而多数综合性服务机构缺乏鲜明的服务特色。在首次接触公益创投活动时，多数服务机构通常都缺乏对创投的理解，对机构未来公益发展方向更是缺乏规划。公益是个非常宽泛的范畴，借助于公益创投的机会，项目执行方可以在不同的公益领域进行尝试探索。尤其是那些缺乏专业特色的服务机构，成立初期发展比较盲

① 钱正荣：《社会组织的信任建构与品牌塑造的同构：以珠海个案为例》，《四川行政学院学报》2017 年第 5 期。

目，为获取更多外界资源支持会选择在不同领域进行尝试。公益创投本身也是一种允许试错的发展模式，许多服务机构通常在短期内无法准确定位自己适合的发展方向，但可以在服务对象、服务内容以及服务方式上不断调整，最终寻找到适合机构发展的服务模式。

其次，经历多次公益尝试，一线社会服务机构逐渐明确了自己的服务领域及发展方向，对机构服务开始聚焦，走深耕发展路线。在这一阶段，服务机构往往要充分考虑机构自身团队能力、发展经验及资源优势，从而判定机构的未来服务领域。以 S 市 T 社工服务机构为例，在连续四届的公益创投活动中，分别承担的项目包括："彩虹计划——特殊家庭青少年群体积极心理引导（首届）"，"增能量——处境不利青少年正面成长向导计划（第二届）"，"成长延伸线——社区处境不利青少年社会工作服务计划（第三届）"，"苏城少年派——创意公益服务学习计划（第四届）"。由此可见，经过多年创投实践探索，T 社工服务机构逐渐形成了以青少年服务为主要服务领域，从关注困境青少年发展到普通青少年，从心理疏导发展到素质提升，逐渐明晰了机构的发展方向。在同一领域进行深耕发展，有利于提升机构服务的专业化水平，增强机构在该领域的竞争优势。

最后，公益品牌塑造是一线社会服务机构参与创投的长远目标，是其机构发展的愿景使命，唯有形成品牌，才能推动服务机构的长远发展。公益品牌的形成不是一朝一夕之事，既需要将项目服务做得更加精致专业有成效，又必须依赖社会服务机构长期对特定服务领域的坚守，二者缺一不可。在 S 市创投活动中，容易发现不少社会服务机构会连续在相同领域开展项目服务，目的是让该服务领域得到深耕发展，在公益行业内形成专业口碑与品牌印象。以 S 市七彩阳光健康咨询服务中心为例，这是一家致力于预防和干预性病、艾滋病在男男人群和其他弱势人群中的传播的服务机构。迄今为止，该组织已陆续在 S 市本级、各区县创投活动中开展了十几个服务项目，累计创投项目资金高达百余万元，所有项目都以预防"男男同志人群"的艾滋病传播为内容。通过多年的创投实践，七彩阳光已经能够非常专业地驾驭"男男同志人群"的艾滋病检测、预防与控制等系统化服务，服务方法在 S 市公益圈内已形成品牌化效应。

由此可见，一线社会服务机构通过长期创投项目实践，不断聚焦机构服务领域，明确机构未来发展方向，并且能够结合机构形成的项目经验在特定领域进行深耕服务。这种发展模式对于公益品牌塑造将起到重要铺垫作用。需澄清的是，未必每个社会服务机构都能塑造成功自己的公益品牌，但多数服务机构都有品牌塑造的意识，寄希望通过自己的服务获得业内良好口碑。公益创投活动恰好为一线社会服务机构塑造品牌提供了有益平台。

第四节　社会组织在社会服务项目中的实践困境

社会组织是公益创投政策的主要执行者，受组织自身属性约束以及公益创投活动成熟水平的限制，它们在创投实践中也面临着诸多困境。具体而言，因社会组织先天属性的影响，他们在创投活动中未能获得平等对话身份；因各类组织缺乏对外部资源的拓展，从而对创投活动资金产生高度依赖；因自身团队力量不足，从而弱化了对整个项目执行的有效把控；因社会服务本身属性限制，导致项目成效难以量化呈现，冲淡了社会组织的价值色彩。全面梳理社会组织在创投中的行动困境，分析各种困境产生的主要根源，对于改善公益创投活动的实践成效很有必要。

一　身份困境：难以获得平等话语权

公益创投的运行主体主要包含出资方、承接方、执行方以及受益方。理论层面上，彼此的关系应该是建立在平等协商基础之上的伙伴式合作关系。一线社会服务机构作为执行方的合作话语权也应该获得承认、得到重视。但是平等话语权是建立在主体独立性的基础之上的，彼此在合作中并不存在单向的依赖性。然而，在公益创投的影响下，大量社会组织获得成长。组织创建的草根性以及对生存资源的渴求，迫使其急切寻求身份的合法性证明，并积极向资源持有者靠拢。创投活动为社会组织参与社会服务实践提供了良好平台，但是在活动开展之初出资方政府、承接方平台机构以及执行方一线社会服务机构就未能建立平等的互动关系，从而使一线社会服务机构长期陷入身份困境之中。[①]

一线社会服务机构在创投中的身份困境之一主要表现为草根属性矮化了组织平等参与创投对话的地位。中华人民共和国成立后社会组织因其草根属性未能得到政府的认同，其成长经历了较长的曲折期，甚至曾出现了寂灭的危险。[②] 改革开放的方针政策开始冲破原有的经济体制，为社会组织的发展创造了机会。然而政府对社会组织草根属性的忧虑并未完全消除，随即"双重管理体制"被广泛应用于社会组织的管理之中。绝大多数社会组织的创建带有强烈的草根属性及创建人个人意志色彩。[③] 这种草根属性既是一线社会服务机构的自身特色，同时对于其拓展社会公共事务发展空间又形成了一定身份障碍。为寻求更大空间发展，一线社会服务机构本能地向政府部门靠拢，积极寻求政府部门的支持与合作。在实践中，通常一线社会服务机构会产生自我矮化的身份观念，以弱者的姿态寻求得到政府的资源支持以及合法身份的赋予。一线社会服务机构面对出资方政府、承接方平台机构时，都是以被支持者、被资助者的角色身份呈现。这一身份客观上矮化了创投其他参与主体对一线社会服务机构的认知。

在创投实践中，多数一线社会服务机构会本能地呈现出弱势的姿态，认为是出资方在给资源供养社会组织，从而丧失了对自己正当合法权益维护的主观意志。突出表现为，习惯性地以默认的方式接受出资方或平台方给出的评判结果。如在项目评审环节，通常会安排首轮平台方初审、次轮专家盲审、三轮现场评审等阶段。一线社会组织自项目申报书提交后，基本进入平台方发布项目评审公告的等待期。在项目落选后，即便主观认为有的项目不如自己也被选上，也只能被动接受这一事

---

① 王春：《公益创投的生态困境及主体策略——基于 S 市地方性实践探索》，《长白学刊》2018 年第 3 期。

② 谢菊、马庆钰：《中国社会组织发展历程回顾》，《云南行政学院学报》2015 年第 1 期。

③ 崔月琴、袁泉、王嘉渊：《社会组织治理结构的转型：基于草根组织卡理斯玛现象的反思》，《学习与探索》2014 年第 7 期。

实。在主观认知上，一线社会服务机构持有强烈的“胳膊拧不过大腿”的观念，认定自己的申诉基本也是徒劳的，从而加深了机构自身的身份弱势感。S市一家J社会服务机构的项目主管抱怨道：“上次评估下来，民政部门和评估方给出的评估意见，是我们团队的服务不够专业，但是也说不出什么具体的理由。其实我们和其他社会组织也没有什么差别呀，但是评估方给出这个结论，我们也只能这么认了。”

一线社会服务机构在创投中的身份困境之二主要表现为缺乏与出资方、平台方开展平等对话的渠道和权力。平等有效的对话是公益创投实现协商共治的基础。[①] 然而在创投活动中，关于服务项目申报、执行、评估等系列环节的条件设置，主要来源于出资方与平台方之间的合议，社会组织并未有效参与其中。如哪些组织符合创投项目申报条件、项目评审标准的设定、项目资金量的拨付、项目执行要求、项目目标达成的评判等。在这些环节中，一线社会服务机构仅仅扮演着执行者的角色，没有充分的话语权。即便有表达意见的渠道，但是并不能真正参与议事决策层面，其所提建议能否被采纳尚存在诸多不确定性，在创投活动的各个行动环节里并没有展现充分的自主性。

多数社会组织表示，在创投活动中仅仅是按照创投政策要求被动地在履行各项职责。特别是涉及创投政策的调整，并没有广泛征求一线社会服务机构的意见。如在首届、第二届S市公益创投活动中，对创投申报主体基本持开放的态度，鼓励各种类型的社会组织参与其中。S市首届、第二届公益创投活动的《项目申请指南》明确指出：“申请和实施公益项目的主体是在S大市范围两级民政部门正式登记注册的社会组织；在各市、区民政局备案的社会组织，可依托所在街道（乡镇）社区服务中心、社区社会组织服务中心等相应的民办非企业参与。”然而，第三届公益创投的《项目申请指南》则调整为：“参与创意设计、申报公益创投和实施公益项目的主体是在S大市范围两级民政部门正式登记注册、并已办理组织机构代码证、税务登记证和开户银行许可证的

---

① 刘宏亮、陈建昂：《浙江海宁：公益创投促进社区治理多元参与》，《中国社会工作》2015年第6期。

社会组织，组织内至少包含1位全职员工与机构签订一年以上的劳动合同或其他用工合同。”这一政策调整，将社区备案组织完全排除在项目资助范围之外，让一些备案社会组织应对不及，只能望洋兴叹，错失项目申报良机。

由此可见，一线社会服务机构客观上受草根属性的束缚，主观上对平等参与创投身份的矮化，导致现实中丧失了与创投出资方政府、承接方平台型机构之间的平等对话渠道与权利，最终陷入了身份困境的旋涡之中。这种身份困境直接影响了一线社会服务机构的创投积极性，也弱化了公益创投多元协商治理格局的形成。

二　资源困境：对项目资金产生高度依赖

资源是任何社会组织生存与发展的基本保障。[①] 公益创投活动通过项目资助的形式能够为社会组织发展提供资源的有力支持。但公益创投活动的本质是期待通过项目支持为社会组织在社会服务领域尝试新的模式探索，从而提升组织自身服务能力，促进组织健康成长。[②] 单纯的资金支持仅是支撑创投项目开展的必要条件并非创投的主要目的。然而在现实的创投活动中，一线社会服务机构因缺乏多元化资源支持，将公益创投项目视为主要求生资源，从而形成对公益创投项目资金的高度依赖。这种资源依赖带来的影响是一线社会服务机构将组织生存与公益创投活动捆绑在一起，对自身生存能力造成巨大隐患。

一线社会服务机构在创投中面临的资源困境主要表现为对创投项目资金的高度依赖。[③] 多数一线社会服务机构是伴随公益创投活动的兴起创建而成的。初创型社会服务机构面临的首要难题就是资源问题。在决定是否参与公益创投活动之前，每个机构首先考虑的是公益创投项目能

---

① 崔月琴、王嘉渊、袁泉：《社会治理创新背景下社会组织的资源困局》，《学术研究》2015年第11期。

② 李筱婧、万军：《利用公益创投促进公益组织发展》，《理论与现代化》2010年第3期。

③ 李学楠：《政社合作中资源依赖与权力平衡——基于上海市行业协会的调查分析》，《社会科学》2015年第5期。

够提供多少资金支持，能否确保社会组织的正常运行。参与公益创投后，多数社会组织将工作重心放在项目执行方面，而在拓展社会资源方面并没有实质性改变。公益创投活动的项目资金在一定程度上有助于缓解社会组织的生存压力，但不能视为长久之计。从S市整个公益系统来看，创投活动是该地区最早撬动社会组织参与公益服务发展的平台。后来，也有一些政府采购服务项目的陆续出台，但这些新型采购项目对社会组织的条件要求有了很大提升，能够有实力承接政府采购服务的社会组织相对较少。多数一线社会服务机构还是主要依赖公益创投项目维持基本生存问题。

S市恩派机构负责人L表示："现在社会组织参与公益创投的理念出现了偏差，多数机构是不清楚公益创投的核心内涵的，也不明白自己申请公益创投的发展初衷是什么。这是个很重要的问题，如果不明白公益创投的真正内涵，而只是把创投活动视为出资方拨付资金，社会组织承接项目服务，那就把问题想得太狭隘了。实际上，公益创投活动的初衷并不只是为社会组织谋求生存资源的。它更像是一种社会组织参与公益服务的探索性实验，实验成功与否都是为了培育社会组织成长，增强其项目执行能力。公益创投活动与资源支持并没有必然的关系，很多社会组织把组织生存寄托在创投上，这本身就是一个误区。最终会陷入资源困境之中。"

此外，创投中的一线社会服务机构往往把生存资源完全寄托于公益创投活动，资源获取渠道单一且封闭，不利于机构的长久发展。社会组织成长不能单纯依靠创投资金，应该努力拓展社会资源，包括寻求政府的定向采购、企业的定向认捐、基金会的定向扶持等。然而，在这些资源开拓方面，S市的一线社会服务机构的表现并不尽如人意。主要原因在于，参与创投的一线社会服务机构多数尚处于成长探索期，组织发展还不够成熟，短期内尚未能形成有影响力的服务品牌。另外，当前S市的公益发展环境尚不够成熟，政府、企业及基金会等社会主体尚未形成对社会组织实施资源支持的社会氛围。规模较小的一线社会服务机构通常很难获得出资方的足够信任，因此在资源获取上难以实现多元化。对公益创投资金的单向依赖，也让一线社会服务机构陷入被动的处境。

在访谈中，七彩阳光健康咨询服务中心负责人曾表示："近两年，我们机构的主要资金来源就是依靠S市级以及各区级公益创投的项目支持。因为我们的服务人群为'男同人群'，身份较为特殊，不易被广大社会民众所接纳，属于小众人群。这类人群的政府对口部门应该是卫计委（2018年3月由国务院机构改革方案设立"国家卫生健康委员会"），可能由于这类人群与社会主流价值有些偏离，卫计委部门对此并不重视，没有单项购买此类服务的意向。我们唯独只有依赖各级民政部门的公益创投维持组织运行。如果哪一天创投活动突然终止，那么我想我们组织的生存就很困难了，很可能面临注销的风险。"

由此可见，一线社会服务机构尚未能从组织长远的发展角度去拓展资源渠道，把一切希望寄托在单一的公益创投项目上。然而，公益创投活动本身并非是以提供社会组织项目资金为目的，其资金体量尚不足以支撑一个组织的长期发展。因此，一线社会服务机构将组织生存资源寄托于公益创投的思想观念本身就陷入了一种误区。另外，即便一线社会服务机构形成了资源开拓的意识，但现实公益发展环境尚不足以支持这类机构获得更多的资源支持。因此，资源困境是一线社会服务机构在创投中面临的重要难题。

三　执行困境：心有余力不足

项目执行是一线社会服务机构参与公益创投的核心工作。受项目服务团队、服务任务的双重影响，一线社会服务机构陷入了创投实践的执行困境。从服务任务来看，它包括项目需求调研、目标设计、服务对象招募、服务内容设计、服务团队管理与分工、服务资源的动员、服务活动的具体实施、服务成效自评等各项内容。其所涉及的内容非常复杂，每个环节牵涉的元素也多种多样。从项目服务团队来看，诸多初创型社会组织由于缺乏项目执行经验，同时还面临着服务团队流失率高、专业性不足、创意有限、考核要求高等突出问题，这些问题严重干扰项目执行的顺利开展，对机构而言是一种巨大考验。

创投项目任务繁重是一线社会服务机构面临的首要难题。任务繁重体现为两个方面，其一是项目执行程序繁多，每个环节都要做到稳步推进，且各环节之间紧密关联，稍有处理不当都会影响整个项目进程。在创投执行上，一线社会服务机构从项目申报开始前，就要开展需求调研工作、撰写项目申报书、参与项目评审。立项后要接受项目优化、正式签订项目协议、开始执行项目。执行项目时首先需要组建服务团队进行合理分工，进行项目宣传扩大项目影响，与落地方进行沟通，通过各种渠道招募服务对象。服务对象招募完，就需要联系服务专家，筹备活动物资，落实服务场地与具体时间，通知服务对象、志愿者等准时参加，布置活动现场。在服务过程中，要控制好现场秩序避免意外发生，要安排专人负责签到、物资派发、拍照、活动记录、现场评估等。服务结束后，还需要将服务过程通过文本形式加以整理记录，形成文本档案保持下来，同时也要编辑活动信息对外进行宣传，涉及大型服务活动还需要邀请媒体参与报道。社会服务机构要按照项目书的要求，把每项服务做完后，要接受平台方的项目评估，以及审计部门的检查审计。

其二是项目服务量较大。服务量表现为服务人群数量以及服务活动开展数量。创投早期，一些创投项目为取悦于出资方政府的青睐，将服务对象人数设定为数百或者数千呈现规模效应，与实际状况完全不符。后来创投活动逐渐步入规范化轨道，服务人群数量设定也渐趋理性。现在，多数公益创投项目将服务对象数量设定在30—80人的规模，即便如此，与服务团队2—3人专职人员相比，这个服务人群量也是明显偏大的。另外，对于服务活动数量，虽然没有统一规范，但活动次数与项目资金基本成正比关系。一些社会服务机构为了提升项目资金量，盲目增加服务频次，因人员配给不足一旦执行起来就陷入了层层困境。最为典型的现象是，很多服务项目难以确保服务对象的持续稳定参加，服务参与率低是公益创投活动的普遍事实。其中一个重要原因是，因服务频次过多，服务对象精力有限难以承受，最后选择不参加。因此，面对过于繁杂的项目执行环节以及过高的服务量，一线社会服务机构往往表现出无力感，多数机构常年处于“赶工”的状态下，服务成效难以细致考量。

调研走访，L社工服务机构一线社工M谈道：“我们3个人的团队这个月都快忙疯掉了。受种种客观原因影响，我们的项目有些延后，中期评估后平台方要求我们加快服务进度，把欠缺的服务量补起来，不要影响项目结项。眼看就要到结项期了，所以我们这个月整天都在奔波在各个活动现场，不断招募服务对象参加活动，不断整理活动台账，只要能按照项目申报的要求把工作任务完成就好了，至于服务成效到时候再说吧，现在已经顾不上了。”

服务团队力量薄弱也是导致一线社会服务机构陷入执行困境的又一大原因。这种力量薄弱主要表现在团队人数、专业化水平、服务经验等方面。在团队人数方面，参与公益创投的社会组织在成员规模上一般都不算太大，通常采取“专职 + 兼职”的搭配模式，以 3—5 人的配比居多，专职人员一般为 1—3 人。仅这几个专职人员要负责整个项目的运作实属不易。在专业化水平方面，创投活动评判团队人员是否专业依据其是否具有社会工作专业教育背景或是否已经取得全国社会工作师资格证。在创投发展初期，许多社会服务机构都是由非专业身份的人创建，普遍缺乏专业背景，虽然在项目书上设计有个案、小组服务手法，但基本没有将专业的服务理念和方法应用其中。最为鲜明的例子是，一线社会服务机构习惯将个案工作视为走访工作，多走访几次，做一下访谈记录就等同于个案工作。针对小组工作，则是邀请一组服务对象在一起开展活动就等同于小组，没有小组内容和环节的设计，没有专业的小组引领，不懂得把握小组工作技巧等。在服务经验方面，服务团队更是存在诸多问题。社会组织通过公益创投的形式参与社会服务，本身属于一种新型服务模式尝试。各从业人员入职时间均不长，缺乏项目服务经验是普遍现象。同时，服务团队不稳定、机构员工流失率高一直以来都困扰着社会组织发展的焦点难题。

以 S 公益服务社为例，这是一家典型的草根型社会服务机构，机构创办人是一名青年公益女性，缺乏社工专业教育背景。该机构负责人 L 谈道：“市首届公益创投时，整个机构实际上只有我一个人在经营打理。后来随着组织的壮大，陆续开始扩大了团队规模，巅峰时期引入了 4 名全职专业社工（1 名硕士、3 名本科）。在团队扩大的同时，机构项目量也不断攀升，不仅成功申请了多个创投项目，还承接了街道级的公益组织孵化园的运营管理。强大的工作量让初入职的一线社工颇感压力，基本上一个专职人员紧跟一个创投项目，这让一线社工心生疲倦，最后这四名社工专业毕业的社工在短期内陆续全部离职。这件事对我和整个团队打击非常大，我甚至一度想过要彻底放弃这一行业。”当前，社会组织领域员工离职现象颇为普遍，特别是机构骨干力量离职对各个机构都造成严重创伤。

因此，公益创投在当下面临的现实是，项目任务要求与执行团队能力存在较大差距，多数社会服务机构因人员缺乏或承担项目任务过重，项目周期较短且需要应对环节较多，项目执行存在“赶任务”的心态，服务开展深度不足。

四 评估困境：服务成效趋于模糊

项目评估是公益创投活动的最后一道环节，是对项目执行效果的终极判断和评价，它不仅涉及项目服务本身的效果评价，还涉及执行团队在整个项目周期内的成长与发展。① 就成效评估而言，其本身是有存在价值的。然而，由于公益创投项目投入的主要是人群服务，产出的是致力于特定人群的生活改善，这两者都带有明显的模糊性，难以精确度量，给项目评估带来了挑战。此外，项目执行好未必评估得分就一定高。公益创投项目还涉及团队成长问题。组织成长涉及面广泛，关系到项目团队成员流动性、动员资源数量、媒体报道量、落地方满意度、外部组织合作、项目可持续性等。创投项目评估也将这些内容纳入考核标准，但是这些指标对于大多数一线社会服务机构而言并不熟悉，各项指标评价失分较多，却不知道问题出在哪里，从而陷入了项目评估的困境。

首先，一线社会服务机构容易陷入项目评估成效难以呈现的困境。公益创投活动多数通过服务供给的方式满足服务对象的需要。而服务本身是较难量化的成本投入，服务成效的好坏更是难以测量。多数情况下都是由项目执行方“自说自话”，向评估方陈述项目执行状况，客观呈现项目的执行优点及不足。而评估方并没有参与项目执行的系统监测，

① 邓国胜：《中国公益项目评估的兴起及其问题》，《学会》2009 年第 11 期。

对项目执行效果的了解更是无从谈起。当被问及，如何证明所执行项目实现了预期目标时，多数一线社会服务机构无法清晰地呈现。[①] 此外，就服务本身而言，其涉及的元素也是多种多样的。服务成效不仅与服务主体身份、服务人员数量、服务时间长短等有一定关联，而且还与服务策略、服务方法、服务对象的参与度是息息相关。例如，同样是提供咨询服务，专业人员与非专业人员所提供的咨询服务自然存在差异；服务 1 个小时与服务 10 分钟，其效果也是截然不同的；专业方法的介入与寒暄式的攀谈也是有本质区别的，甚至服务人员与服务对象之间的关系好坏也直接影响着服务效果。然而，在公益创投活动中，鉴于服务类型的多样性，为保持各社会服务机构留有相对宽松的执行空间，对各种服务开展无法设置过多的条件限制。项目执行方对于如何开展服务并没有精细到服务专家的甄选、服务时长的要求、服务方式的界定等。因此，在项目成效考核的指标设计上缺乏严格的规范要求，这样就使项目评估工作带有不确定性，让被评估机构陷入迷茫的困境。

其次，项目评估所设计的考核指标名目繁多让一线社会服务机构难以兼顾全面。为避免评估者对创投项目片面的主观评价，评估方专门设计了评估指标体系，并对各指标进行评分加以量化处理。将整个创投项目的设计、执行规范、专业性、服务成效、相关方评价、社会资源、媒体宣传、可持续性等方面设计成一份评分表。这种设计能够降低项目评估的主观性偏差，但指标太多又容易降低项目实际成效。专家在评估打分环节每一项都要细致对照评分标准进行考量，逐项扣分，最后项目成效的分值自然高不起来。调研中，就有评估专家对此表示过异议。评估专家 W 就曾表示："你们（平台方）给出的评分标准太细化了，而且并非所有的服务机构的项目都适用于这张评分标准，如果这样打下去，各个项目的总评分自然不会高。另外，每个项目的评估时间也控制的很死，一条一条对照打分，也影响评估进程。所以倒不如直接给出一个项目的总评分吧。" 此外，进入评估环节，评估方关注的不仅仅包括项目

---

① 邹鹰：《政府购买公共服务的让渡与承接 ——基于江西公益创投的实践逻辑》，《学习与探索》2017 年第 5 期。

执行是否有偏差，更要评估执行结果是否达成项目原来的目标承诺。然而在现实创投活动中，多数社会服务机构将主要精力投入在项目执行上，首先要确保能够按时按量完成项目任务，其次才会考虑项目的执行成效。对于项目执行机构而言，项目完成率是评估的客观依据，是项目评估的底线，甚至对项目执行效果具有一票否决权。能否完成项目工作量，是社会服务机构可以调控的，因此会倍加重视。而项目成效则带有主观评价的意蕴，存在诸多不确定性，不仅涉及项目执行的规范性，还包括解决问题的难易程度、服务的专业性、参与评审专家的个人偏好等。多数一线社会服务机构将这些评估不确定因素交给评估方自己去判断，缺乏主导意识，大有“人为刀俎，我为鱼肉”的心态。

最后，社会服务机构在项目评估中容易陷入“台账主义”的怪圈。所谓“台账主义”，即是以台账资料作为评判项目成效的主要依据，通过台账资料检查项目执行是否真实规范，是否达到项目执行要求等。[①]项目评估需要建立在对项目执行客观现实充分了解的基础上，作出的对项目成效的评判。如何了解项目执行状况，评估方通常采取“平时监测＋结项评估”两个方面加以把控。鉴于平台方人力有限，对于每个项目的执行监测难以细致深入，多数是为了完成项目任务而不得不去监测，对于项目执行机构的监督成效并不明显。在结项评估环节，平台方会邀请高校专家、实务界专家、出资方代表以及服务对象代表等多元主体参与对项目的执行成效评价。而这些评估专家主要依据项目申报书及项目执行台账对该项目进行评估。项目申报书意味着执行机构当初如何对出资方提出承诺的，执行台账则意味着项目是否真实地按计划开展。因此，检查各项活动台账资料已成为项目评估的重点工作。

为应对评估需要，各项目执行机构要将项目所有相关文本资料全部打印出来，接受评估方的现场检查。如果将项目执行成效与台账完整性加以分类，就可能出现以下几种情况：（1）服务有成效且台账完整；（2）服务有成效但台账不完整；（3）服务无成效但台账不完整；（4）服务无成效且台账不完整。针对上述四种情形，有成效且台账完

① 杨国栋：《台账重要还是服务居民重要?》，《党政论坛》2013 年第 9 期。

整是最理想的状态，自然会得到评估方的高度肯定。服务无成效且台账不完整，这是最差的结果，说明项目服务存在诸多风险。而一旦项目成效与台账的完整性出现背离时，对于评估方而言是个巨大考验。项目具有成效但是无法提供完整的台账资料，说明社会服务机构非常用心开展服务，但由于缺乏项目经验，不擅长对活动资料的收集与整理，往往因为各种台账资料的缺失备受质疑。这种情况可能引发三种结果，一种情况是，评估专家就事论事，因为社会服务机构活动资料不完善而给出较低的评价。另一种情况是，评估专家能够识别社会服务机构的真诚与投入，只是限于缺乏项目经验，不懂如何梳理项目成效。因此，专家会给出其改进的合理性建议，并在可控范围内尽量对该项目给予高评价。最后一种是社会服务机构项目执行成效不佳但却呈现了较为完善的活动台账，这是评估方最不愿意看到的情形。然而，随着评估经验不断丰富，一些社会服务机构逐渐掌握了评估的流程和应对技巧。鉴于评估方对项目台账资料的重视，他们将工作的重心放在了台账资料的准备上，从而兴起了“台账主义”之风。这一点在调研中，多数参与公益创投评估专家深有同感，评估专家 W 表示：“在公益领域里，有些组织的服务口碑还是有目共睹的。某些组织的活动台账造假能力实在太强了，来参加评估也是能说会道，让你真的很难找出项目的漏洞，你要什么资料她就给你什么资料，与其他社会组织完全不一样。这样来说，并不是戴着有色眼镜看待这家机构，而确实是圈内同行之间都有聊过，这家机构擅长台账造假，如代填签到表，同一场活动挂不同横幅，不同项目活动串用等。但是如果台账整理细致，确实也很难发现其中问题，我们专家也无懈可击，你需要什么对方就拿出什么，把整个评估的流程掌握的十分清楚，各项评估指标也找不到扣分的地方。”然而，这种“台账主义”之风会助长一些没有认真开展服务的机构抱有侥幸心理，只要把台账做充分了，熟悉评估流程，就算项目执行不好，也可以获得较好的评估成绩。而这一行为破坏了整个创投活动的生态秩序，让多数社会服务机构在“做服务”还是“做台账”方面产生了动摇。

综上所述，社会服务机构在项目评估中面临着服务成效难以量化备受质疑的困境，评估指标繁多难以兼顾全面的困境，评估形式注重

“台账主义”背离了执行效果的困境等问题。这些问题的解决依赖于评估方的理念引导和规则制定。在理念上一定要强调，评估的目的表面上是评价各个服务机构的项目成效，深层次看是促进各服务机构健康稳定成长。不要把评估工作视为“猫捉老鼠”的游戏，不要让评估工作背负沉重的思想包袱。在规则上，适度减少对项目评估的指标数量，鼓励项目执行机构更多反思项目的成效是否达成，如何改进项目执行质量等核心问题。

五　培育困境：寻求“度”的平衡

公益创投活动的成功启动为从事公益服务类的社会组织赢得了生存所必需的资源，营造了良好的政治空间和融洽的社会环境。社会组织通过公益创投活动开辟了政府让渡的新型服务领域，获得了难得的锻炼机会。[①] 在公益创投的影响下，许多社会组织得以创建、生长和发展。然而，伴随公益创投活动持续推进，社会组织发展也在曲折中不断前行。

首先，社会服务机构参与公益创投活动的动机并非绝对单一，“公益性”与“营利性”是当下社会组织参与公益创投的两大动力基础。然而，在参与创投的社会组织中，这两种动力基础并未表现得泾渭分明，而是形成了一条以“公益”与“营利”为两个极端的动力连续统。[②] 或倾向于公益，或偏重于营利，彼此形态趋同且难以区隔。现实中，多数社会组织会借助创投平台追求公益事业发展，兼顾组织营利的双重目的的达成。然而正是因为公益中掺杂营利的因素，从而让外界对社会组织的评价褒贬不一。在公益创投中，是否在利用此平台获取经济利益是每个社会组织绕不开的社会拷问。一方面，我们必须要正视社会组织参与任何公益活动中是允许“有利可图”的。公益创投活动强调，服务活动要严格按照项目预算的要求实报实销。然而，这本身就不符合社会组织对创投的资源定位及其现实发展境况。在任何情形下，社会组

① 张军文：《公益创投与社会组织发展》，《中国社会组织》2017 年第 2 期。

② 王春：《公益创投下社会组织发展生态及培育策略》，《中国社会组织》2017 年第 2 期。

织适度的生存发展利益需求也是应该得到保障的。完全忽略社会组织对生存资源的渴求，纯粹义务性地参与创投活动本身是不合逻辑的。因此，适度获利是每个社会组织在参与公益创投活动过程中必须应对的能力考验。另一方面，如何把握社会组织“适度获利”是当前公益创投面临的一大难题。研究认为，“适度获利”是在不违反公益创投预算的前提下，允许社会服务机构通过合理配置资源，节约项目成本，作为项目资金积累可用于组织内部建设与发展。但社会组织允许获利的前提是，必须要确保公益创投项目的基本服务任务按质按量完成。任何情况下，不能以牺牲服务质量为代价盲目追求经济利益。

其次，资金扶持与空间让渡是助推社会组织成长的必要前提，也是极易引发创投问题的敏感区域。社会组织是以提供社会服务为本质属性，先天性自我造血功能不足，并不具备较强的资源获取能力。[①] 因此对外部环境的资源支持的依赖性由来已久，且在相对较长的时期内难以实现“断奶”。然而在资源供给上也存在一定隐患，当前资源体系构成日益多元化，且各类资源之间缺乏信息沟通平台。社会组织得到资源重复供给或供给不足的现象屡见不鲜。就公益创投而言，一个优秀的项目往往能获得多个出资方主体的资助，如省创投、市创投、区创投乃至于街道创投对同一项目的支持。不仅如此，还可能涉及不同时段的重复支持。有些社会组织常年深耕于某一特定服务人群，在创投项目上也基本没有太大调整，缺乏创新反复开展着同一类服务。公益资源通常都是有限的，资源重复供给本身就是对公益生态的一种破坏，也确实会造成一些社会组织偏离理性发展轨道。当然，也有一些初创型社会组织因项目设计的专业性不足，而屡次遭遇淘汰的处境，对组织生存发展造成严重挑战。由此可知，资金扶持固然重要，但不是无序供给，也有必要加以适度管控，将好钢用在刀刃上。支持不足与给予过度均可能造成创投生态平衡的打破。造血功能缺失是当前大多数社会组织普遍面临的困境，政府必须正视这一现实，承认社会组织对自身利益的合理诉求，为其让渡必要的生态空间。

---

① 刘静林：《自我造血需要加强自我发展的能力》，《中国社会工作》2016 年第 7 期。

在空间让渡方面，政府的职能转移把自己做不好的事务腾出来让渡给社会组织来做，确实为社会组织成长营造了良好的发展空间，迎来了社会组织创建的春天。在有利政策的推动下，各类社会组织呈现井喷式的创建局面，各种创建动机都有可能，从而增加了社会组织管理上的难度。尤其是一些带有强烈营利动机的社会组织，凭借公益之名，大肆敛财，破坏了公益生态有序发展，对公益行业造成了负面影响。因此，政府让渡社会组织发展空间，不能采取简单的“开闸放水”的模式，有必要加以条件限制以及创建前的资格审核。或者采取定期对各初创社会组织的运行状况特别是创建动机加以摸底考核。同时，要为每个社会组织建立诚信档案，对以非法手段谋求利益的社会组织必须强化管理，严格把控。

最后，公益创投活动项目化运作形式现已成为影响社会组织发展的一把“双刃剑”。“项目制”已成为各地推行公益创投培育社会组织的主要形式，有利于社会组织强化对公益服务的规范化思维。多数社会组织经历公益创投后，懂得了公益服务并非只有善念即可为之，它需要接受项目成效检验。与此同时，“项目制”在客观上也束缚了社会组织自主性成长，越是严格按照项目制的要求推进服务，越将失去社会组织自身的发展灵性。“成也项目，败也项目”，在实践探索中，我们既要承认公益创投项目化运作对于社会组织在专业服务等方面所发挥的积极作用。同时也必须正视，项目化运作对社会组织成长所产生的负面影响。

在公益创投中，各参与主体将服务项目能否顺利推进视为关注重点，规范化操作则是项目出资方与执行方争论的焦点议题。然而，创投项目的规范性与成效性并非绝对的正向关联。当前，公益创投的项目成效评估技术尚未成熟，很难对服务效果做出绝对客观的评判。而过程评估强调的是对项目执行资料的审核检验，相对客观且易于操作，从而受到各地创投评估的追捧。因此，力求把台账资料按要求整理规范翔实，从形式上满足项目评估的需要，逐渐成为创投领域评价项目优劣的普遍性共识。规范性导向有其合理性一面，但也容易兴起社会组织大搞形式主义的不良风气。通过多年实践，一些社会组织逐渐掌握了创投项目化服务操作流程，能够很好应对平台方的各种考核。然而这种成长具有典型的形式主义色彩，是为了迎合平台方的考核需要，恰恰抑制了不同类型社会组织多元化成长的可能。另外，社会组织更多关注项目形式的规范性，既容易忽略项目本身成效及自我成长的思考，对项目优劣评价标准的设计发生偏离，而且还会对社会组织的自主性品质造成伤害。

由此可见，公益创投为各地社会组织培育及项目化运作的发展奠定了坚实基础，为政府购买服务政策的有序推进逐渐打开了局面。然而，当前创投所呈现出的公益繁荣景象，带有较强的形式性色彩，社会组织内在能力提升及自主性品质塑造并不明显，其根基并不牢固，实现社会组织真正意义上的成熟，仍有较远的距离。

第七章　社会服务项目的运行生态及其关系重构

第一节　从传统到现代：公益生态的结构转型

国家为满足民生福祉的供给可以延续两条实施路径：其一是政府供给，其二是民间供给。无论哪条路径都必须遵循公益性的基本原则，同样可以营造出不同的公益生态。政府出资方力量的介入，对于传统公益模式产生了重要影响，促动了公益生态的结构转型。社会服务项目的产生是现代社会服务供给的有效形式，它的出现既是对原有传统公益模式的一次强力冲击，同时也是对现代公益模式的积极探索。

一　传统公益生态的内在结构

公益（public welfare），特指不以营利为目的的从事改善社会公众福祉为本的活动总称。传统公益倾向于将弱势人群视为主要服务对象。与传统公益相比，现代公益的内涵与外延已发生了显著改变，其关注对象已从传统弱势人群扩散到有合理需求的人群。无论传统公益还是现代公益都离不开明确的服务主体与客体，都离不开服务的客观环境，都存在特定物质或能量的流动。公益的执行主体非常宽泛，包括政府、企业、社会组织等一切致力于社会公众福祉改善的行动者。它们或提供政策或资金的支持，或通过具体服务满足特定服务对象的需求。政府提供的公共服务、企业践行的社会责任以及社会组织开展的社会服务等都可以囊括在公益的范畴。有公益服务的参与主体且彼此关联、有客观的公益服务环境、有政策、资金、服务等多种形式的能量流动，基本可以满足公益生态的一般性要求。近年来，公益生态的理念开始在业内流行起来。

传统公益的鲜明特色在于服务输出的自发性与零散性，并且公益服务主体以个人或草根型社会组织为主。这些个人或草根组织的共同特性具有较强的公益信念，凭借个人或组织的公益信念与公益行动致力于特定公益领域的发展。这种传统的公益模式结构比较简单，其优势在于公益形式比较灵活，公益主体的自由度相对较高，可以坚持个人或组织自行决定服务的内容与形式。然而，不足之处则体现为，结构简单，公益资源的获取稳定性不强，解决问题都是零星式的，欠缺系统性和规模性，社会影响力有限等。尤其是公益服务主体的身份兼具服务提供者与资源筹集者双重角色，会严重消耗服务主体的精力。

这种传统公益模式具备了生态发展的基本元素，由于其结构简单，姑且将其视为公益“小生态”。在这样的生态系统里，公益组织承担的是生产者的角色，通过服务供给的形式满足社会公众的合理需求。社会公众一方面接受了公益服务，生活品质得以改善；另一方面对现实社会环境产生直接影响，有利于营造良好的公益氛围，在生态内扮演着分解者角色。公益氛围类似生态系统内的无机环境，对生产者的生长补给养分，一旦形成会对公益组织的公益行为产生认同、支持，会影响更多的社会资源参与公益组织的发展（见图 7－1）。

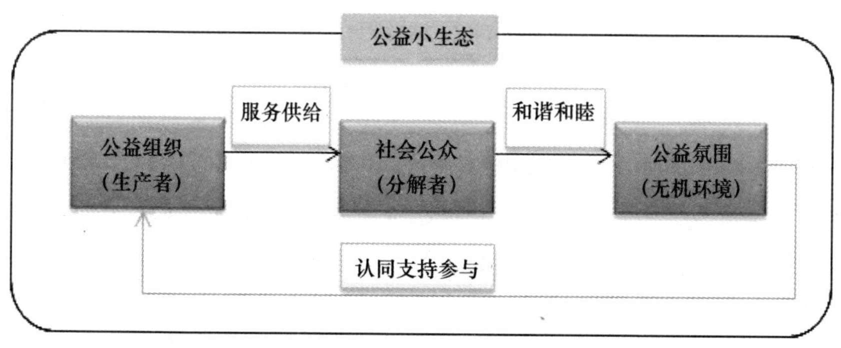

图 7－1　传统公益小生态的循环系统

二 现代公益生态的内在结构

伴随全球新公共管理改革运动的兴起，政府购买服务逐渐从公共服务领域向社会服务领域延伸，开始承担起微观层面民生服务的供给职责。政府力量的介入，直接改变了传统公益中社会组织的生态角色，打破了传统的公益服务模式，引发了现代公益模式的产生。这一模式的最大特点是在传统公益模式的基础上增设了一些新的参与主体，使得整个公益模式更趋复杂。它的优点在于结构趋于复杂且稳健，各主体的职责更加清晰，每个主体各司其职，配合默契，能够最大化地发挥公益生态的价值，资源供给更具有可持续性。从不足上来看，现代公益模式呈现出复杂的主体关系，对各主体的互动能力具有较大的考验。

相对于传统公益生态而言，由于政府力量的介入，生态主体开始增加，带来整个公益生态结构发生改变，每个公益主体的生态角色也随之发生调整，我们可以将这一现代公益模式视为公益“大生态”。

在该生态系统内，以政府为代表的出资方主体通过发布政策或投入资金的方式支持公益事业发展，它们可以被视为生态系统内的生产者。政府的政策与资金的施予对象是社会组织。然而，社会组织数量众多、类型多样、领域差异较大，政府基于自身精力有限以及专业性不足等诸多因素，无法实施对单个社会组织的直接资助，必须依托第三方平台协助管理，从而催生了平台型社会组织的产生。平台型社会组织在现代公益生态里承担着联结出资方主体与执行方主体之间的桥梁作用，扮演着初级消费者的角色。首先负责对政府的公益政策与资金进行解释与管理，并通过公益项目发包的方式，动员更多社会组织参与社会服务项目的申请与执行上来，在实践中对社会服务机构实施项目监测与管理，考核项目执行成效。社会组织则获得出资方资金支持，具体承接这些社会服务项目，并向社会公众提供合适的服务。从资源消耗上看，社会组织在该生态中既扮演着次级消费者的角色，同时也发挥着服务传递的功能，满足社会公众的需求。社会公众享受着社会服务，在生态内扮演着分解者的角色。它们吸收了社会服务后，一方面会改善自身生活质量；另一方面有可能会对外界社会释放更多的正能量，增添社会活力。这些结果有利于改良社会环境，营造良好的公益氛围。当社会公众安居乐业，整体社会呈现良好的发展态势，就会减少社会矛盾，降低社会运行风险。社会环境改良了，就会对当前政府的执政能力表示认可，稳定社会秩序，强化政府执政的合法性基础。对于企业而言，能够获得稳定有序的经营发展环境，增加经营收益。反过来，会更加激励出资方主体对社会服务资源的投入，从而形成一套生态闭环，这就是典型的社会服务项目的运行生态（见图 7 –2）。

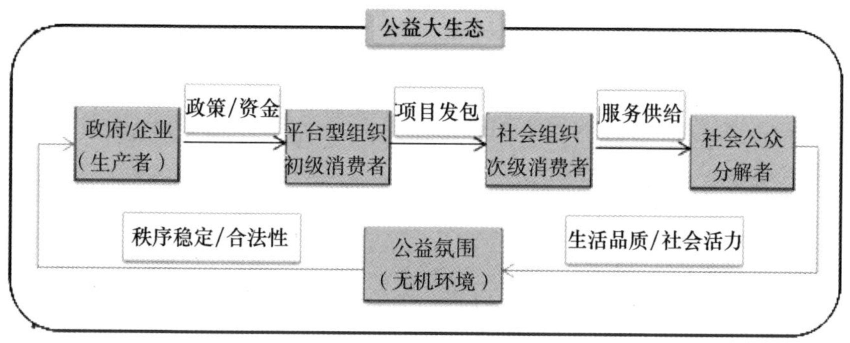

图 7 –2　现代公益大生态的循环系统

公益生态从“小生态”转型成为“大生态”，不仅体现为参与社会服务项目的主体出现了增加，更体现为项目执行主体在新的生态结构下，生态角色发生了根本转变，逐渐摆脱了传统公益小生态下的生存困境，获得了社会资源的持续支持。而且，平台型社会组织的出现，强化了出资方主体与执行方社会服务机构联系的紧密度，增加了公益生态发展的稳健性。

三　社会服务项目生态的内核

良性生态格局的生成首先要考虑的是生态目标是否能够达成，而社会服务项目生态内的焦点议题在于社会服务项目的有效实践，即对各创投主体共同打造的公共服务项目的成效评判。良性的社会服务项目生态必须以优质的公共服务项目为基础，理清“好项目”的评价标准，深度剖析现行社会服务项目生态下“好项目”难以产生的背后根源，寻求适宜的突围方法显得尤为必要。

学界围绕如何评判公益项目的优劣，整理了一些研究结果。有研究指出，社会组织过于拘泥于项目活动的开展，但是在分析社会问题、聚焦项目价值、反思项目策略、改进与提炼项目服务模式等方面所花的时间太少，与之相对应的能力也比较欠缺，这已经成为制约社会组织发展的重要障碍，并崇尚对“绩效精神”的推行。[①] 本书综合梳理当前公益项目实践经验，实务界对于一个好的公益服务项目的评判，基本遵循以下六条要件：应该是“管理有序的项目”、“需求导向的项目”、“实施可行的项目”、“成果有效的项目”、“富有影响力的项目”以及“可持续发展的项目”等。而每一个项目要件的达成需要整合不同公益主体的力量共同参与推动实现。

（一）管理有序的项目

一个优质的公益服务项目要求项目执行团队相对稳定、人财物的管理规范有序的项目，管理是项目得以运行的第一要素。通常每个项目执行机构可能会持有多个公益服务项目，但每个项目必须要配备相对稳定的执行服务团队。这个服务团队要有明确的项目执行分工，各项项目服务活动能够按计划有序开展，涉及人力、物资、制度等方面的管理相对完善。一旦陷入管理混乱失序的境地，整个公益服务项目将没有继续推进的可能。在人力管理方面，一线社会服务机构内员工出现“中层断裂”“基层流失”的现象极为普遍，严重干扰到公益服务项目团队的稳定性。在资金管理方面，一线社会服务机构普遍存在抗资金风险能力弱的特点。一旦因为出资方原因导致项目资金延拨现象，就会给执行机构带来资金压力，轻则影响机构员工工资发放滞后，重则影响机构人员流失，威胁机构的生死存亡。在项目资料管理方面，公益服务项目评估重点查看项目执行台账资料的完整性。项目资料管理从根本上看是项目团队成员的分工与职责归属问题，应该由专人负责项目台账的整理工作。

---

① 商道纵横：《跨界对话：公益项目实战宝典》，社会科学文献出版社 2016 年版。

（二）需求导向的项目

一个优质公益服务项目必须是围绕满足特定公众的需求为导向的。[①] 公益服务项目必须立足公众的现实需求，公众需求正是项目实践的合理性基础与动力源泉。需求导向涉及出资方、执行方以及受益方三方利益主体的共识。具体而言，立足公众需求是出资方发起公益创投的政策初衷，即要求项目执行方能够深入公众群体之中，挖掘有效需求信息，解决受益公众面临的真正生活难题。需求调研不足意味着项目执行方单方面违背出资方的要求，并没有立足公众群体的现实需求设计项目，反而将项目需求简单视为一种理论建构，凭借主体经验直接设定受益公众的问题及需求，这是造成劣质公益项目的主要原因之一。缺乏需求调研最终将导致公益服务项目无法深入展开，服务公众无法从服务中获得真正受益，影响参与率并难以达成项目成效，最终将有损于创投生态的建构。满足项目需求导向要求项目执行方必须恪守项目立项初衷，切实帮助生活中处于困境的服务公众。

（三）实施可行的项目

一个优质公益服务项目必须是可以得到有效执行的项目。公益服务项目要做到可以实施，前提要做好合理的项目设计。项目设计要求对各项目构成要素进行优化组合，达到最优配置，同时还要考虑项目实施的可行性。项目设计的优劣既取决于执行方的专业水平与实践经验，还与平台方对项目进行的优化能力有关。因此，执行方必须要强化对公益服务项目的思维训练及专业知识学习，平台方也要把好项目优化设计关，在项目立项后的优化阶段协助执行方一起探讨项目执行的可行性。实践中，执行方对于项目设计不愿意投入太多精力，平台方对项目的梳理优化不够细致都会导致项目设计偏差，影响后期执行。另外，设计合理的公益服务项目也需要执行方的实践投入。执行方能否有效实施一个公益项目，取决于执行团队的管理水平和服务能力。当前，项目执行方普遍存在机构规模小、服务团队专业能力弱、外部资源匮乏等问题，项目执行通常不能严格按照项目设计要求来实

① 林正航、强茂山：《项目导向型管理的需求与实践》，《项目管理技术》2010 年第 2 期。

施，这是导致项目执行成效低下的先决因素。因此，壮大执行方机构规模，强化服务项目团队自身服务能力建设是提升项目执行成效，打造优质公益服务项目的关键。

（四）成果有效的项目

一个优质公益服务项目必须是有所产出的项目，即项目目标能够达成，对服务公众的生活质量确有改善的项目。优质公益服务项目一定是服务对象明确、服务目标基本达成的项目。多数项目的目标设定源自于对服务公众现实合理需求的满足，这也是评价项目服务成效的核心标准。服务项目是否有成效既取决于执行方是否将公众需求作为一切项目行动的指南，同时也离不开服务公众对项目的成效评价。实践中，鉴于每个服务项目存在大量服务任务需要完成，多数执行方将项目执行的主要精力投入在服务工作量的完成上，而对项目成效指标的达成关注不足。一旦到项目评估环节，就变得尤为被动。另外，公益服务项目成效评价离不开服务公众这一参与主体。当前，诸多公益服务项目中服务公众的稳定性较低，参与率不足，对项目整体服务的认知度不高，更缺乏对项目成效的客观评价。究其根源，主要是因为服务公众作为受益方的生态主体性未能得到重视，从而导致项目成效体现不清晰。这与执行方对服务公众的介入深度不足有关。

（五）富有影响力的项目

一个优质公益服务项目是需要有一定的社会扩散力与影响力，即在项目宣传上要做到辐射范围广，在公益领域内能够产生一定的知名度和影响力。[①] 项目的扩散力和影响力既是检验执行方项目实践成效的重要依据，也是出资方及平台方对项目实践的理想期待。富有影响力的项目意味着项目服务团队要有强烈的项目宣传思维，与媒体机构建立稳定的合作关系，懂得对执行项目进行包装与传播。加强对项目的宣传推广是为了在相同领域或周边地区形成辐射发散效应，让项目价值更好得以体现。现如今，媒体对项目服务活动的报道级别与报道数量已经成为平台

① 果佳、王海玥：《社会投资回报：一种社会影响力评估的工具》，《中国行政管理》2016 年第 6 期。

方评估项目成效的指标之一。多数一线社会服务机构缺乏传统媒体资源，电视、报纸等媒体对服务活动的报道量尤为不足。然而伴随自媒体时代的到来，一线社会服务机构往往通过微信公众号的方式传播项目服务活动。能够在高级别媒体刊登项目服务内容，依然是可以作为项目影响力评价的重要客观依据。一线社会服务机构如何实现媒体宣传报道的突破，主要取决于对媒体资源的动员能力和关系维系力，要积极开拓传统媒体资源并建立稳定合作关系。同时，出资方主体应该主动邀请媒体资源进入公益生态，提升媒体在公益生态内的主体性作用。

（六）可持续发展的项目

一个优质公益服务项目是需要有持续运行的社会基础的，即项目的执行主体、服务对象、实施资源等方面都要实现可持续发展。[①] 项目的可持续发展要求项目运行具有良好的社会条件和发展空间，不能只是昙花一现。从执行主体的可持续来看，要求执行方要善于挖掘社会志愿资源，或者在服务对象群体中培育服务队伍，当时机成熟时，能够取代项目执行机构自发开展相应服务，确保服务的持续稳定。从服务对象的可持续来看，优质的项目要求服务对象存在周期变动性，即伴随项目周期的结束服务对象也相继退出项目服务体系，同时能够从外部招募合适的服务对象加以补充，从而避免有限服务资源被固定人群耗尽。从实施资源的可持续来看，公益服务项目所提供的资源具有周期性特征，项目周期完结意味着项目资源的终结。为此，项目执行机构必须要具备对外拓展资源的能力，积极链接社会资源用于支持项目的持续运作。公益服务项目的可持续发展对项目执行方的资源挖掘能力是个巨大的考验，同时也有赖于社会服务资源的现实基础。

综上所述，一个优质的公益服务项目的产生，主导力在于项目执行机构对项目的投入。从运作流程来看，项目从需求调研到设计执行，再到成效评估，项目执行机构都具有举足轻重的作用。从项目管理来看，项目从宣传推广到实现可持续发展也都离不开项目执行机构的整体对外

① 李松：《公益创投项目可持续发展研究——以 S 市第二届公益创投“金种子”项目为例》，《经济研究导刊》2015 年第 7 期。

拓展意识以及资源挖掘能力。但公益服务项目的优劣也绝非项目执行方的一己之力，还有赖于公益生态内各参与主体间的协同合作。

第二节　社会服务项目运行衍生的生态问题

理想型生态关系的建构与现实生态运行效果偏差较大。社会服务项目运行所形成的公益服务生态，基于当前客观社会环境的影响，以及不同生态主体自身定位的偏差，在现实运行中往往也会暴露出一些生态的结构性问题与互动机制问题。本书围绕社会服务项目运行的生态问题作出如下梳理。

一　生态联结机制趋向单一

（一）生态系统非线性机制

非线性指的是一种系统内各因素相互之间的关系，这些因素不是相互独立的，而是相关的，并且大多不是简单的因果关系或线性的依赖关系，而是十分复杂的依存与制约的非线性关系，并且会在互动中涌现许多新的特质。[①] 生态系统本身是集众多种群为一体的客观构成。在这其中，不同种群之间并非是单一的直线关系，而是呈现出不同种群两两之间复杂关系的交织，也可以将其理解为生态非线性机制。

生态系统的稳定性需要复杂性，而复杂性只能出现于非线性系统。非线性相互作用是任何系统产生复杂性的主要根源所在。正因为非线性作用，才不断有新的关系被创造出来，使得生态关系日趋复杂。历史表明，日益的多样化、复杂化的生态环境大大加速了进化的步伐，也使得持续发展得到了进一步的保障。正是由于非线性作用产生的新的关系逐渐增多，信息的含量不断增大并积累下来，所以，进化过程才能持续进行，持续发展才有了稳定的保障。

① 金太军、张振波：《论社会冲突与政治体制改革的非线性关系》，《政治学研究》2014年第3期。

（二）公益创投生态非线性机制

公益创投生态系统在本质上是非线性的，它涉及各种复杂的社会公益主体和制度因素，它们之间的非线性相互作用在宏观上表现为公益创投各主体之间相互关联，相互制约，以某种或多种方式发生复杂的非线性相互作用。公益创投生态涉及的社会主体包括出资方、平台方、执行方以及受益方，而且每一类创投主体内部都有着不同类别划分。如出资方主体包含政府出资方、企业出资方、基金会出资方；平台方主体有准官方性质的社会组织，也有纯民间性质的社会组织；执行方主体的类别则更加丰富，可依据组织权力属性差异、营利属性差异、区域属性差异、专业属性差异、负责人属性差异等划分成不同类别；受益方群体依据服务对象类别不同也存在诸多差异。正是因为这些参与主体类型呈现多样化，且彼此之间的关系错综复杂，形成了创投生态非线性机制。

理想中的创投生态关系是出资方与平台方建立委托与被委托关系，平台方与执行方建立发包与承接的关系，执行方与受益方建立服务与受益的关系，受益方与出资方形成监督与代理的关系，在这些创投主体中实现能量的单向传递。然而，现实公益创投的关系可能是跨越式的非线性关系。如执行方一线社会服务机构可能通过特殊途径跨越中间平台方，与出资方主体建立某种关联；平台方主体也会在项目评估阶段跨过执行方社会服务机构直接与受益方服务对象建立联系，以核实项目服务开展状况。另外，在同一创投主体层面，他们彼此之间也会形成或合作、或竞争的互动关系。如出资方主体中，政府作为主要的创投出资方，其内部也涉及不同行政区域或条线部门之间的竞争关系。同一行政区域的出资方主体出于对地方社会组织的保护，对本辖区内的创投活动加以条件限制，不允许区域外社会组织的参与。同一层次的出资方主体在创投活动的实施中，在投入资金、实施形式上会形成经验借鉴，也会产生潜在竞争。就平台方而言，虽然现实中他们都有各自领地的划分，一旦时机成熟也会参与相互竞争以获得更多出资方的支持。执行方由众多社会服务机构组成，他们具有较大的分散性和灵活性。每次参与创投活动都是一种相互间的竞争，这里包括创投有限资源的竞争，还包括相同服务领域间的相互竞争。

由此可知，公益创投生态中，既存在不同参与主体之间的非线性关系，还包括同一主体内部的不同机构或部门之间的非线性关系，形成彼此交错相互制衡的关系格局。这种非线性关系机制既有利于创投生态更加稳定，但也会给创投生态的正常运行带来更加复杂的挑战。

（三）从“抱团纠缠”到“单线连结”

在公益创投的发展历程中，社会组织类型经历了从“单一”向“复杂”再回归“单一”的发展动态。在S市早期公益创投起步阶段，社会组织力量依然比较薄弱，政府出资方主体担心社会组织会参与率不高，影响创投效果。为使得公益创投能够运转起来，不得不通过行政手段主动邀约或动员一些以街道社区为背景的准官方社会组织赶来“救场”。此时公益创投活动参与主体色彩比较单一，也给平台方的沟通工作带来压力。恩派机构负责人L谈道：“公益创投实施方案规定，申请主体必须是在民政部门正式注册的公益性社会组织，在市区民政部门备案的社会组织需依托所在地的社区服务中心等注册机构申请；承办方制定的执行方案补充规定，已有其他政府或职能部门资金支持的项目不得重复申请。但我们在尽职调查中发现，部分街道团工委、社区工作站、社区居委会，抑或是称‘社区’的团队（项目方自称‘社区’，不能精确到居委会或是工作站）作为执行主体，也依托社区服务中心等注册机构提交了项目申请。由于公益创投的目标之一，是通过支持公益项目促进社会组织成长和发展，此类机构并无申请资质。另一方面，由于部分社区服务中心是新近注册的，机构人员多为其他职能部门兼任，或是无明确的工作人员，在核对此类项目的申请机构资质和执行团队构成时，沟通成本较高。”我们将类似于行政事业单位或基层街道社区推出的创投组织统一称为“街居型”社会组织。这类组织在创投早期对于搅动社会力量参与创投活动发挥了重要作用，但是与公益创投的根本宗旨并不契合，一线社会服务机构成分过于单一且偏向行政化，并不利于创投生态的稳健发展。当时，平台方面对大量具有准官方色彩的“街居型”社会组织，显得束手无策。

经过多年探索后，参与公益创投的一线社会服务机构类型逐渐呈现多样化的发展格局。公益创投活动在成熟时期，社会组织参与热情极为高涨，依据创建组织的属性不同，大体可以分为“街居型、市场型、专业型、草根型”四大类型。在这一时期，针对不同属性的社会组织，平台方采取了不同的引导培育策略，公益创投的实用价值得以完美彰显。社会组织类型越是复杂，发展越是处于不同阶段，越是需要强化引导工作。在这一创投阶段，不同类型的社会组织之间的关系也是错综复杂的。初创型组织可以向发展较为成熟的组织进行学习，后者可以起到示范引导作用，而同一层次社会机构之间则存在共生竞争双重关系。由于公益行业发展尚处于起步阶段，每个创投社会组织都是重要的参与者，只有大家强化联系，齐心协力才能壮大公益力量，向社会发声，做大做强公益这一新型行业。与此同时，由于同一层次社会组织还处于竞争状态，因为公益资源相对较少，彼此围绕公益资源竞争日趋激烈。在此阶段，平台型社会组织与一线社会服务机构之间的关系由原来的组织扶持、能力建设、项目监测、成效评估等多方面的工作予以呈现，“你需要我的扶持，我需要你的配合”，彼此关系交织在一起，极其复杂。

创投发展到成熟后期，一线社会服务机构又呈现出新的动态。由于创投组织之间产生复杂的竞争，再加上创投生态中本身酝酿着淘汰机制，不少社会组织开始选择退出公益创投空间。原来那些本着非公益理念涉足创投的社会组织逐渐被排挤出创投领域，留下来的社会组织基本上能够经受创投实践的经验。如今，依然留存在创投体系内的一线社会服务机构经过多年的历练，机构规模已经上了一个新台阶，对于常规的能力建设培训项目基本缺乏热情，对项目监测与评估已形成惯例，“应对自如”。一线社会服务机构更为关心的是项目资金能否准时发放。因此，平台方与执行方的关系渐趋单一，彼此黏结性不强，一线社会服务机构不再需要太多的能力建设与组织扶持，对平台方的项目监测与成效评估的重视度也持续走低。这种单一式的关系结构难以支撑整个生态体系的稳健运行。

二 生态反馈机制流于形式

（一）生态系统反馈调节机制

生态系统的反馈调节机制是生态的复杂性演化机制，即生态内不同主体之间的互动反馈，对生态发展产生着重要影响。生态系统的动态表现为两种，其一是趋于平衡，其二是趋于离散。这两种动态与系统内各主体要素之间互动反馈直接相关，带来生态离散的反馈视为正反馈，带来生态平衡的反馈视为负反馈。[①] 正反馈在生态系统中表现为，某种要素的变化引起其他一系列的变化，反过来加速最初发生变化要素的变化，即 A 因 B 变而生变；因此，正反馈的作用常常是使生态系统远离稳态。这时，就会产生巨大的破坏作用。负反馈则是趋于平衡点的行为过程，这是生态系统中大量存在和被使用的一种调节机制，一般表现为一种约束机制，即 A 对 B 变加以约束。运用得好，可以促进有利的正反馈机制，克服正反馈机制的破坏作用。所以，简单地说，当系统由于某种原因偏离了平衡点后，正反馈机制使系统进一步偏离平衡点，趋于不稳定；负反馈机制使系统回到平衡点，趋于稳定。

（二）社会服务项目生态反馈调节机制

生态环境的营造与每个生态主体的行为表现息息相关。在创投生态里，政府部门、平台型社会组织以及一线社会服务机构之间产生了复杂的联系。任何参与主体的行为变化都有可能引发整个生态格局的改变。然而，每个创投一线社会服务机构基于自身发展的理性考虑，不可能完全遵循创投制度所预设的规则行事，经常偏离创投基本操作规范，形成负面效应，对其他主体形成行动障碍，就有可能破坏生态平衡，这便是正反馈机制。

在早期创投实践中，一线社会服务机构的项目服务存在诸多不规范行为。平台型社会组织考虑到各项目执行机构的项目经验不足，专业基础薄弱，甚至服务理念存在偏差等诸多问题，且出现的不规范现象不是短期内就能规避的。因此，在制度设计上也会不断降低考核标准，以迎合一线社会服务机构的需要。比如，许多创投项目的活动设计上都会将个案服务、小组服务等专业方法运用在项目之中。然而，在实际开展中，很少有组织能够按照个案工作、小组工作等操作模式去做。平台方

---

① 孙儒泳：《生态系统的反馈调节与生态平衡》，http：//www. eedu. org. cn/Article/ecology/ecologyth/ecosystem/200706/14280. html，2007 – 06 – 21/2018 – 09 – 13。

在考核时，逐渐降低了要求，更关注于活动的形式是否符合个案、小组工作的特征，在台账整理上有个案、小组的记录过程即可。至于哪些服务对象适合运用个案、小组工作方法开展，这些专业方法能否有效帮助到服务对象等问题基本难以兼顾。另外，按照创投制度规定，当执行项目的一线社会服务机构出现严重违规行为，出资方有权终止该项目。然而，在现实中，很少有一线社会服务机构因项目执行严重违规问题被出资方终止项目，多数情况是由平台方出面向执行方负责人提出约谈，商讨如何规避停项风险，按照低水准要求完成项目任务。项目执行方投入成本偏低，服务质量不高，但并未因此而受到停项，依然获得项目资金拨付。这就导致项目执行方未能受到公平公正的待遇，对执行规范的机构而言，体验到种种不公，不利于创投生态的良性运行。

然而，公益创投活动本身也建立了考核约束规范，它可以发挥及时管制的功效，对不合理行为加以纠偏，使整个创投活动重新回归正常轨道，这便是负反馈机制。比如，原则上公益创投项目的经费预算主要针对项目实际物资支出而设计，并没有考虑项目人员的劳务报酬。但这一设计过于理想，多数一线社会服务机构不得不通过虚报物资购买数量和志愿者费用等方式，截取部分资金维持机构运转及正式人员工资。出资方及平台方得知这一信息后，迅速作出调整，将项目人员的工资纳入预算范畴，有力地解决了项目执行中虚报账目现象的发生。比如，一线社会服务机构在执行项目时如果出现欠规范行为，平台方机构通过项目监测可以随时指出，要求项目方加以重视。情况严重者或者多次警告仍不听劝阻，平台方机构可以直接约谈项目负责人要求立即整改，甚至上报给民政局说明事情经过，要求项目停项或撤项处理。此外，当平台型社会组织出现问题不利于公益创投的运作，政府也会给予警示。一般而言，政府希望平台型机构社会组织在公益创投项目上投入更多的人力支持与智力支持。但是平台型机构为减少成本，仅招募少量的人员注入创投项目的管理，致使项目监测停留于形式或甚至无法持续跟踪，项目执行中许多问题没能及时发觉，而造成项目成效不高。因此，政府民政部门也会对平台型机构负责人提出警示的。

综上，在公益创投生态内，各主体在针对其他主体行为发生变化时均会作出行为反馈，且在反馈方向上存在正负向之分，对公益创投生态的破坏或平衡造成影响。至于正向或负向反馈的选择，则受制于各生态主体自身的生存需要及现实考量。两方面的反馈各有利弊，正反馈易于使公益创投顺利运行，但逐渐偏离了创投本质。负反馈对各生态主体行为产生约束，但有利于打造规范化的创投活动。

（三）从“制度设计”到“例行公事”

公益创投各主体之间已然形成持续互动、彼此关联的生态系统，每个创投主体的行为动态都会影响其他主体的行为反馈。反馈调节机制的本意是寄希望通过及时发现问题，通过相关举措加以约束引导，规范生态系统的正常运行。然而，在实践中，公益创投生态内各主体间虽已建立了稳定的反馈渠道，但依然存在两大问题：其一，存在大量正反馈现象影响创投生态的稳定性；其二，主体间的信息反馈流于形式，成效并不突显。

正反馈呈现的是系统内各生态元素缺乏足够的定力，会因为其他元素的变动随之发生生态位的改变。原先建立起的创投制度在特定情境下容易失效，一旦某一创投主体的行为发生偏差，也会影响其他主体跟随改变。这种情形延续下去，表面上公益创投活动运转顺利，没有太多障碍，但是实际上与创投的宗旨并不相符，往往难以达到创投所设定的目标。例如，平台方对于创投活动的考核主要以中期评估及结项评估为主，基本都属于现场答辩。而现场评估更加看重的是对项目资料的检查，一线社会服务机构谙熟这一规则后，把主要精力投入在如何制作项目台账上，项目服务成效则置于次要位置。公益创投圈内流传着这样一套说法：“项目做得好，不如台账资料写得好”，说明项目评估成绩与执行投入程度并不完全成正比。由此可见，鉴于平台方在项目评估环节对项目执行台账资料的偏好，导致一线社会服务机构将大量精力投入在如何完善项目台账上，反而并不十分注重服务成效。一旦这种做法成为业内行规，被广为效仿，则会影响更多一线社会服务机构的组织成长与专业能力提升，对公益创投整个生态的破坏性是巨大的。

另外，公益创投活动各主体间表面上已建立了完善的反馈调节机制，但实质上反馈仅停留于表面是缺乏成效的。例如平台型机构要求一线社会组织每月月底上报下个月的活动计划表，每月月初上报上个月的活动小结表。这样，平台型机构就可以直接通过查阅电子文本的方式对项目执行机构进行活动审核。类似于每个月的活动安排与当初申报书是否一致，各项活动经费开支是否合理等，以此杜绝项目执行偏离现象。表面上这一制度安排能够有效约束一线社会服务机构按计划执行服务。然而，这种制度设计仅在形式上得到落实，但从实际效果看并不理想。观察S市公益创投实践发现，平台型机构工作人员的数量是非常有限的，通常只有3—4个人要负责对接少则40—50个、多则70—80个创投项目，人均负责项目近20个左右。此外，还要为一线社会组织安排能力培训课程，处理项目日常行政上的事务等。因此，在项目文本资料审查上，平台型机构只能做到催要和接收，难以腾出精力再对照每个项目进行细致审查。项目执行的规范性主要依靠一线社会组织的自觉。最终有可能导致项目在结项时才暴露出许多问题，反馈调节机制并没有发挥应有的功效。此外，在项目评审和优化环节，平台方通常会结合每个项目在设计上的问题提出调整或整改要求。多数执行方在现场均能表示认可，然而回到实践中，却还是我行我素，很少能将平台方的整改意见吸纳进去。或是因为项目实际执行难度没有办法调整，或是基于项目经费的考虑不愿意调整。因此，平台方的执行方案反馈并不一定能产生实际效果。另外，创投生态内的信息反馈缺乏实效不仅发生在平台方与执行方，甚至平台方向出资方反馈一线社会服务机构在项目执行中存在的违规行为，可能也未必能得到明确的回复。

总体看来，公益创投生态中各主体之间的信息反馈有稳定的渠道保障，信息沟通也没有障碍，问题的关键在于信息反馈的实效性略显不足。每个创投生态主体将有限的精力聚焦于努力完成创投赋予的本职工作，对其他创投主体的生态行为仅停留在表层的反馈，没有对反馈效果作深度跟进。究其根源，一方面是各创投主体尚欠缺处理创投中新问题的实务经验，不知如何解决，抱着“走一步问一步”的心态；另一方面也是顾及创投生态内各主体关系的处理。如果严格遵照创投制度规范，有可能伤害彼此关系，产生不良社会影响，最终也会伤害创投的整体效应。

三　生态开放机制渐趋封闭

（一）生态系统开放机制

任何一种复杂系统，只有在开放的条件下才能形成，也只有在开放的条件下才能维持和生存。生态系统的开放性是指特定系统与整个外部发展环境存在着密切的联系，不断地与外界进行物质、能量和信息等各种形式的交换。① 通过各种物质、能量及信息的互换，生态系统内部实现新陈代谢以维系生态运行。开放性生态系统强调每个生态主体的对外开放，每个生态主体既要与生态内其他主体维持着积极互动的关系，同时还要保持与生态系统外部元素的各种关联。在这种交换中，系统经历着从低级向高级、从简单到复杂、从无序向有序的不断优化的动态发展过程，与外部环境是协调统一的。

生态系统的开放性通常是与系统的封闭性相对立的。在客观世界中封闭系统与孤立系统的存在是相对的，即绝对的阻止能量交换或者物质交换是不可能的。而且在有机生态中，不与外界发生物质及能量交换的系统其能量是逐渐消减的，这种生态也是极其危险的。开放性系统既具有自组织能力，还具有相对稳定的能力。从自组织能力看，每个生态主体可以通过对外部信息的反馈进行自控和自调，以达到适应外界变化的目的；从相对稳定的能力看，它可以保证系统在一定范围内的结构稳定和功能稳定，具有一定的抗干扰性；在与环境的相互作用中，具有不断复杂化和完善化的演化能力。

（二）社会服务项目生态系统开放机制

公益创投生态系统既具有多元参与主体的复杂性，也呈现出各创投主体对外互动的开放性。创投生态的开放性表现出各创投主体在发展中与外界环境在信息、资源等方面自发产生交换关系。创投生态系统的开放性涉及两个层面，其一是创投主体之间的开放性互动；其二是整个创投生态对外联系的开放性。这一系统的开放性并非毫无限度的开放，也

① 彭越、周波、艾南山：《现代人居环境与开放性生态系统的建设》，《土木建筑与环境工程》2002 年第 4 期。

受到不同程度的约束。

首先，创投主体之间的开放性互动是其生态维系的根本。由于公益创投属于社会治理的新型模式，这一新型模式必须依赖于各主体的积极互动才能得以维系。以政府为主要代表的出资方主体是公益创投的主要发起者，对公益创投有更大的期待。出资方主体主要通过政策发布、资金支持等方式向外部环境输送物质与能量，转换成具体服务传递给受益服务对象。无论平台方社会组织或是执行方一线社会服务机构都是出资方主体注重培育的对象，出资方主体面向平台方与执行方呈现出鼓励支持的姿态，竭尽所能为它们创造发展的有利条件。现实中，出资方主体也会在各种创投空间与平台方和执行方进行积极互动，寄希望于以它们为抓手，针对特定服务对象开展有效服务。除此之外，出资方主体甚至会主动邀请区域外的社会组织参与本地区的公益创投活动，给本土社会组织造成较大的压力。这一安排依据了“鲶鱼效应”，让一些外部优秀组织参与本土公益创投，通过项目示范刺激本土社会组织的成长。平台性社会组织作为创投活动的中介枢纽机构主要发挥联结出资方与执行方之间项目合作的作用。平台方必须要保持与出资方主体、执行方各个社会服务机构的紧密联系，打开沟通渠道，促进创投信息交流。现实中，平台方会主动向出资方汇报创投活动进展状况及面临的难题，同时也会强化对一线社会服务机构的扶持与监督工作，及时发现并解决问题，引领一线社会服务机构更好地发展。以一线社会服务机构为代表的执行方承接着整个创投的终端工作，决定着创投活动的服务成效，也十分重视与其他创投主体的联系。执行方需要向平台方呈现实际项目成效，接受出资方及平台方的项目评估。同时，执行方与出资方之间并不存在无法逾越的鸿沟，在遭受评估不公时，执行方也可能直接向出资方作出申诉反馈。由此可见，各类创投主体面对生态内其他主体的联系均表现出较强的开放性特征。

其次，创投生态的开放性还体现在积极与创投生态外部环境的联系。公益创投所形成的生态不是完全封闭的系统，为了更好地盘活区域性公益创投，每个地方创投平台不仅仅要强化系统内部的主体关系，也十分注重与外部环境的互动。这里的环境主要包括与项目落地方建立良好合作关系，积极引入高校及实务领域的专家资源，强化与本地企业资源的链接，注重与媒体资源的对接，与外部地区的经验交流等。从落地方来看，每个创投项目都要寻找到合适的落地方，在落地方明确具体的服务对象。然而落地方的配合程度直接决定着执行方社会组织能否顺利在该区域开展服务活动。因此，一线社会服务机构通常在设计项目阶段就要主动寻求合适的落地方的支持。从专家资源来看，公益创投在多个实施环节是需要专业元素的注入，如项目评审、项目优化、项目评估、能力建设培训等，因此，公益创投迫切需要引入更多专家团队助力创投活动的专业质量提升。平台方则需要积极链接一些高校专业教师、实务领域专家等专业资源参与创投各个环节。从企业资源来看，公益创投活动要求执行方不仅要做好公益服务项目，还肩负着调动社会资源的责任。有些创投项目明确要求一线社会服务机构能够从外部引入必要的物质资源共同助力公益项目执行。比如通过动员辖区内的一些企业捐赠物资的方式参与公益服务项目，引导企业践行社会责任。从媒体资源看，公益创投属于社会治理的新型事物，亟须提升其社会影响力。

因此，无论是出资方、平台方还是执行方都非常重视对自身创投实践的宣传，以此扩大组织的社会影响力，彰显创投实践的成效。从区域交流来看，不同地区在开展公益创投的目标上是趋同的，但是具体操作上仍存在诸多差异。创投经验较丰富的地区往往能够吸引周边其他地区前来参观学习，交流经验，互通有无。因此，从多个层面看，公益创投整个生态系统并非是一个封闭系统，在强化其系统内部运转的同时，它也积极开展与外部环境的联系，通过系统资源的内外传输获得发展。

综上，公益创投活动在初创时期，鉴于各地实施经验的欠缺，每个创投参与主体都急于从生态中汲取养分，推动各主体自身成长。因此，早期公益创投的学习热情十分高涨，面对一个全新领域，各个主体都是以学习者、探索者的角色投身公益创投生态中。无论是创投生态内部各主体的互动联系，还是与创投生态外部环境的对接交流，均展现出明显的开放性特征。

（三）从“引入带动”转向“地方保护”

伴随创投实践的不断深入，公益创投生态的开放机制正逐渐呈现消退迹象。而这种开放机制趋弱并非整个创投生态完全趋于封闭，创投生态与外部环境的互动依然保持良好的开放姿态，而生态系统内部各主体间的互动活力指数呈现下降趋势，信息流通明显减弱。具体表现在各创投主体对生态内其他主体的信息释放与信息接收两个层面：

首先，从信息释放层面来看，公益创投发展到一定成熟阶段，各创投主体之间的互动形式与交流内容基本定型，很难产生新的政策、知识、信息等给到其他主体，从而导致各创投主体间的互动必要性开始减弱。出资方主体通常是政策发布、制度设计的主要平台，长期实践下来，公益创投的实施目标、实施意义、实施计划等相应政策逐步固定下来。接下来，只需要平台方及执行方例行公事地贯彻和落实即可。因此，由于政策更新空间有限，出资方对其他创投主体释放信息的动力开始减弱。平台方主体是负责公益创投具体实施环节的枢纽机构，在常规工作中需要向出资方及执行方释放各种创投信息。一方面需要向出资方主体反馈公益创投执行状况及当下面临的问题；另一方面需要向执行方传递公益创投执行细致和规范性要求。长期实践下来，公益创投的实施步骤及现实状况也已成固定形态，面向一线社会服务机构的能力建设培训也基本上都是历年固定的主题，对一线社会服务机构培训的改进空间有限。因此，平台方在信息释放上的迫切性也略显不足。执行方在创投初期的任务主要是加强对项目运行管理的学习，需要及时将项目运行过程中产生的问题向平台方反馈，对平台型社会组织的培训诉求较为明显。除此之外，执行方还会根据组织发展的现状对出资方、平台方在公益创投制度设计方面提出种种诉求，以期赢得良好的创投运营环境。当公益创投发展成熟时，执行方基本已经理清创投的各项流程和规范，积累了丰富的执行经验，因此向平台方寻求培训学习的动力表现明显不足。

综上，公益创投活动在起初阶段，由于各创投主体缺乏磨合基础，面对创投这一全新事务又没有实操经验，急切希望通过自我信息释放获取其他创投主体的了解，增强互信，尽可能提升互动效率。然而，当公益创投发展到成熟时期，各主体对外释放信息的空间有限，每个主体只需按照创投的常规要求例行公事即可。因此，创投生态内各主体间的开放机制逐渐趋于减弱。

其次，从信息接收层面来看，随着创投活动的深入开展，各创投主体对于生态内其他主体传递的信息降低了敏感性，接收信息的开放机制也渐趋闭合。具体表现在，出资方对平台方呈现的创投运行状况信息兴趣感减弱，平台方对执行方的诉求也不够敏感，执行方对平台方的规范要求失去耐心。从出资方的信息接收来看，平台方是出资方获取创投信息的主要渠道，但是长期实践下来，出资方对创投活动的整体状况有了较为全面的了解。平台方在向出资方反馈时缺乏信息更新，因此出资方主动向平台方了解情况的动力变得不足。另外，有些出资方主体出于对本地区公益资源的保护，在动员社会组织参与创投项目的门槛上仅限于本地社会组织参与，从而限制了外部社会组织的经验分享。从平台方的信息接收来看，在创投起始阶段，平台方与执行方彼此缺乏了解，平台方十分重视执行方一线社会服务机构的项目运作状态，对于执行方的项目问题及组织成长诉求都极为重视。同样经历长期探索，平台方对于每个一线社会服务机构的项目运行状况及组织发展情况都掌握比较全面。特别是执行方提出的共性诉求，也是在平台方的掌握之中。这样导致平台方主动搜集执行方一线社会服务机构信息的动机相对减弱。从执行方的信息接收来看，执行方在接受其他创投主体信息的主动性方面表现也尤为不足。通常，在项目执行中，执行方要对平台方的评估反馈意见加以认真吸收，积极调整。然而，伴随创投经验不断积累，执行方对于平台方的规范要求逐渐产生了免疫力，知道了哪些可为哪些不可为，哪些需要认真对待哪些可以蒙混过关。这样一来，执行方就没有细心接收平台方意见的主观能力了。综上所述，由于创投实践经验的不断积累，各创投主体逐渐掌握了创投活动的具体状况和规范要求，对于来自其他创投主体的常规性信息失去了接收的兴趣，创投生态内的开放机制也受到一定程度的抑制。

四　生态产出机制遭遇障碍

“好”项目是一种理性思维的价值建构，是对项目执行机构服务实践的理想期待，核心价值反映的是各项目参与主体对公益服务实践达成的基本共识。然而，“好”项目在实践中并不常见，唯有梳理出这一问题的根源，才能准确地把握住公益生态建构的痛点。研究认为，“好”项目的产出遭遇障碍的主要原因在于各项目参与主体对自己的个体理性过分追求、对整个公益生态的价值认知不足以及部分主体在公益生态中的参与缺位等。

（一）项目主体个体理性过分追求

良好的公益生态的维持需要不同生态主体之间形成必要的利益让渡与行为配合，构建良性的生态位关系。生态位特指某个生态种群所拥有的时空位置以及与其他种群的功能关系。在公益生态内，每个项目主体也都有着自己的生态位，不同生态位意味着各个项目主体在整个公益生态中扮演着不同角色，履行不同的生态职能。研究发现，公益“好项目”的产生受阻与各个项目主体对自己的生态位认识不清，过分追求个体理性的利益行为有着直接关系。

在公益生态内，出资方主体所占据的生态位要求其能够为公益项目运行提供必要的资金与政策支持，营造良好的社会环境。然而一些出资方主体（以政府部门为主）一方面出于对政绩的考虑，对公益项目定位较高，在项目团队、服务区域、服务对象数量、项目资金以及项目产出等方面提出了一些不切实际的要求，偏离了项目运行的正常轨迹。另一方面，受体制内项目审批复杂流程的制约，项目资金延后拨付的现象时有发生，对项目执行机构造成重大影响，出现拖欠员工工资甚至借债度日的现象。

平台方主体所占据的生态位要求其能够在出资方与执行方之间起到沟通协调作用，重点发挥社会组织培育以及公益项目的运营监管等职能。平台方既要能够协助出资方开展项目管理工作，又要能够反馈项目执行机构的利益诉求，在两者之间寻找关系的平衡点。然而，平台方出于对自身利益保护的考量，为了能持续获得出资方委托合作的机会，往往习惯性站在出资方立场处理项目运行中的问题。平台方在生态位中的中立性不足就会导致项目执行机构在项目管理中的话语权丧失的弱势处境。这一状况带来的结果是，但凡出资方的要求或平台方的规定，项目执行机构就必须遵从，基本没有平等沟通的谈判空间。平台方在公益项目扶持方面所发挥的作用非常有限，“好项目”的打造基本完全依靠执行机构自身，形成孤军奋战的格局，项目难度增大。执行方主体所占据的生态位要求其能够按照项目立项要求，落实好每一个公益项目的服务工作，改善服务对象的生活质量。

对于执行方而言，“求生存”永远是摆在第一位的重任。[①] 项目执行机构是整个公益项目的发力点，决定着整个公益生态的终极成效。它既要时刻面临来自组织自身生存发展的考验，又要不断面对来自项目的繁杂监控与管理事务，具体涉及团队建设、资源开拓、项目运行与管理、机构宣传、对外交流等方方面面的事务。要落实“好项目”的标准，项目执行机构所要承担的任务太多，负荷太重。各机构仅有的小规模团队根本无暇处理来自机构及项目中的各项繁杂事务，从而只能自我降低项目要求和服务质量，在公益生态内滋生“无过即为功”的心态。有些项目执行机构即便在人力不充足的情况下，还盲目申请各种公益服务项目，“撑死总比饿死强”已经成为绝大多数项目执行机构的“生存法则”。故此，“好项目”也就成为一种理论价值的建构，难以落到实处。

（二）项目主体生态价值认知不足

生态的本义指的是多个种群在特定空间内共同生活密切关联的一种生存状态。生态是有价值的，它既是一种命运共同体的体现，遵循“一荣俱荣，一损俱损”的生存法则，也是一种观察事物的视角。生态视角的价值在于将个体纳入系统环境中去分析，既肯定个体在整个系统中的作用与价值，同时也强调系统对个体成长发展的影响。在公益生态内，每个参与主体都是公益生态内的重要一员，其对生态的价值贡献应该得到承认，同时也要强化他们对生态系统的价值肯定。研究发现，“好项目”的产生受阻与各项目主体对公益生态的价值认知不足存在一定关联。

公益生态是一个有生命的整体，每个项目主体必须要以系统化思维

---

① 潘鸿雁：《一个社会组织的生存策略与价值意义——对 X 区癌症康复俱乐部的考察》，《天府新论》2013 年第 4 期。

去识别个体成长与生态系统的关系，孤立地看待公益项目运行难以营造共建共享的发展氛围。在公益生态中，以政府部门为代表的出资方主体具有相对较强的公益生态观，能够意识到公益事业发展不能单凭政府一己之力，需要整合社会力量一起参与。社会力量发育不良必将影响整个公益事业的发展。然而涉及项目资金的议题，为了规避监管责任，出资方又会淡化生态理念。具体表现在，其一，不愿意承认对项目执行机构人员的工资给付或者只接受低于市场实际工资水平的人员经费支出，从而导致项目执行机构普遍出现资金违规使用或台账造假的行为。其二，因出资方工作效率不高而导致项目资金延后拨付现象非常普遍，客观上对项目执行机构造成了伤害。

平台方是整个公益生态的中枢组织，对公益生态的理解更为深切，肩负着组织培育与项目监管的双重职责。然而，也有一些平台方组织凭借对特定区域实施公益项目委托监管的身份便利，为了一己私利，与一线社会服务机构建立私下“合作关系”，或者寻找与平台方关系熟悉的机构承接公益项目，采取违规操作的方式将有限的公共资源分配给中意的执行机构，从而破坏了公平竞争的公益生态。执行方是整个公益生态的焦点，承担着具体繁杂的一线服务工作。多数项目执行机构是缺乏公益生态意识的，缺乏大局意识和长远眼光，甚至会因为机构一己私利不惜对整个公益生态造成破坏。具体表现在，为了降低机构运行成本，对出资方及平台方所提出的项目要求采取阳奉阴违的态度，如未开展需求调研凭空设计服务项目，项目执行偏离计划要求，违规使用项目资金，服务台账资料涉嫌造假，套用以往项目资料等现象时有发生。这些不良现象一旦形成就会产生连锁反应，项目执行机构会相互感染，模仿学习，最终将导致公益生态环境不断恶化。

综上，无论出资方、平台方抑或执行方首先考虑的都是借助公益平台如何成就自己，对整个公益生态的价值关注略显不足。然而事实上，在公益生态内，每个公益主体都是生态链上的重要一环，彼此高度关联谁也离不开谁。生态环境一旦恶化，就会直接影响生态内其他公益主体的参与信心。在公益行业尚不成熟的当下，出资方主体要求过于严格，会损伤执行方的参与热情；执行方的项目实施不力，也必将影响出资方对公益领域的持续投入；平台方如若借委托管理之名行私下之利，必将破坏一线执行机构的公平竞争机制，损伤自己的公信力，最终也会影响整个公益生态的良性运行。

（三）公益生态部分主体参与缺位

成熟的生态系统必然是种群类别相对完备的有机统一体。公益生态自然也要确保各生态主体能够有序地参与进来，主体身份能得到普遍承认，同时也需要被赋予适宜的生态主体职责。[①] 围绕公益服务项目所形成的生态系统，内部包含诸多生态主体。除了本书重点分析的出资方、平台方、执行方以及受益方之外，还涉及项目落地方、专家资源、志愿服务资源、媒体资源、市场企业资源以及普通社会公众等，他们都以各种形式参与到公益项目各个环节之中。虽然并非都属于公益生态内的非核心主体，但他们对公益生态的维系与发展仍然产生着重要影响。研究发现，多数公益项目运行不畅，实际效果不佳与这些主体的生态身份未能得到一致承认有关。他们虽有参与，但未能凸显其主体性价值，参与公益的积极性就会受到弱化，“好项目”的产生就会受到影响。

这些非核心参与主体对于公益生态的运行成效能够产生积极的辅助功能，缺少他们的支持，良性的公益生态也将难以形成。落地方是公益项目实施的具体地点，项目执行机构通常要寻求落地方的支持才能获取有效的服务对象，并借助他们的辖区场地开展公益服务。以基层社区为代表的落地方是公益项目实践的主要阵地，实践中落地方对于公益项目在本辖区实践的态度褒贬不一。持否定态度的落地方认为，公益项目落地后在辖区内开展的服务活动专业性不足，并不能给服务对象的生活带来实质性改变，反而会给他们正常工作带来干扰，占用他们的场地资源，甚至可能会制造社区矛盾等。落地方通常只会以配合者、协助者的角色参与公益项目之中，其主体性体现不足，从而导致参与积极性不高。

志愿服务资源是确保公益项目可持续运行的必要保障，项目执行机构通过在落地辖区发展和培育志愿服务资源为项目服务提供必要支撑。

① 参见周连辉《生态责任主体及其相互关系论》，研究出版社 2018 年版。

然而，多数基层志愿服务团队的组建仅是出资方对项目的要求，他们一方面没有得到项目执行机构专业系统的培训；另一方面也缺乏对他们开展志愿服务提供必要的资源支持，从而导致志愿服务团队仅表现为一个空壳，没有实际意义。这些被招募的志愿服务资源仅是为了配合项目执行机构完成项目指标的形式性存在，故参与感与主体性严重不足，久而久之，就会弱化对公益项目参与的积极性。

媒体资源是宣传推广公益服务项目的重要渠道，直接影响各个项目的成效评价，是各个项目执行机构非常看重的稀缺资源。在公益项目运行环节，通常由各项目执行机构主动邀约媒体对服务活动进行报道。而媒体参与项目活动报道的主动性不强，真正能获得高级别传统媒体报道的项目则少之又少。类似这样的生态主体还有很多，包括市场企业资源以及普通社会大众等，他们都有一个共性特征，就是寻找不到主动参与公益服务项目的动力在哪。虽然偶然也会有零星式的参与，但是参与的持久性、稳定性不足，从根本上看，是缺少对参与公益服务项目的主体价值肯定。

五　生态共生机制陷入冲突

（一）生态系统的协同共生机制

协同与共生是生态系统内部各主体之间的关系得以维系的基础。协同学理论告诉我们系统内部各子系统必须协调合作，减少内耗，充分发挥各自的功能效应，强调子系统之间的相互作用及其与外界所进行的物质或能量交换，目的是形成有序的结构、适应的行为和聚合的功能。[①]协同论告诉我们，系统能否发挥协同效应是由各子系统通过自我调节、自我配合形成协同作用所决定的，协同得好，彼此相互协调配合，共同围绕目标齐心协力地运作。其本质在于自组织性，即子系统之间引发合作效应，进行集体行动，产生自组织状态。此外，协同学理论还强调各

① 李冠杰：《“协同共生”：区域生态环境治理新范式》，《武汉科技大学学报》（社会科学版）2017 年第 6 期。

子系统之间的平等性和功能性，致力于改善系统的自组织的机制与过程。①

“共生”的概念最早在1879年由德国真菌学家德贝里提出，他将其定义为不同种属生活在一起，暗示着生物体某种程度的永久性物质联系。共生是生物界的普遍现象，是指由于生存的需要，两种或多种生物之间按照某种模式互相依存和相互作用地生活在一起，形成共同生存、协同进化的共生关系。② 20世纪五六十年代以后，“共生”的思想逐步被人类学、生态学、社会学等学科领域所关注，普遍认为现代社会中人与人之间、人与物之间已经结成了一个相互依赖的共同体。共生是自然界和人类社会普遍的自组织现象，对称互惠共生是必然趋势，“协同共生”理念的本质特征就是合作与协同。

共生理论中的共生，是指由多个共生单元通过相互竞争、相互结合在不断地与共生环境进行物质与能量交换过程中形成的紧密关系。共生单元是构成共生系统的基本物质要素，其相互作用的方式和强度反映共生关系的疏密度与共生模式的稳定性。③ 共生强调共生单元之间相互理解和激励、共同适应和发展，这是支持共生单元进化的良好路径，也是维系共生关系的基石。④

协同是自然与人类社会发展的动力，而共生的本质是协同合作。协同理论与共生理论存在多方面联系，它们都是研究系统各要素之间的动态作用，都强调要素之间的合作效应，都反映系统动态发展规律。协同侧重于系统自组织的过程以及实现的状态，共生强调促使系统内部结构优化和功能创新的关键在于共同进化方式的选择，两者属于目的和手段的关系，是不可分割的统一体。

---

① 参见［德］赫尔曼·哈肯《协同学：大自然构成的奥秘》，凌复华译，上海译文出版社2013年版。

② 杨玲丽：《共生理论在社会科学领域的应用》，《社会科学论坛》2010年第16期。

③ 黄静、张雪：《多元协同治理框架下的生态文明建设》，《宏观经济管理》2014年第11期。

④ 陶国根：《协同治理：推进生态文明建设的路径选择》，《中国发展观察》2014年第2期。

（二）社会服务项目生态系统协同共生机制

公益创投生态系统的维系也强调内部主体的协同与共生。协同是创投生态形成的根基，强调的是各创投主体围绕公益项目进行业务合作，相互支持配合，充分发挥各自功能效应，只有这样才能确保整个创投生态的稳定运行。共生是生态协同的终极目标，即各创投主体之间存在较强的依赖特征，唯有通过彼此良性互动与功能互补，才能达成彼此共生的成效。公益创投生态是一个多元协同的有机系统，每两个生态主体间都存在协同共生的基础和必要性。

1. 出资方与平台方的协同共生

出资方与平台方在创投生态中的协同基础在于委托关系的生成。出资方迫于自身精力不足或专业度不够，将公益创投活动委托给平台型社会组织来操作。平台型社会组织因受委托才具体落实出资方交办的项目。从协同性角度看，双方协同合作的共同愿景是致力于社会组织的不断创建及快速成长，助推地方公益事业发展。为了实现这一愿景，出资方主体为平台方搭建了合法性创投实践平台，并注入了项目实施所需资金。平台方主体则携带专业技术负责组织实施创投活动的各项流程，培育扶持社会组织成长，并监督各公益创投项目得到有效实施。从共生性角度看，协同的目标是为了更好实现共生。出资方主动与平台方协同合作是为了践行出资方主体的价值使命，无论是政府、企业或是基金会组织，他们作为出资方平台都有履行社会责任的职责使命。扶持公益创投活动是彰显出资方主体参与社会公益事业发展的具体体现，也是赢得社会公众良好口碑的直接方式，有利于为出资方主体塑造更强的公信力，促进其更好地生存与发展。而平台方主动与出资方的协同合作，也是其践行组织自身价值使命的突出表现。公益创投平台方机构其本质属性也属于社会组织，其组织创建的初衷就是盘活社会有生力量，培育扶持社会组织成长。开展公益创投活动是平台型社会组织践行社会公益事业发展的有效抓手之一。通过与出资方主体协同发展公益创投活动，平台方主体可以获得在特定地区开展公益活动的合法性身份以及组织生存所必需的资金支持。

2. 平台方与执行方的协同共生

平台方与执行方在创投生态中的协同基础在于组织培育关系的建立。公益创投活动的有序推进离不开大量一线社会服务机构对公益项目的执行参与。然而，一线社会服务机构在我国的发展较晚，受政府购买服务的政策影响，近年来才呈现兴起态势。一些初创的社会服务机构缺乏组织运营管理经验，更缺乏项目执行经验，迫切需要得到专业力量的培育和支持。从协同性角度看，平台方与执行方都致力于公益项目的有效执行以及社会组织的健康发展，唯有二者协同才能将公益项目落到实处。平台方依托自身的组织培育经验，对一线社会服务机构开展扶持培育工作，助力组织成长。另外，平台方通过对公益项目的监管帮助一线社会服务机构掌握项目执行经验。执行方则以公益项目为载体，通过项目服务的开展，践行平台方对社会组织的发展期待以及对公益项目的具体要求。从共生性角度看，培育扶持一线社会服务机构成长本身就是平台型社会组织的职责使命。没有一线社会服务机构，则平台型社会组织也就失去了存在的必要性。每个一线社会服务机构的成长空间即为平台型社会组织的生存空间，在组织培育中平台方可以获得自身的存在价值。而执行方一线社会服务机构类型多样，分布广泛，没有自发形成合力，单凭自身力量很难撬动出资方资源。通过参与公益创投平台，一方面可以借助平台方的整合力量实现集体抱团，撬动更多出资方资源推进公益事业发展；另一方面，可以获得平台方的专业技术支持，强化了一线社会服务机构的综合实力，有利于组织运营管理经验及项目执行经验的不断提升，更好地适应未来挑战。

3. 出资方与执行方的协同共生

出资方与执行方在创投生态中的协同基础在于契约关系的建立。从形式上看公益创投也可以理解为服务购买模式，出资方以出资的方式向执行方进行项目服务购买，执行方依托自己的实际服务获取相应的资金支持，二者在创投生态中属于真正的契约双方。从协同性角度来看，出资方主体与执行方主体在改善民生服务领域具有共同的愿景，只是二者的组织属性不同，一方属于物质资源持有主体，另一方属于服务资源持有主体。然而双方对于实施公益服务都存在缺陷，出资方缺乏足够的人力资源与专业服务能力，执行方则缺乏维持服务所需资金。因此，二者通过服务购买的契约方式致力于公益服务发展具有较大的合作空间。从共生性的角度来看，出资方通过购买执行方一线社会服务机构项目服务的形式，践行其民生服务的社会责任，以期获得良好的社会评价，提升出资方的社会公信力。而执行方凭借出售组织服务的方式获取维系组织生存发展的必要物质资源支持。执行方一线社会服务机构参与公益事业发展的途径较多，既有自发性纯公益服务实践，又有契约性项目化服务实践。后者更倾向于获得长期稳定的资源支持以维系组织自身生存。

综上，公益创投各生态主体之间存在紧密的依存关系，对彼此的存在功能都有着较高的期待。出资方、平台方以及执行方基于委托关系、培育关系以及契约关系整合在一起，彼此通过信息沟通、资源互换等形式共同致力于地方公益事业的发展，并探索出一套基层社会治理的新型模式。

（三）生态协同共生机制遭遇破坏

理论上看，公益创投生态内各主体的协同共生关系是基于委托、培育、契约等关系而形成的生态共同体，他们都共同致力于推动社会力量成长，改善地方公益生态发展水平，从而建立了一套协同共生的合作机制。然而在实践中，各创投主体出于自身利益最大化的考虑导致这种协同共生的合作机制却屡遭破坏。

1. 生态干扰：职能边界被突破

创投生态是一个协同共生的系统，各主体之间存在彼此依存关系，但各主体的生态功能是明确的，彼此之间也有清晰的角色边界，一旦某一方创投主体涉足自身职能之外事务就可能形成对整个生态的干扰，对协同共生机制造成破坏。在创投生态中，各主体的创投行为逾越了自身职能的界限或不合理的制度安排，对其他主体正常运行产生影响形成干预的现象比比皆是，主要表现在项目评审、项目日常监管、项目评估等环节。

项目评审是公益创投项目立项的重要环节，也是容易形成创投生态干扰的关键节点。项目评审通常由平台方召集各领域专家组建评审团队，对一线社会服务机构的公益申请项目进行评审。评审团队的公信力在于专业性和中立性，然而在实践中这种项目评审的公信力会受到外界干扰。对项目评审的干扰可分为以下两部分：其一是出资方力量的介入。出资方可能会对平台方施压，私下建议平台方对“个别项目”给予特别关注。平台方则会将出资方建议传递给评审专家，从而对项目评审的公正性带来干扰。其二是平台方力量的介入。由于平台方长期接触大量一线社会服务机构，对每个机构的发展理念及运营状态把握比较清楚。这些机构是属于务实型或者浮夸型组织，公益理念是端正的还是偏差的，项目执行能力是强的还是弱的，执行团队是否好打交道或是难以配合，等等。这些信息会在平台方留下刻板印象，在与评审专家前期交流时，可能会进行前期交代，对于专家团队的评分工作会产生直接影响。

项目日常监管指的是平台方对一线社会服务机构执行方的平常项目执行状况进行监督管理工作。[①] 平台方这一看似正常的管理行为，却很可能给执行方带来压力，影响其服务项目的正常开展。在项目执行期间，多数一线社会服务机构执行方面临着“人少活多”的困境。正常项目执行就会挤占项目成员大部分工作时间，然而平台方基于项目监管和能力建设培训等方面的考虑，会不间断地与项目成员沟通联系，对其项目进行监测或动员他们参加各种能力建设培训。项目具体执行的时间、地点、内容并不一定与计划书保持完全一致，即便当初的项目设计不太合理，但为了迎合平台方的监测，会打破正常的工作安排硬生生地套用计划要求，影响项目执行效率和效果。围绕能力建设培训，平台方基本每年都要实施，且议题变化不大，主要包括项目需求调研、志愿者招募及能力培训、项目财务管理、公益项目媒体宣传、项目评估等。然而，这些看似非常合理的能力建设培训也可能会给执行方带来不少工作干扰。比如许多相关培训议题项目成员都已经被培训多次，今年的培训又要开展，但培训讲师及培训内容并没有显著变化，培训的意义和效果就不明显。但是平台方举办的类似能力建设培训活动执行方却不得不参

---

① 马福云：《社会组织发展需培育与监管并重》，《中国党政干部论坛》2017 年第 3 期。

加，这样也会干扰组织平时的工作。

项目评估环节是平台方对执行方的公益项目执行成效的评审环节，也是整个项目的最后节点。项目评估涉及对整个项目执行质量的综合评价，其评估结果对执行方的后续发展及社会口碑都有较大影响。[①] 综合评估优秀或良好的项目，意味着整个项目执行获得了出资方及平台方的肯定，对于执行方的社会影响力起到了很好的推动作用。同时，也有利于执行方在以后的项目申请上获得良好的印象分。因此，执行方对项目评估工作都会极其重视。在S市某届公益创投活动十佳项目评比活动中，其中有一家机构在现场的综合评比环节排名比较靠后，未能入选"十佳"创投项目的荣誉称号。据了解，这家机构负责人是一所高校教师，做事非常认真负责，对待本次项目投入的精力很大，对申报十佳项目也是充满信心。然而，项目评审采取评委现场打分形式，存在较大的主观性。这家机构在评审现场却因为没能很好回应个别项目评审专家的问题，结果十佳项目及优秀项目均未能入选。随后，该机构负责人直接向民政部门负责人进行申诉，表达了对评审结果的不满。民政部门为了平息风波，经过沟通后，最终给出了这家机构优秀项目的荣誉称号，这件事才算完结。这件事说明，执行方一线社会服务机构可能会逾越平台方，直接与出资方沟通或申诉等以谋求机构的现实利益，本质上也属于对出资方主体的职能干预。

2. 生态抵制：创投合作被敷衍

生态抵制意味着各生态主体对其他主体发出的行为及讯息并不能以积极的姿态加以合作，反而会对此进行形式性敷衍甚至会加以抵制。之所以会产生这种不合作的行为，多数情况是基于各主体自身利益的考量，相对合作而言，抵制或敷衍可能会让自己有着更多获益。在创投生态体系中，执行方与平台方在业务往来上沟通最为频繁，极易发生创投抵制行为。[②]

① 邓国胜：《中国公益项目评估的兴起及其问题》，《学会》2009 年第 11 期。

② 崔月琴、龚小碟：《支持性评估与社会组织治理转型——基于第三方评估机构的实践分析》，《国家行政学院学报》2017 年第 4 期。

平台方受出资方委托代行管理公益创投活动，履行对各创投项目的监测与管理工作，同时还肩负对各项目机构的培育任务。然而，平台方对执行方的监管与扶持，并不一定能获得对方的支持与配合，甚至会发生抵触行为。主要表现在执行方可能会对创投项目的政策要求进行敷衍，违背项目契约的计划安排，采取模糊抵制的策略对待平台方给出的整改意见等。

政策敷衍意味着执行方对政策执行采取不关心、不投入的心态，并没有按照政策要求行事，仅停留在形式上遵从、实际上敷衍的状态，从而导致政策要求成为一纸空文。公益创投执行方在申请项目时，被要求必须事先做好需求调研，缺失这一环节对公益项目后期执行将会造成巨大隐患。然而，现实中绝大多数社会服务机构并没有认真做好需求调研工作。原因在于，一方面从成本角度考虑，能省则省；另一方面受机会主义心理影响。需求调研属于一个系统性工作，需要投入大量人力、物力、时间才能实施。当前多数社会组织承担的项目量已超过了现有人力可以承受的范围，机构的主要精力会放在项目实施层面，基本无暇顾及没有实际产出的需求调研工作。而且，在需求调研基础上的项目设计未必一定能获得项目立项资助，未开展需求调研的项目也有获得资助的可能。原因在于平台方在立项评审时更多关注的是项目的创新和设计的专业性，对于需求调研的真实性关注度略显不足，他们将心思更多运用在项目设计上。有些社会组织为了获取迎合平台方对需求调研的要求，甚至会编撰一些虚假的需求数据以期蒙混过关。即便需求调研不实，其在项目评审中所占权重也并不十分突出，由此带来执行方敷衍创投政策要求，并未开展需求调研的现象比比皆是。这种政策敷衍带来的影响，最坏的结果是项目不被立项，而且项目执行方通常也不把这一结果视为与需求调研有关，只认为自己的项目没有设计好。对于敷衍政策要求之事，平台方也未能给出明确的惩处措施，故此，类似现象频繁出现也就变得习以为常了。

违背契约指的是契约双方约定的契约条款，并没有严格遵照契约要求的具体项目实施，一方对契约内容进行重大调整导致另一方无法接受，从而违背了契约精神的现象。[①] 公益创投中被立项的项目申报书是多方合作意愿的共识，一旦签字生效就符合契约要件。执行方要依据项目申报书在项目周期内完成各项服务活动，并达成项目设计的服务目标；平台方则也会依据项目申报书的要求对执行方履行项目服务任务情况进行监测与评估。而在现实的创投活动中，执行方并不能完全遵照当初的申报书去实施各项服务，甚至会单方面完全曲解当初的项目共识，从而导致项目实施偏离正常方向，项目目标无法达成。以S市X区级公益创投活动“英雄少年——青少年成长计划”项目为例，项目拟为当地社区青少年展开抗震减灾知识教育与应急知识培训，通过社区青少年带动更多社区居民参与应急管理活动中。然而，该项目执行机构负责人为了便于实施，直接联系了当地的一所学校在课堂里给学生们讲解相关应急知识。项目的服务对象、项目地点完全与当初设计不符合，也背离了通过项目带动更多居民了解应急救援知识的初衷。而且在学校开展培训活动的频次也远远没有达到项目的计划要求，经过项目中期评估后，平台方不得不对项目方作出停项整改的处理措施。类似这样肆意调整服务对象、服务频次、服务内容和方式等项目还有很多，分析原因主要有两点，其一是因为项目设计之初未能开展需求调研，对项目设计过于自信，忽略了对项目落地实际情况的考虑，从而出现了设计偏差，难以按照计划要求履行职责。其二是因为项目方对契约精神重视程度不足，对公益项目的理解过于泛化，认为只要是做服务，对谁做服务，在哪里做，用什么方式做都不需要上纲上线。

模糊抵制属于一种柔性抵制策略，即一方对另一方采取非正面对抗的形式，拒绝履行本应属于自己义务的职责。在公益创投中，多数表现为执行方对出资方或平台方给出的项目整改意见，并没有用心反思问题，反而采取阳奉阴违的策略借故种种理由不按照整改要求来履行自己职责的现象。非正面、非对抗是模糊抵制行为策略的主要特征。平台方通常对项目执行状况进行中期评估后会给出一些调整建议，表面上执行

---

① 骆亚卓：《项目契约治理与关系治理研究现状与评述》，《人民论坛·学术前沿》2017年第24期。

方现场表示一定会好好修改完善，但实际上并不一定能得到项目执行方的重视。只要平台方提出的问题不属于原则性问题，均可以采用模糊策略加以回应。等到项目结项评估时，过去存在的问题现在依然存在，执行方通常会借故各种理由加以辩解，目的就是尽快耗尽评估这段时间，平台方对此也只能听之任之。分析这一模糊抵制行为的背后原因，一是执行方不愿意顺应平台方提出的调整要求，是因为调整的难度过大，机构自身难以承受这一压力。二是出于对出资方及平台方身份的敬畏，即便自身难以改变，也要维持与平台方的表面平和，不作正面冲突，只能停留在口头上的遵从。

3. 生态竞争

生态竞争特指在特定生态区域范围内同质性的生态主体为了维持自身生存与发展，围绕空间、资源等优势元素进行相互争夺的现象。[①] 具有大量同质性生态主体是生态系统内形成竞争关系的必要前提。理性的竞争是生态系统保持活力的主要动因，是良性生态关系得以建构的基础，而无序恶性竞争则会对生态格局造成破坏。在公益创投生态系统中，以社会服务机构为代表的执行方数量众多，彼此在发展方向、服务对象、服务内容、服务形式等方面具有较大相似性。在资源相对稀缺的环境背景下，某一机构的存在对于其他同类机构而言具有现实竞争性。以执行方社会组织为例，他们存在的恶性竞争关系时有发生，根本目的就是期待获取更多资源或实现资源垄断，主要表现在“声誉诋毁”“挖墙脚”“恶意压价”等。

创投生态内的每个社会组织都希望能够在诸多具有相同服务领域的组织群落中，获得更多的优质资源，生态竞争必然是避免不了的公益话题。而声誉诋毁是创投生态中一线社会服务机构之间最为常见的一种恶性竞争形式。在创投生态内，一些机构为了得到相对更多的资源，则会对具有竞争潜力的机构进行声誉中伤，不惜捏造事实破坏其他同类机构的组织形象，造成不良社会影响。调查发现，在S市某街道公益坊内，有多家社会服务机构，其中有两家属于该街道重点培育对象。一家H

① 曹德骏：《论企业生态竞争》，《理论与改革》1999年第6期。

机构专门致力于亲子阅读推广服务，另一家S机构专门致力于残疾人就业服务。其中S机构负责人在访谈中说道："因我们两家机构隶属同一街道，日常服务需要链接的志愿者资源存在交叉。为了获得更多街道资源支持，两家机构一直存在潜在的竞争关系。有一次H机构要动员志愿者参加活动，但是因为时间冲突，志愿资源提前已经预约好要参加我们机构的志愿服务。H机构负责人则在志愿者群内散布有关我们的谣言，说我们机构一年的公益项目资金高达一两百万，机构主要是为了营利，缺乏公益性等，鼓动志愿者不要参加我们机构的志愿服务。这一信息传播出去后，对我们机构的服务推广及声誉造成了极坏的影响，所在街道也颇为关注。甚至是长期参加我们志愿服务的核心团队成员也到机构来质询我的公益初衷，当时我的压力确实很大。"

挖墙脚指的是发生在创投生态中不同社会服务机构之间相互嵌入对方资源夺为自己所有的一种恶意竞争行为。这里的资源既包括人力资源，也包括政府出资方资源。社会组织发展人才是第一资源。当下各类社会组织普遍面临着人才资源短缺以及流动性强的问题，人才的数量及质量直接关系到社会组织发展的速度与规模。为了维持机构正常运转，招募社工已成为常态工作。然而，社工从业人群数量较少，且有经验的人群更显弥足珍贵。为招募到可以直接上岗的一线社工，一些社会服务机构开始打起了其他机构的主意。在集中培训或者日常活动中，挖掘对方机构一线社工的案例也屡有发生。另外，笔者在调研中还发现，一些社会服务机构还存在挖掘其他机构政府出资方资源的现象。S社会服务机构属于Y街道层级的平台性组织，承接Y街道社会组织孵化培育的任务。S机构负责人在访谈中谈道："在其孵化的社会组织中，有一家L机构曾有企业经营管理背景，经过一段时间的学习和熟悉后，对组织孵化平台的管理事务也基本有了掌握。通过Y街道领导多次到达孵化平台带人参观后，也逐渐与Y街道领导建立了联系。后来，L机构很希望能够取代我们机构承担Y街道社会组织孵化的任务。就直接私下向街道领导反馈我们机构的问题，说我们机构现在将主要精力放在对外业务拓展方面，已经和多家街道有了合作意向，并不能全身心投入在Y街道的组织孵化工作中。后来，Y街道领导直接找到我们询问相关情况，希望我们能够安稳地在 Y 街道扎根做下去，不要左顾右盼，导致我们后期的合作也很被动。”

恶意压价指的是创投生态内一线社会服务机构为了获得公益项目立项，不惜单方面将公益项目的申报价格压得很低，以期得到出资方资助。出现恶意压价的动因是为了出其不意，打价格战，用低价赢得项目资助。然而，不考虑实际成本单方面压低项目价格，这本身就属于恶性竞争，同时降低项目预算成本必然影响项目执行成效，难以确保项目按质按量顺利完成。这一行为带来的结果是破坏了出资方定价机制，也影响其他机构今后获得项目支持的机会。调研中，W 区民政局社会组织科 W 工作人员向笔者谈道：“2017 年 S 市 W 区实施社区服务社会化项目，这类项目是需要招投标的形式来审批立项。我们对每个项目的立项预算原则上不超过 30 万元，多数社会组织将经费预算设定在 29 万—30 万元，充分利用我们出资方给出的价格空间。然而，有一家 H 社会服务机构成立时间不长，为了能够在竞标中脱颖而出，直接报价为 18 万，远远低于公益圈内的实际预算成本，最后也如愿以偿拿到了一个街道的项目标的，把与其一起竞标的几家机构给挤走了。但是问题也来了，每个项目要求完成的工作量是我们出资方给出的，等于说要想如实完成这些项目，30 万元的经费与工作量是基本吻合的。大幅度地缩减预算成本，就可能使项目服务数量及质量打折扣。”

六　社会服务项目生态问题的结构性反思

公益创投活动是由多个社会主体共同助推公益行业发展的独特领域，已具备了生态系统运行的各项要件。创投生态的形成给地区公益发展创造了良好机遇，但生态的成熟水平也直接影响着创投的成效。

从静态层面看，公益创投活动所构建的生态系统是否完备，各生态主体之间的关系结构是否稳定，尚有待商榷。当前，公益创投活动的参与主体基本稳定，主要包含出资方、平台方、执行方以及受益方，他们是在正式语境中被得到承认并加以重视的生态种群构成。然而，在实践中，公益创投生态系统并不仅限于这些种群，单凭这几个主体并不能支撑整个创投生态的完备性，而且这些生态主体在现实运行中的关系也是极不稳定的。除了这些常规主体之外，公益创投活动还依赖于其他主体的投入与参与。具体而言，还包括落地方、媒体以及基层志愿服务团队等。落地方是每个创投项目运行的必要构成，每个创投项目都需要有固定的落地方接纳，落地方是否配合直接影响创投项目在基层实践的项目进度和稳定性。媒体资源是公益创投活动扩大社会影响的重要抓手，不管是出资方、平台方还是执行方为了向社会呈现公益项目执行的社会价值，就必须依赖广大新闻媒体资源的宣传报道。单凭项目执行机构单方面投入公益服务项目难以确保项目可持续性发展，多数项目执行机构被要求必须要在落地方挖掘及培育一些志愿团队参与项目服务之中，待项目结束后依然能够延续公益服务的推行。

现实实践中，这些创投参与主体虽然都客观存在于创投生态系统之中，但他们在创投生态中通常被视为辅助性角色，其生态主体地位并未受到足够重视。正因为如此，一旦这些生态主体参与深度不足，就会对整个创投成效产生不良影响，这也是造成公益创投生态存在问题的症结之一。由此可知，对创投生态的理解，要考虑到生态种群的全面性，要尽可能将各种参与主体纳入系统内考量，充分尊重各个参与主体的生态价值，突出其主体性地位。

从动态层面看，公益创投生态运行的整体功效如何凸显，创投活动中衍生出的种种生态问题是否属于必然，各种生态问题其背后折射的核心根源是什么，仍是值得探讨的话题。公益创投活动的最大功能体现在坚持走多元参与的发展路径，也是对创新社会治理的最直接体现。创新社会治理的内涵要求激发社会一切有生力量，通过协同共商的方式参与社会问题治理。公益创投活动从创建之初就坚持走“抱团式发展”的公益路线，出资方、平台方、执行方等多种社会主体联合实施公益创投。通过抱团的方式整合了一切可以动员的力量共同推动公益行业发展，每个创投主体可以集中精力发挥自身优势特长，即让专业的部门做专业的事。“抱团式发展”整合了多方资源，在社会上产生整体效应，对于公益创投扩散具有推广功能。与此同时，各个创投主体面向公益事业发展可以产生相互约束机制，这也是确保公益创投形成整体功效的基本保障。

创投生态既为公益创造了价值，又带来了困扰。关于公益创投生态内呈现的种种生态问题又该如何理解？研究认为，生态发展是否能够良性运行，一方面取决于生态结构的完备性；另一方面还取决于生态主体是否具备生态观念与系统意识，是否达成所处生态位的职责要求，二者缺一不可。

从生态主体的完备性来看，公益创投生态结构基本满足了完备性，但仍然存在一些问题，突出表现在部分参与主体并未被纳入整个创投的工作格局中，即它们的生态主体地位未能得到重视，如落地方、媒体机构、社会志愿力量等。另外，作为受益方的服务对象虽然客观存在，但是未能发挥服务对象的主体价值，他们对接受公益服务的认知和感受未能形成稳定渠道向出资方或平台方反馈，从而导致出资方及平台方对创投成效的评估深度不足，甚至质疑创投成效。

从创投主体的生态观念来看，各主体对公益创投活动的整体生态意识表现略显不足。出资方主体通常以政绩为创投导向，对创投活动定位较高，设定了创投活动难以达成的目标，是导致一线社会服务机构在服务中出现形式主义、破坏创投生态的主要根源。平台方主体参与公益创投兼具“使命”与“利益”双重动机，站在“使命”的高度，平台方期待创投活动能形成良好的运行生态。平台方本身也属于社会组织，出于“利益”的考量，它又容易放弃自己的“独立性”立场，偏向于迎合出资方的需求，在执行方面前容易形成出资方代理人的形象。这一管理者形象客观上降低了平台方的专业属性及对执行方的支持色彩，无形之中拉开了执行方与平台方之间的距离。执行方在创投中同样具有“使命”与“利益”双重动机，但是这一主体内部类别多样复杂，每个组织首先考虑的是组织自身的生存发展问题，对于创投的生态观念总体偏弱。他们具有强烈的求生本能，甚至会出于对组织自身利益的维护，而不惜破坏整个创投生态。比如在创投活动中虚构服务活动，提供虚假台账资料，不按项目要求履行服务职责，甚至会出现恶性竞争等现象。

对于创投生态中出现的问题是否属于必然，研究认为，生态本身并不一定要与问题挂钩，然而创投生态本身属于一种新生事物，新生事物在探索期因为不成熟而出现种种问题也实属正常。公益创投对于各创投主体而言，多数都是带着尝试探索的心理参与其中，且在创投初期创投生态结构尚未稳定，各主体又过多注重自身利益的考量，出现一些问题也实属难免。若从根本上规避创投生态中的问题，其治理之道在于多元主体的创投共识的达成，即在充分考虑各方主体利益满足的前提下围绕如何更好实践公益服务达成共识。研究认为，当前公益创投生态最大的问题在于各创投主体都是用“公益之名”对其他参与主体提出期待，而忽视了每个参与主体在创投生态内的合理诉求，同时，又缺少对自己的公益行为的约束。因此，生态的维系有赖于各生态主体围绕核心议题达成共识，同时又必须满足处于不同生态位的物种的基本利益，二者必须同时得到重视，缺一不可。

第三节　社会服务项目良性运行生态的建构

社会服务项目良性运行生态的建构是一个系统工程，不仅要强化各生态主体的生态位思想，更要关注生态主体之间良性生态关系的建构。具体而言，一方面需要用生态价值引领各生态主体的参与动机，强化他们从理念上达成合作共识，弱化单个主体因过度追求自我利益而破坏生态环境。另一方面还要努力建构各参与主体之间的复杂共生型生态关系，最终力求实现良性社会服务项目生态格局的生成。

一　生态共识：以共建“好项目”为目标

良性社会服务项目生态格局的灵魂是为社会公众创造符合需求的公益服务产品。在项目制的治理背景下，良性社会服务项目生态格局的内核就是要打造符合公众需求的“好项目”。[①] 理念支配着行为，“好项目”能否打造成熟，不属于单纯的专业技术问题，首先要考虑的是社会服务项目生态内各主体间的理念认知是否能够达成共识。各生态主体只有在理念上实现相互融通，心理上产生相互信任，才有可能达成行为上的相互支持配合。

① 高一村、徐本亮：《公益创投就是要有效满足社会需求——访上海市慈善教育培训中心副主任徐本亮》，《中国社会组织》2016 年第 2 期。

坚持“好项目”的公益理念，首先要树立将满足特定服务公众的合理需求，改善其生活质量作为各公益主体一切项目行为的首要出发点。公益的本质就是一切有利于提升改善民众福祉的服务产品，实践公益的根本目的就是满足民众现实生活需求。不能坚守这一根本宗旨，公益也就失去了存在的价值，社会服务项目生态也就没有存在的基础。因此，任何公益主体的行为必须要符合满足民众生活需求这一前提。在社会服务项目生态内，通常会出现公益主体理念偏离的现象。出资方主体为了追求自身政绩，盲目抬升项目服务体量的行为；平台方为了刻意维系与出资方的合作关系，偏向出资方立场对执行方施以强压态势；执行方为了追求项目资金，单纯以项目服务工作量为导向，不注重服务对象实际需求的满足等。这些行为实质上均违背了公益初衷，一切行为仅仅是为了追求个体利益最大化，不注重项目服务效果，此类行为必须要严加抵制。无论是出资方、平台方还是执行方都要时刻牢记满足民众生活需求这一公益使命，唯有树立这一思想，“好项目”的形成才有良好的理念基础。

坚持“好项目”的公益理念，其次要平衡好公益主体的“个体利益”与公益领域的“生态利益”两者之间的关系。① 诚然，无论是出资方、平台方以及执行方，每个公益主体都有符合自身发展需要的利益动机，也是应该受到尊重的。这里就需要对“生态利益”与“个体利益”二者关系加以斟酌。在当前项目制下的公益生态中，各公益主体的项目行为首先考虑的是如何满足自我利益，习惯将组织自身利益凌驾于公益生态利益之上，满足了自我需要却损伤了公益生态。然而现实生态中，“个体利益”与“生态利益”二者之间并非是不可调和的矛盾，追求单个主体的利益诉求与维护公益生态的整体价值不应对立视之，相反二者之间还存在互利共赢关系。“生态利益”最为直接的体现是打造出一个个“好项目”，“好项目”一旦形成带来整体生态效应是良性可观的，也能够直接满足各个公益主体的“个体利益”。如出资方主体因为“好

① 杨英姿：《略论罗尔斯顿环境伦理学价值范式的生态转向》，《伦理学研究》2012 年第 2 期。

项目”的形成，可以在基层民众中获得积极反响，提升出资方的美誉度，也可以满足其对政绩的诉求；平台方主体因为“好项目”的存在，充分彰显自己对项目执行机构扶持培育的功效，能够获得出资方的成绩肯定，不断巩固与出资方的合作关系；执行方主体因为“好项目”的打造，不断提升机构在公益领域的知名度和美誉度，塑造机构发展的良好形象，为后期能够获得更多项目资助打下良好的资源基础。由此可见，公益领域的“生态利益”与公益主体的“个体利益”本质上是共生关系，协调二者关系的关键在于公益主体要能以长远发展的视角看待公益生态。

二　生态主体：建立多元参与的共治结构

良性的公益生态格局需要由多元公益主体协同参与形成稳定的生态结构为支撑。[①] 以公益服务项目为核心的公益生态所涉及的参与主体是多元复杂的，主体多元带来的是整个生态结构的相对稳定。然而，在项目实践中，并非所有参与主体都能被纳入公益生态的框架下加以重视与关注。那些生态身份未受重视的公益主体会逐渐降低参与公益项目活动的积极性，甚至会对公益项目持否定质疑的态度，影响良性公益生态格局的建构。

建立多元参与的共治结构，要求提升公益项目的区域辐射力及社会影响力。公益生态的形成有赖于多元主体的协力打造，哪些主体应该参与，有意愿参与，不仅取决于各主体的公益自觉，还与公益项目本身的区域辐射力和社会影响力有关。公益项目的影响力取决于项目的公益性与有效性，以切实满足公众生活所需，改善公众生活福祉为宗旨。从公益性来看，优质的公益项目能够直击公益服务的痛点和难点，必须聚焦于社会真正的弱势人群，并设计出一套行之有效的服务改善计划。从有效性来看，优质的公益项目必须是目标明确且通过努力可以达成的项目，并且能够确保项目的可持续运行，对于改善服务公众的生活福祉具

---

① 乔永平：《生态文明建设的多元主体及其协同推进》，《广西社会科学》2014 年第 1 期。

有真正价值。满足于这两点的项目通常就具备了项目的辐射力和影响力，就容易吸引媒体的关注、企业的赞助、民众的支持等更多不同社会主体的积极参与，形成庞大的支持体系。

建立多元参与的共治结构，要求将公益项目利益相关主体进行有效整合。常规思维下，项目制背景下的公益参与主体主要包含出资方、平台方、执行方以及受益方。出资方提供资金支持，平台方负责整体项目运行管理，执行方负责对项目的具体实施，受益方是对项目的直接体验并作出效果反馈。在现实公益生态中，备受关注的公益主体主要集中在出资方、平台方及执行方，这三者保持着紧密的生态互动。受益方通常以弱势人群为代表，因覆盖范围广，群体分布极为分散，且缺乏正式有效的发声渠道，在公益生态内属于一种被动性的存在。然而，在现实中，公益生态所涉及的公益力量非常多，他们并没有获得平等的生态身份参与项目运行中。如公益项目的落地方、社会志愿服务资源、市场内的企业单位、为项目传播提供渠道的媒体机构等。这些组织或资源对公益项目的运行和发展均发挥着重要支持性角色。落地方通常可以为公益项目实施提供合法性介入的条件及场地资源，社会志愿服务资源能够为项目服务可持续运行提供人力支持，企业单位可以为项目实施提供必要的物资支持，媒体单位可以为项目宣传报道提供载体支持等。虽然在项目运行中扮演重要角色，但在整个生态内仅以附属性身份存在。在项目有需求时才会动员这些主体的参与支持，没有对这些公益主体的生态身份给予足够的重视。因此，公益生态要打造多元共治结构，必须要整合一切公益有生力量，积极吸纳附属性公益主体的积极参与，强化并尊重他们的生态身份，推动他们实现由被动邀请参与向积极主动投入的姿态转变。

三　生态关系：迈向多元非线性的共生关系

良性的公益生态格局需要以发展不同公益主体间复杂共生关系为基础。① 打造良性的公益生态从本质上属于对公益主体生态关系的重

① 盖光：《社会生态平衡与共生性的生存“合力”》，《江汉论坛》2009 年第 6 期。

构过程。生态关系不能简单孤立地等同于两两之间关系的集合，而应该是将不同主体间的关系定位于生态系统下加以诠释。在项目制的治理背景下，塑造良性公益生态关系就是要以打造“好项目”为核心，在不同公益主体之间重新建构合作共生的新型生态关系。[①] 当前公益生态内各主体间的生态关系呈现的是单一线性特征。单一线性关系会直接引发各公益主体关系出现沟通闭塞、关系失衡、异化甚至断裂等诸多风险，而良性的公益生态格局崇尚多元非线性共生关系的建构。

建构多元非线性的共生关系，首先需要承认公益生态中的主体关系并非能量单向传递的闭合环。在公益生态内，单一主体可能与多个主体同时发生交叉互动关系，这样才能确保生态关系更趋稳定。在项目制的公益生态下，各主体的生态关系基本呈现的都是单一线性格局。他们彼此形成了一个相对稳定的公益生态链。为维系公益项目的运行，以政府为代表的出资方主体通过资金及政策支持的方式进行能量传递，并委托平台方负责对执行方加以扶持和监管。平台方依据政府出台的政策及资金进行项目打包和发包，将公益服务以项目化形式分包给项目执行机构。项目执行机构专门为社会公众提供适宜的公共服务产品。社会公众在整个生态中扮演的是分解者的角色。社会公众因获取公共服务而提高了生活品质，增强了社会活力，形成了健康良好的社会环境。而这种环境又为以政府为代表的出资方主体赢得了一个相对和谐的社会秩序和氛围，提高了政府执政的合法性基础，巩固了政府的执政之基。

这一生态关系看似清晰且理性，而实质上却充斥着诸多问题与缺陷。一方面，单一线性的生态关系本身比较脆弱，随着合作不断引向深入，生态主体双方对彼此的期待随之增高。单向频繁互动易于引发矛盾或滋生“利益共谋”关系，不利于良性生态格局的形成。例如，平台方与执行方长期合作，在项目监管方面可能会与一些项目执行机构产生矛盾，也有可能与一些项目执行机构形成“利益同盟”，利用职权便利

---

① 王劲颖：《上海公益创业的社会生态路径——对首届“上海公益伙伴日”的思考》，《社会福利》2012 年第 2 期。

违规向少数机构输送公益资源等。另一方面，单一线性的生态关系减少了信息流通的渠道，不利于生态内不同主体间信息的有效传播。例如，在当前现实公益生态内，出资方主体通常不与执行方进行正面沟通，习惯性借助于平台方来了解不同项目执行机构的运行状态。出资方以及平台方几乎从不与受益服务对象接触，无法真实了解项目的具体成效。鉴于此，有必要打破常规的单一线性生态关系格局，鼓励同一主体与生态内不同主体建立多元非线性的共生关系，目的是促进公益信息在不同主体间实现自由流通，增进彼此信任。

建构多元非线性的共生关系，重点在于找到各公益主体之间的利益关联点。生态关系的建构不能生搬硬套，必须要依托各主体的现实需求以及适应生态环境的需要。[①] 当前，项目制下的公益生态突出的问题表现为，各公益主体过分追求个体理性，单一线性生态关系对其公益行为中的私利性缺乏有效约束。而建立多元非线性的生态关系可以有效应对这一难题，必须要将受益方重视起来，要强化出资方、平台方、执行方、受益方四个核心主体的交叉联系。

以政府为代表的出资方主体首先要肩负起鼓励社会组织成长、推动公益事业发展的重要责任，积极通过政策、资金支持等方式对公益行业助力，勇于有计划地向社会弱势人群承诺改变。在公益生态中不仅仅要扮演政策、资金的供给者，不应该扮演“甩手掌柜”的角色，而应把出资方主体的责任扛起来，还应该直接与执行方在项目评估及奖惩等环节进行关联，随机抽取一些服务对象进行实地走访，倾听服务对象对项目的客观评价。对于那些项目严重违规行为给出具体处理意见，这一举措有利于降低项目违规行为的发生概率。平台方更要加强对受益方的走访了解，不能完全走“台账主义”路线，要倾听服务对象内心真实的表达，以此作为项目评估的重要依据之一。同时，也要为执行方主体建立向出资方主体的利益表达渠道。在当前公益生态下，执行方仅仅扮演着被动的项目执行角色，缺乏与出资方、平台方平等对话的渠道和机

---

① 赵小平、王乐实：《NGO的生态关系研究——以自我提升型价值观为视角》，《社会学研究》2013年第1期。

会。多元共治特别强调主体间的协商合作，执行方如何获取与出资方、平台方平等的对话平台，关键在于三方协议的签订。现实情况是，三方协议仅仅是框架性合作协议指导意义不大，且主体内容并未听取执行方的意见反馈，从而导致制度设计与现实运行的偏差。因此，要给予执行方充分表达项目意见的权利和机会，在制度设计阶段，执行方可以通过正当渠道向出资方及平台方表达利益诉求。在项目实施阶段，也要赋予执行方一定的监督职权，针对平台方存在的违规操作行为、执行机构之间存在的恶意竞争关系等问题，也有合理的渠道予以反馈。针对受益方，他们都有生活改善的诉求，公益生态应该为他们设置合法渠道向出资方表达自己的利益诉求。要充分发挥受益方对项目成效的评估功能，对项目执行方形成有效监督。

建构多元非线性的共生关系，核心在于激发各公益主体参与公益项目的活力。共生强调的是多种主体生活在一起，相互依赖，彼此有利，如若一方处境不利，也必将影响其他方的利益受损。公益生态突出共生关系，就是要确保每个公益主体在生态内是有生命力的，即保持公益主体的参与活力。公益主体能否生成参与活力在于项目运行过程中其权利与义务是否具有对等性。首先，激发出资方主体的参与活力在于，要赋予其公益事业发展推动者的使命角色，同时也要动员受益方发起对出资方大力投入公益事业发展的政策倡导。社会公众强烈且合理的福利诉求是出资方主体助力公益的强大动力，也是展示出资方主体绩效的最好体现。其次，激发平台方的参与活力的有效举措在于，出资方主体要结合地方公益行业发展水平，对平台方的委托任务要界定明确，对其委托成效也要有量化考核指标。执行方也可以通过支持成效反馈的方式，对执行方的监管与扶持形成反向评价机制。再次，激发执行方的参与活力的有效举措在于，平台方对执行方的项目评估向成效指标考核倾斜，逐步降低对项目过程指标考核的权重，适度提升执行方对项目实施的自由度。另外，针对项目执行过程及执行成效的评估结果，出资方及平台方有必要给出明确具体的奖惩措施。出现不良项目行为要及时予以惩处，项目执行优良也要给予各种奖励。最后，激发受益方的参与活力的有效举措，就是要从项目立项之初，出资方、平台方就应该及时介入，让受益方知晓公益项目的资金来源、预期目标以及受益方的被服务角色等。充分发挥受益方的主体意识及权力意识，由被动参与转变为主动参与，对项目运行过程加以监督评价。同时也要对受益方的行为约法三章，倡导其积极遵守项目服务计划，符合公益项目参与基本要求，以确保公益项目的稳定运行。

四　生态格局：实现共建共生共享

行业的发展需要依托良性的生态支撑，生态能否持续维系关键取决于各类物种能否实现共生。公益行业实现持续稳健发展，必须要强化生态理念与系统思维，坚持走多元主体协同发展的路径。[①] 我国公益行业实践证明，依托单纯公益社会组织推动的传统朴素型公益行为，受到诸多资源制约，难以支撑整个公益行业的有效运行。现代公益更加强调整合社会不同主体的有生力量，以助推公益事业发展为目标，打造共建共生共享的公益生态格局。

共建，意味着参与主体的多元性及行动目标的统一性。倡导公益生态理念就是要树立多元主体协同参与公益行为的思想，充分发挥公益主体各自所长，共同致力于公益行业持续稳健发展。共建公益生态要求扩充丰富参与公益主体类型，将一切有助于推动公益行业发展的社会主体纳入公益生态系统之中，确保每个参与主体坚持共同的公益发展方向与目标。在公益服务项目制的背景下，打造公益生态格局要求除了传统几大公益参与主体之外，还应该充分吸收落地方、社会媒体、志愿组织、落地辖区单位等多个社会主体一起参与公益项目的实际运行。要充分尊重每个公益参与主体的生态身份与价值，激励各参与主体的积极性。

共生，意味着各参与主体的命运关联性。公益生态一旦形成，每个参与主体对彼此的生存状态存在关联，对各自发展好坏负有责任。共生关系，强调公益生态各主体的整体关联。在公益生态内，单一主体对公益的参与行为将直接影响其他主体的生态行为表现。这就要求每个公益

---

① 薛瑞汉：《新时代打造共建共治共享的社会治理格局研究》，《中州学刊》2018 年第 7 期。

主体必须强化生态责任观念，严格遵循生态位的要求，扮演好公益生态赋予自己的角色，将生态利益置于各种行为的首要遵循规范。任何破坏生态关系的主体行为必须得到及时纠偏，实现公益生态内各主体和谐共生。

共享，意味着共同目标的实现，各参与主体能够共同分享目标实现带来的福祉。建构公益生态所追求的共同目标在于助推公益行业的发展，人民福祉的提升。公益生态的共同目标与各公益主体的自身利益诉求从本质上并不矛盾。问题的关键在于对主体自身利益与公益生态利益的实现次序的考量存在差异。树立公益生态理念就是要强化各公益主体的生态责任观念，意识到唯有维持生态的持续稳健运行，才能确保主体自身利益得以实现。公益生态发展良好，将会充分激发各公益主体的参与热情，有利于不断改善生态关系，形成良好的公益氛围，最终将使每个生态主体从中获益，共享公益生态带来的成果。

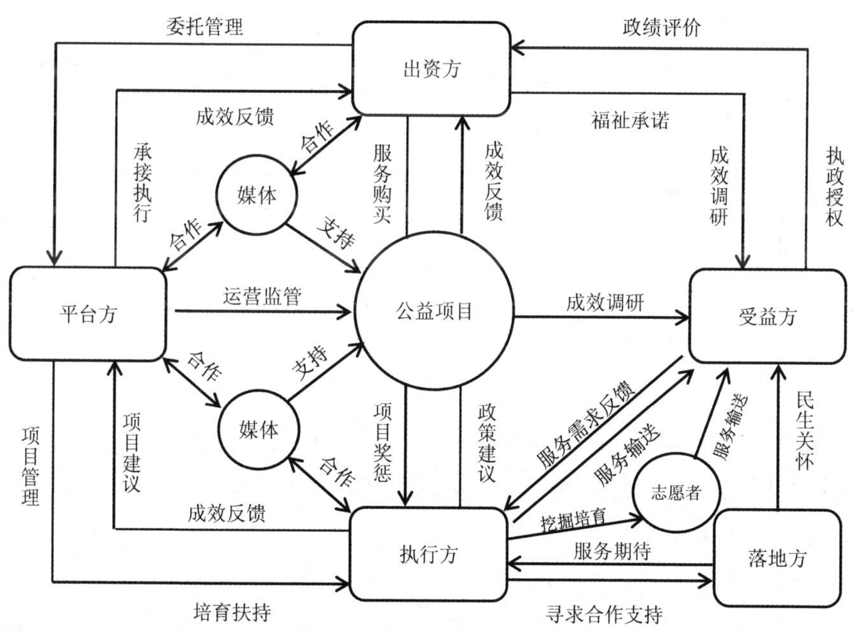

图 7－3　项目制下公益生态格局

结　语

一　研究结论

自20世纪90年代中期开始，“项目制”已经开始取代“单位制”成为中国治理的基本方法。[①]项目制改变的不仅是中央和地方的关系，其在基层社会也发挥着越来越大的作用，成为满足基层社会服务的主要来源。近年来，地方政府模拟中央的项目运作，设立大量专项资金进行基层政府购买社会服务。服务项目制不仅成为国家向社会提供社会服务的重要途径，亦成为连接政府与社会组织的有效机制。[②]服务项目制在基层实践过程中，以公共服务项目为核心，涉及的不同参与主体自发形成了一套运行系统，其生态性特征日益凸显。

通过对服务项目制下S市公益创投活动的实证探索，本书认为服务项目制是在政府购买服务背景下形成的政社联合参与社会治理的有益尝试。这一模式通过治理结构创新，整合了政社各自的资源优势，激发了社会活力，为“政社联姻”式的公共服务供给提供了良好示范。“公益创投”作为服务项目制的典型模式，是近年来各级政府撬动社会力量参与社会治理的“首选试验田”。在这块试验田中集聚了来自政府部门、平台型社会组织、一线社会服务机构等核心主体的多元社会力量，它们共同致力于公共服务项目的有效落实，满足广大社会公众特别是弱势人群的服务需求。

① 黄宗智、龚为纲、高原：《“项目制”的运作机制和效果是“合理化”吗?》，《开放时代》2014年第5期。

② 吴斌才：《从分类控制到嵌入式治理：项目制运作背后的社会组织治理转型》，《甘肃行政学院学报》2016年第3期。

基于组织属性差异，政府、平台型社会组织以及一线社会服务机构等主体在公益创投活动中分别扮演着出资方、承接方、执行方等不同项目角色。除了提升公共服务这一共性目标之外，每一种角色又在创投中折射出不同的参与动机和组织诉求。政府受职能转移的政策驱动、执政为民的属性驱动以及行政业绩至上的政绩驱动三重因素影响，为公益创投活动创造了良好的制度环境与政策支持。平台型社会组织一方面出于自身组织使命使然，有必要通过创投活动支持一线社会服务机构成长；另一方面也是出于满足自身生存资源的考虑，平台型社会组织本质上也属于社会组织，也需要得到外部资源的支持，通过承接政府出资方主导的公益创投活动，可以获得政府的资金支持。一线社会服务机构因组织内部类型多样，参与公益创投的动机差异也十分明显，或迫于行政体制压力，或基于专业教学发展需要，或出于纯粹公益信念，或假借公益之名谋求营利之实。总之，由于各主体在公益创投活动中表现出明显的动机差异，从而引发各创投主体陷入重重创投困境，为创投活动的顺利实施带来诸多障碍与不确定，最终也影响公益创投的实际成效。

公益创投是社会治理创新的一个新型事物，是以公益项目创新及组织培育为核心主题，助力公益事业发展的一项新型治理模式探索。它具备相对独立的结构框架与主体元素，围绕社会服务开展这一核心内容，逐步形成了一个相对稳定的公益生态系统。公益创投各参与方共同维持着公益创投生态的平衡与秩序，形成了公共服务的协同治理格局。用生态系统视角关注公益创投活动，强调的是要从整体上把握公益创投的发展动态，借助系统化思维分析公益创投活动的实际成效与每个创投主体功能发挥的关系，重点分析不同创投主体之间的生态关系、生态行为及其带来的生态影响。研究发现，以服务项目为核心所形成的公益生态，对于完善政府购买服务政策制度，唤起社会各界对公益服务行业发展的关注，加快社会组织培育力度与进程，整体推进地区公益事业发展都将起到积极作用。然而，当前公益创投生态最大的问题在于各创投主体都是用“公益之名”对其他参与主体提出期待，而忽视了每个参与主体在创投生态内的合理诉求，同时，又缺少对自己的公益行为的有效约束。突出表现在以下两个方面：其一，从结构层面看，公益创投活动所构建的生态系统的主体尚不完备，各生态主体之间的关系结构尚欠稳定；其二，从理念层面看，各主体对公益创投活动的实践理念尚不统一，整体生态意识表现略显不足。

研究认为，从根本上规避创投生态中的问题，其治理之道在于多元主体的创投共识的达成，即在充分考虑各方主体利益满足的前提下围绕如何更好实践公益服务达成共识。因此，生态的维系有赖于各生态主体围绕核心议题达成共识，同时又必须满足处于不同生态位的物种的基本利益，二者必须同时得到重视，缺一不可。良性公益生态格局的建构是一个系统工程，不仅要强化各公益主体的生态位思想，更要关注公益主体之间良性生态关系的建构。具体而言，一方面需要用生态价值引领各公益主体的参与动机，强化他们从理念上达成合作共识，弱化单个主体因过度追求自我利益而破坏生态环境。另一方面还需要努力建构各参与主体之间的复杂共生型生态关系，最终力求实现良性公益生态格局的生成。

二　理论层面思考

政府购买社会服务项目所呈现的公益生态为我们带来两方面的理论认识突破。一方面，实现了项目制理论适用范围的突破；项目制最大的特色在于整合参与性较强，它是一种能够把从国家到地方的各层级政府统合起来的治理模式。其实质是国家自上而下主导社会发展规划的一种管理体制模式。然而，本书将项目制应用领域从体制内延伸至体制外，实现了政社之间适用领域的跨越。研究发现，以政府为代表的出资方主体可以通过项目制的方式整合并引领非营利社会组织实现合作。项目制现已成为不同主体间实现利益交换的有效媒介。而项目制是否能得到有效贯彻落实，则取决于项目双方的力量的相对均衡性以及彼此共性利益的持续扩散。

另一方面，为我们重新认识政社关系带来新的立体化视角，形成新的理论构思。所谓立体化视角是建立在政社在服务项目合作基础上形成的现实关系。相对于以往学界对政社关系所形成的单一性扁平化的认知而言，本书所探讨的政社关系更为鲜活且务实。以往有关政社关系的理论解析主要集中在“契约论”“法团主义”“合作治理”以及“分类控制”这几种。契约论强调政府通过引入合同管理与竞争机制诠释政社关系，符合单纯的市场化逻辑。法团主义强调政府对社会组织的控制，借用社会组织去实现自身政策目标。合作治理强调的是政府以一种更为平等的地位去界定自身和社会组织之间的合作伙伴关系，共同致力于社会服务统一目标的达成。分类控制强调的是政府对待社会组织采取的一种权变主义策略。由于政府购买社会服务项目中呈现出一套生态系统，在原有的政社关系上增设了第三方平台型机构。这种生态结构的调整势必会对政社关系造成影响。因此，单一借用上述理论去理解政府购买社会服务项目中所呈现的政社关系尚不清晰，解释力度不强，需要建构新的理论加以诠释。

在笔者看来，社会服务项目的形成表面上是多元主体推进社会服务的共识，但彼此的力量并非是均衡关系。政府作为出资方主体凭借公共资源的地位优势，依然是项目的主宰者，在是否实施社会服务项目以及如何实施的形式层面依然拥有绝对的话语权。而社会组织作为执行方在项目的设立、规则的制定等方面则表现较为弱势。特别是社会服务项目的实施并没有严格遵循市场交易的原则，出资方并没有严格地对各个服务活动加以量化要求，社会组织也并没有因为项目执行不力受到相应的惩处。因此，不能简单地将当前的政社关系视为契约关系。法团主义强调政府对社会组织的绝对控制力，然而这一点在社会服务项目中并没有得到清晰的体现。社会组织在社会服务项目中并非完全听命于政府的安排，可以围绕组织自身发展宗旨及擅长服务领域开拓一定的发展空间，是具有一定的自主性的。因此当前社会服务项目中的政社关系也不符合法团主义性质。合作治理强调的是关系的平等性，目标的趋同性。而社会服务项目中的政社主体虽具有共同的服务目标，但在互动关系上尚存在严重的依附性，并不满足于平等性。由此可见，学界对政社关系的理论认识并不能很好地诠释当下社会服务项目中的政社关系，有必要对此加以重新界定。

研究认为，当前的政府购买社会服务项目的产生是多种力量合力作用的结果，包括社会公众服务满足的需求力，社会组织寻求生存的策动力，以及政府部门自身的政绩驱动力。而社会服务项目恰好是多方主体达成利益共识的聚焦点。以社会服务项目为观察视角，也可以折射出新时期下政社之间的新型关系。社会服务项目的实践经验给我们的启示是，现实政社关系既非满足于纯粹的合作治理，也无法遵循纯粹的市场契约，也不属于单纯的行政依附；而是基于服务项目这一最大公约性目标的完成形成的一种非均衡性共生关系。这种非均衡性突出表现在以下几个方面：（1）合作关系的非均衡，政社之间依然摆脱不了资源依赖与被依赖的宿命，从而导致在关系定位上缺乏平等的对话空间，出资方政府依然牢牢地把握着双方关系的主导权。（2）资源交换的非均衡，政社之间通过社会服务项目产生联结，彼此通过资金支持与服务供给实现资源交换。然而针对这种服务资源又缺乏精准的量化衡量指标，使得双方都会产生交换的不均衡感。（3）责任分担的非均衡，社会服务项目的实施客观上是存在风险的，尤其体现在项目资金使用与项目执行成效方面。作为项目的出资方和监管方，受体制内影响政府对项目风险将担负更多的责任。即便在现实背景下，政社关系存在种种非均衡性，但彼此依然有着强烈的合作共生需求。这种共生性突出体现在政社对彼此的存在是有需求的。政府在民生服务建设上需要得到社会组织的力量支持，彰显政府的行政绩效。社会组织在自身生存与发展上需要得到政府的政策及资金的资源支持。

社会服务项目生态的形成，为政社双方提供了具体合作的载体，营造了现实的共生环境。这一共生环境如何维持良性的运行，政社双方如何准确定位各自的生态角色，清晰划分在共生关系中的各自职责，是摆在政社双方之间且亟待破解的现实命题。

三　现实层面建议

生态发展属于一个系统性工程，受生态种群、能量传递以及生态环境等诸多因素的影响。种群的多样性、能量传递的循环性、生态环境的有序性，对生态结构稳定及持续发展具有直接影响。服务项目制下的公益生态能否持续稳定运行将取决于公众需求的迫切性、公益主体的多元性、公益资源的持续供给以及公益政策的稳定性。

1. 公众需求是公益生态发展的动力引擎

健康的生态必须具备生长的动力基础，公众合理性需求是公益生态存在的基本前提。需求既是一种客观状态，也是一种主观感受，可以因比较而生成。客观状态的需求通常针对的是问题导向人群，即公益领域内普遍关注的弱势人群。主观状态的需求通常针对的是发展导向人群，是面向所有具有合理发展诉求的普通人群。然而，受我国传统社会福利思想观的影响，无论是客观状态需求还是主观状态需求，目前从社会公众中挖掘服务需求的广度与深度都存在一定难度。我国传统社会福利观一直强调个人责任，避免对政府、对社会的依赖，注重发挥家庭的特有功能，从亲情关系入手重视家庭成员之间的互帮互助，有利于强化公民的社会责任感。受这一传统福利思想的影响，公众对社会的服务需求观念一直比较偏弱。绝大多数社会公众并不认为可以享受来自社会的无偿服务，更难理解这种服务可以通过社会组织这一新兴事物来供给，从而导致公益服务项目在基层社区落地显得尤为艰难，多数公益服务项目苦于难以招募到合适的服务对象。因此，如何提升公众对民生服务的期待，激发公众的合理性需求是当前公益生态发展的动力引擎。让更多社会公众知晓认同并接纳公益服务项目，是当前公益生态发展的当务之急。

2. 公益资源是公益生态发展的能量保障

健康的生态需要有稳定的能量补给，必须依赖能量的有序流通，公益生态稳定运行则离不开公益资源在各主体间的有序传递。公益生态内的资源涉及政策资源、人力资源、物质资金等。公益政策是公益生态中的首要资源，稳定的公益政策是确保公益项目得以推行的基本保障。公益政策的价值在于能对公益服务发展加以规范与指引，必须要强化政策实施的稳定性，切忌朝令夕改。此外，公益政策的出台是需要在公益生态不同主体中得到宣传贯彻和落实，让每个公益生态主体能对政策有个清晰的认识和了解。人力资源是公益生态中的核心资源，公益服务必须依赖不同公益专业人才合力推动。整个公益生态容纳了各种类型的专业执行人员，生态体系规模越庞大，对于人力资源的需求量就越多。特别是一线社会服务机构内的从业人员较为紧缺，其在生态内一直呈现流动性高、需求量大等特点。物质资金是公益生态内最为敏感且极为紧迫的重要资源，是公益服务机构赖以生存发展的主要保障。公益资金注入公益生态不能简单依托政府部门领导人的个人偏好与意志，要确保资金注入的制度持续性。公益资源的丰富性与供给的稳定性将直接影响公益生态能量的有序流动，影响公益生态能否持续健康发展。

3. 多元主体是公益生态发展的结构支撑

健康的生态需要有相对稳定的结构，依赖多元主体的积极参与，生态主体越丰富，生态系统及生态关系越趋于复杂，生态稳定性相对越强。从结构上看，需要丰富扩充公益生态的参与主体的类型，除了公益服务项目的核心主体外，还要积极引导非核心主体的参与介入，扩大公益生态的社会影响力。从规模上看，每种类型的公益生态主体必须要在数量上加以扩充，为每种类型的公益生态主体扩大可替代空间，确保生态能量有序传递的稳定性。针对当前公益生态内出资方及平台方主体的数量相对较少，有必要动员更多出资方主体参与公益服务项目的资金投入。如拉动更多政府职能条线部门积极参与购买公益服务项目，避免一线社会服务机构对某个出资方主体的过度依赖。同时，在同一区域也要引入更多平台方组织参与公益服务项目的扶持与监管工作，在各平台型社会组织中形成有序竞争。这样既可以为出资方主体选择合适的平台方提供更多的空间，还可以给平台方增加压力，不断提升自身业务能力，满足一线社会服务机构的发展需要。此外，各公益主体之间的关系要建立在“平等共生”的基础之上，要勇于打破“主从关系”或“依赖关系”的定位，赋予各生态主体充分的自主权。每一类公益主体之间不能简单地理解为单线式联系，要确保各主体之间形成“你中有我，我中有你”的生态格局。

4. 良性氛围是公益生态发展的有利环境

健康的生态需要依托宽严适度的发展环境，过于宽松对生态主体的行为缺乏约束，易于导致整个生态的无序失控，过于严苛又可能造成生态发展动力不足。公益生态体系中也涉及各主体之间的利益关联，彼此交错，相互钳制。良性公益生态的形成是需要各生态主体共同努力维护，营造适合生态发展的融洽氛围。在公益生态中，各主体间也存在权力关系的交织。出资方主体对平台方及执行方在项目执行上有成效考核的要求。平台方对执行方的项目行为有严格按照项目计划执行的要求。执行方对出资方主体有及时拨付公益项目款项的诉求。然而，在当前公益生态尚未成熟的背景下，各公益主体间的项目行为都可能表现出欠规范的现象。如果严格遵照多方协议要求来执行，生态内呈现的问题会日益突出，每个主体的生态角色都会受到诸多质疑，整个公益生态系统也会渐趋恶化。另外，如果公益生态的环境监管过于宽松，各生态主体的欠规范行为未能得到及时纠偏和约束，会助长一些不良项目行为，最后会使整个公益生态走向失控的境地。因此，从环境监管来看，公益生态要维持一个“度”，既要对生态内的各主体不良行为加以管控，避免将整个公益生态引入歧途；又要塑造良性融洽的公益氛围，不宜冲击各主体参与公益行为的积极性。

参考文献

一 著作

陈为雷：《社会服务项目制的建构及其影响研究》，中国社会科学出版社 2015 年版。

邓延平：《多维审视下的组织理论》，清华大学出版社 2007 年版。

董鸣：《生态学透视：种群生态学》，科学出版社 2019 年版。

风笑天：《社会研究方法》（第四版），中国人民大学出版社 2013 年版。

冯利、章一琪等：《中国草根组织的功能与价值：以草根组织促发展》，社会科学文献出版社 2014 年版。

郝秋笛等：《政府向社会力量购买公共服务发展研究》，王浦劬译，北京大学出版社 2016 年版。

敬乂嘉：《合作治理：再造公共服务的逻辑》，天津人民出版社 2009 年版。

李健：《政府参与公益创投的地方探索与实践》，中国社会出版社 2018 年版。

李文良：《中国政府职能转变问题报告：问题·现状·挑战·对策》，中国发展出版社 2003 年版。

张钟汝、范明林：《政府与非政府组织合作机制建设——对两个非政府组织的个案研究》，上海大学出版社 2010 年版。

周连辉：《生态责任主体及其相互关系论》，研究出版社 2018 年版。

周雪光：《组织社会学十讲》，社会科学文献出版社 2003 年版。

［丹麦］S. E. 约恩森：《生态系统生态学》，曹建军等译，科学出版社 2017 年版。

［美］B. 盖伊 · 彼得斯：《政府未来治理模式》，吴爱明等译，中国人民大学出版社 2001 年版。

［美］E. S. 萨瓦斯：《民营化与公私部门的伙伴关系》，周志忍等译，中国人民大学出版社 2002 年版。

［美］埃莉诺 · 奥斯特罗姆：《公共事物的治理之道：集体行动制度的演进》，上海译文出版社 2012 年版。

［美］戴维 · 奥斯本、［美］特德 · 盖布勒：《改革政府》，周敦仁等译，上海译文出版社 2006 年版。

［美］莱斯特 · 萨拉蒙：《公共服务中的伙伴：现代福利国家中政府与非营利组织的关系》，田凯译，商务印书馆 2008 年版。

［美］斯格特：《组织理论：理性、自然和开放系统》，黄洋等译，华夏出版社 2002 年版。

［美］项目管理协会：《项目管理知识体系指南》，王勇、张斌译，电子工业出版社 2009 年版。

商道纵横：《跨界对话：公益项目实战宝典》，社会科学文献出版社 2016 年版。

王浦劬、［美］莱斯特 · 萨拉蒙等：《政府向社会组织购买公共服务研究》，北京大学出版社 2010 年版。

［英］J. 莱恩：《新公共管理》，赵成根译，中国青年出版社 2004 年版。

［英］珍妮特 · V. 登哈特、［英］罗伯特 · B. 登哈特：《新公共服务：服务而不是掌舵》，中国人民大学出版社 2003 年版。

二　期刊及网络文献

蔡岚：《合作治理：现状和前景》，《武汉大学学报》（哲学社会科学版）2013 年第 3 期。

蔡琦海：《公益创投：培育非营利组织的新模式——以“上海社区公益创投大赛”为例》，《中国非营利评论》2011 年第 1 期。

陈家建：《项目制与基层政府动员——对社会管理项目化运作的社会学考察》，《中国社会科学》2013 年第 2 期。

陈家喜、汪永成：《政绩驱动：地方政府创新的动力分析》，《政治学研究》2013 年第 4 期。

陈静雅：《欧美公益创投的演变及实操》，《中国非营利评论》2015 年第 2 期。

陈守龙、张锐：《项目管理能力评价体系框架研究》，《社会科学家》2005 年第 2 期。

陈水生：《项目制的执行过程与运作逻辑——对文化惠民工程的政策学考察》，《公共行政评论》2014 年第 3 期。

崔光胜、耿静：《公益创投：政府购买社会服务的新载体》，《湖北社会科学》2015 年第 1 期。

崔岩：《流动人口心理层面的社会融入和身份认同问题研究》，《社会学研究》2012 年第 5 期。

崔月琴、龚小碟：《支持性评估与社会组织治理转型——基于第三方评估机构的实践分析》，《国家行政学院学报》2017 年第 4 期。

崔月琴、袁泉、王嘉渊：《社会组织治理结构的转型——基于草根组织卡理斯玛现象的反思》，《学习与探索》2014 年第 7 期。

崔正、王勇、魏中龙：《政府购买服务与社会组织发展的互动关系研究》，《中国行政管理》2012 年第 8 期。

邓国胜：《中国公益项目评估的兴起及其问题》，《学会》2009 年第 11 期。

丁惠平：《支持型社会组织的分类与比较研究——从结构与行动的角度看》，《学术研究》2017 年第 2 期。

范明林：《非政府组织与政府的互动关系——基于法团主义和市民社会视角的比较个案研究》，《社会学研究》2010 年第 3 期。

冯元、岳耀蒙：《我国公益创投发展的基本模式、意义与路径》，《南京航空航天大学学报》（社会科学版）2013 年第 4 期。

高红、朴贞子：《三元整合的社会组织能力培育机制构建及其制度支持》，《学习与实践》2015 年第 6 期。

葛忠明：《信任研究中的文化与制度分析范式——兼谈公共非营利合作关系中的信任问题》，《江苏社会科学》2015 年第 3 期。

龚廷泰、常文华：《政社互动：社会治理的新模式》，《江海学刊》2015

年第 6 期。

顾昕、王旭：《从国家主义到法团主义——中国市场转型过程中国家与专业团体关系的演变》，《社会学研究》2005 年第 2 期。

关信平：《当前我国增强社会组织活力的制度建构与社会政策分析》，《江苏社会科学》2014 年第 3 期。

管兵、夏瑛：《政府购买服务的制度选择及治理效果：项目制、单位制、混合制》，《管理世界》2016 年第 8 期。

郭琳琳、段钢：《项目制：一种新的公共治理逻辑》，《学海》2014 年第 5 期。

郭小聪、聂勇浩：《服务购买中的政府—非营利组织关系：分析视角及研究方向》，《中山大学学报》（社会科学版）2013 年第 4 期。

韩俊魁：《当前我国非政府组织参与政府购买服务的模式比较》，《经济社会体制比较》2009 年第 6 期。

韩晓莉：《服务型政府政策制定的目标导向和价值观体系》，《理论月刊》2009 年第 6 期。

何志宇：《公益创投项目资金来源及使用管理》，《中国社会工作》2017 年第 7 期。

黄静、张雪：《多元协同治理框架下的生态文明建设》，《宏观经济管理》2014 年第 11 期。

黄宗智、龚为纲、高原：《“项目制”的运作机制和效果是“合理化”吗?》，《开放时代》2014 年第 5 期。

金太军、张振波：《论社会冲突与政治体制改革的非线性关系》，《政治学研究》2014 年第 3 期。

敬乂嘉：《从购买服务到合作治理——政社合作的形态与发展》，《中国行政管理》2014 年第 7 期。

敬乂嘉、公婷：《政府领导的社会创新：以上海市政府发起的公益创投为例》，《公共管理与政策评论》2015 年第 2 期。

康晓光、韩恒：《分类控制：当前中国大陆国家与社会关系研究》，《社会学研究》2005 年第 6 期。

李博：《项目制扶贫的运作逻辑与地方性实践——精准扶贫视角看 A 县

竞争性扶贫项目》，《北京社会科学》2016 年第 3 期。

李德新：《论中国政府社会治理职能的理性归位》，《社科纵横》2014 年第 12 期。

李健：《公益创投政策扩散的制度逻辑与行动策略——基于我国地方政府政策文本的分析》，《南京社会科学》2017 年第 2 期。

李健、唐娟：《政府参与公益创投：模式、机制与政策》，《公共管理与政策评论》2014 年第 3 期。

李景鹏：《从管制型政府向服务型政府的转变》，《新视野》2004 年第 5 期。

李克强：《政府工作报告——2017 年 3 月 5 日在第十二届全国人民代表大会第五次会议上》，《人民日报》2017 年 3 月 17 日第 1 版。

李学楠：《政社合作中资源依赖与权力平衡——基于上海市行业协会的调查分析》，《社会科学》2015 年第 5 期。

李友梅、肖瑛、黄晓春：《当代中国社会建设的公共性困境及其超越》，《中国社会科学》2012 年第 4 期。

林吉郎：《公益创投与社会企业》，行政院青辅会 2007 非营利组织青年人才培训计划，2007 年。

刘静林：《自我造血需要加强自我发展的能力》，《中国社会工作》2016 年第 7 期。

刘珊：《“项目制”下政府购买公共服务的实现路径》，《价格理论与实践》2016 年第 5 期。

刘新玲、吴丛珊：《公益创投的含义、性质与构成要素》，《福建行政学院学报》2011 年第 4 期。

刘志阳、邱舒敏：《公益创业投资的发展与运行：欧洲实践及中国启示》，《经济社会体制比较》2014 年第 2 期。

吕纳：《公益创投的本土实践分析》，《价值工程》2012 年第 24 期。

马福云：《社会组织发展需培育与监管并重》，《中国党政干部论坛》2017 年第 3 期。

马宏：《公益创投：促进公益组织发展的新途径》，《社团管理研究》2008 年第 10 期。

马庆钰、井峰岩：《论社会组织多维性规范管理体系的构建》，《国家行政学院学报》2014 年第 3 期。

马全中：《政府向社会组织购买服务的“内卷化”及其矫正——基于 B 市 G 区购买服务的经验分析》，《求实》2017 年第 4 期。

潘鸿雁：《一个社会组织的生存策略与价值意义——对 X 区癌症康复俱乐部的考察》，《天府新论》2013 年第 4 期。

庞保庆、耿曙：《官员任期与政绩挤压：中国政府人事的“试用期任职”》，《学海》2016 年第 5 期。

彭善民：《枢纽型社会组织建设与社会自主管理创新》，《江苏行政学院学报》2012 年第 1 期。

乔永平：《生态文明建设的多元主体及其协同推进》，《广西社会科学》2014 年第 1 期。

渠敬东：《项目制：一种新的国家治理体制》，《中国社会科学》2012 年第 5 期。

冉奥博、刘云：《创新生态系统结构、特征与模式研究》，《科技管理研究》2014 年第 23 期。

石国亮：《中国社会组织成长困境分析及启示——基于文化、资源与制度的视角》，《社会科学研究》2011 年第 5 期。

史柏年：《教师领办服务机构：中国社会工作专业化的理性选择》，《华东理工大学学报》（社会科学版）2013 年第 3 期。

孙志祥：《枢纽型社会组织的双重属性及其治理》，《中国社会组织》2013 年第 8 期。

田凯：《组织外形化：非协调约束下的组织运作——一个研究中国慈善组织与政府关系的理论框架》，《社会学研究》2004 年第 4 期。

涂开均、郑洲：《论我国公益创投项目政策决策逻辑的理论解释——以 15 个副省级城市为例》，《中共福建省委党校学报》2016 年第 2 期。

王春：《公益创投的生态困境及主体策略——基于 S 市地方性实践探索》，《长白学刊》2018 年第 3 期。

王春：《公益创投下的社会组织发展生态及培育策略》，《中国社会组织》2017 年第 2 期。

王春：《拒斥、嵌入、反噬：社会组织行动策略与制度适应逻辑——基于S市公益创投的观察与思考》，《浙江工商大学学报》2017年第5期。

王春婷：《政府购买公共服务的内涵与动因》，《湖北科技学院学报》2012年第10期。

王名、乐园：《中国民间组织参与公共服务购买的模式分析》，《中共浙江省委党校学报》2008年第4期。

王清：《共生式发展：一种新的国家和社会关系——以N区社会服务项目化运作为例》，《中共浙江省委党校学报》2017年第5期。

吴斌才：《从分类控制到嵌入式治理：项目制运作背后的社会组织治理转型》，《甘肃行政学院学报》2016年第3期。

吴甘霖：《政府购买“服务”：从“岗位”到“项目”——基于深圳的实践与启示》，《社科纵横》2013年第9期。

吴建平：《理解法团主义——兼论其在中国国家与社会关系研究中的适用性》，《社会学研究》2012年第1期。

吴强玲、祝晓龙：《政府与支持型社会组织良性互动关系研究——基于上海浦东公益组织发展中心（NPI）的个案观察》，《党政论坛》2013年第10期。

吴新叶：《政府主导下的大城市公益创投：运转困境及其解决》，《上海行政学院学报》2017年第3期。

吴玉霞：《公共服务链：一个政府购买服务的分析框架》，《经济社会体制比较》2014年第5期。

肖鸣政：《正确的政绩观与系统的考评观》，《中国行政管理》2004年第7期。

谢菊、马庆钰：《中国社会组织发展历程回顾》，《云南行政学院学报》2015年第1期。

徐家良：《政府购买社会组织公共服务制度化建设若干问题研究》，《国家行政学院学报》2016年第1期。

徐宇珊：《社会组织结构创新：支持型机构的成长》，《社团管理研究》2010年第8期。

许小玲：《“扎根”与“生根”：公益创投本土实践的反思与前瞻》，《社会工作》2015 年第 4 期。

许小玲：《政府购买服务：现状、问题与前景——基于内地社会组织的实证研究》，《思想战线》2012 年第 2 期。

薛瑞汉：《新时代打造共建共治共享的社会治理格局研究》，《中州学刊》2018 年第 7 期。

杨玲丽：《共生理论在社会科学领域的应用》，《社会科学论坛》2010 年第 16 期。

尹广文：《项目制治理——一种新的社会组织治理的理论与实践》，《广西师范大学学报》（哲学社会科学版）2016 年第 3 期。

尹利民：《也论项目制的运作和效果——兼与黄宗智等先生商榷》，《开放时代》2015 年第 2 期。

郁建兴、沈永东：《调适性合作：十八大以来中国政府与社会组织关系的策略性变革》，《政治学研究》2017 年第 3 期。

袁同成：《当前政府购买社会组织服务评估模式存在的问题及对策》，《社会科学辑刊》2016 年第 1 期。

岳金柱：《“公益创投”：社会组织培育发展的创新模式》，《社团管理研究》2010 年第 4 期。

张丙宣：《支持型社会组织：社会协同与地方治理》，《浙江社会科学》2012 年第 10 期。

张紧跟：《治理社会还是社会治理？——珠江三角洲地方政府发展社会组织的内在逻辑》，《天津行政学院学报》2015 年第 2 期。

张军文：《公益创投与社会组织发展》，《中国社会组织》2017 年第 2 期。

张蕾：《论政绩观的价值诉求及其建构》，《西北大学学报》（哲学社会科学版）2011 年第 3 期。

张林江：《社会组织的营利冲动及其规制》，《中央社会主义学院学报》2012 年第 5 期。

张振洋：《当代中国项目制的核心机制和逻辑困境——兼论整体性公共政策困境的消解》，《上海交通大学学报》（哲学社会科学版）2017

年第 1 期。

赵萌：《慈善金融：欧美公益风险投资的含义、历史与现状》，《经济社会体制比较》2010 年第 4 期。

赵小平、王乐实：《NGO 的生态关系研究——以自我提升型价值观为视角》，《社会学研究》2013 年第 1 期。

折晓叶、陈婴婴：《项目制的分级运作机制和治理逻辑——对“项目进村”案例的社会学分析》，《中国社会科学》2011 年第 4 期。

郑家昊：《政府引导社会管理：复杂性条件下的社会治理》，《中国人民大学学报》2014 年第 2 期。

周飞舟：《分税制十年：制度及其影响》，《中国社会科学》2006 年第 6 期。

周俊、沈永东：《政府购买行业协会服务中的非竞争性及其管理》，《中国行政管理》2011 年第 12 期。

周黎安：《中国地方官员的晋升锦标赛模式研究》，《经济研究》2007 年第 7 期。

周雪光：《权威体制与有效治理：当代中国国家治理的制度逻辑》，《开放时代》2011 年第 10 期。

周雪光：《项目制：一个“控制权”理论视角》，《开放时代》2015 年第 2 期。

朱晓红：《社区公共服务合作治理的风险与制度建设——以公益创投项目为例》，《湖南社会科学》2016 年第 2 期。

祝建兵：《支持型社会组织的生发机制探析》，《理论月刊》2015 年第 4 期。

祝建兵：《支持型社会组织在社会治理中的角色定位》，《中共福建省委党校学报》2016 年第 2 期。

祝建兵：《中国支持型社会组织发展研究》，博士学位论文，南京师范大学，2016 年。

庄爱玲等：《中国公益支持机构发展现状调研报告及公益支持机构名录》，上海映绿公益事业发展中心，2014 年。

邹鹰：《政府购买公共服务的让渡与承接 ——基于江西公益创投的实践

逻辑》,《学习与探索》2017 年第 5 期。

[英] 罗伯·约翰:《高度参与的慈善:公益风险投资在欧洲的发展》,顾冀梅译,《经济社会体制比较》2010 年第 4 期。

苏州恩派公益组织发展中心:《苏州市公益创投活动参与流程》,http://szvp.npi.org.cn/guanyuchuangtou/canyuliucheng/,2013 - 12 - 20/2016 - 07 - 13。

孙儒泳:《生态系统的反馈调节与生态平衡》,http://www.eedu.org.cn/Article/ecology/ecologyth/ecosystem/200706/14280.html,2007 - 06 - 21/2018 - 09 - 13。

中华人民共和国国务院办公厅:《国务院办公厅关于政府向社会力量购买服务的指导意见》,http://www.gov.cn/xxgk/pub/govpublic/mrlm/201309/t20130930_ 66438.html.,2013 - 9 - 30/2016 - 4 - 16。

三 外文文献

Austin, J., H. Stevenson, and J. Wei-Skillern. "Social and Commercial Entrepreneurship: Same, Different, or Both?" *Entrepreneurship Theory and Practice*, 2006: 30 (1).

Certo, S. T., And T. Miller. "Social Entrepreneurship: Key Issues and Concepts", *Business Horizons*, 2008: 51 (4).

Gidron, B., P. M. Kramer, L. M. Salamon. *Government and the Third Sector: Emerging Relationship in Welfare States.* San Francisco. CA: Jossey—Bass Publishers. 1992. 18.

John, R., "Venture Philanthropy: The Evolution of High Engagement Philanthropy in Europe", Working paper. Oxford: Skoll Centre for Social Entrepreneurship, the University of Oxford, 2006.

Kramer, M., "Venture Capital and Philanthropy: A Bad Fit", *The Chronicle of Philanthropy*, 1999: 22 (1).

Letts C. W., Ryan W., Grossman A. "Virtuous Capital: What Foundations Can Learn from Venture Capitalists", *Harvard Business Review*, 1997 (75).

Ostrom, V., E. Ostrom. "Public Choice: A Different Approach to the Study of Public Administration", *Public Administration Review*, 1971, 31 (2).

Pfeffer, Salanick. *The External Control Organizations*. New York: Harper and Row, 1978.

Pollitt, C. Clarifying Convergence: "Striking Similarities and Durable Differences in Public Management Reform", *Public Management Review*, 2001, 3 (4).

Sievers, B., "If Pigs had Wings: The Appeals and Limits of Venture Philanthropy", Issues in Philanthropy Seminar, Washington, DC: Georgetown University, 2010.

Van Slyke, D., "Agents or Stewards: Using Theory to Understand the Government-Nonprofit Social Services Contracting Relationship", *Journal of Public Administration Research and Theory*, 2006, 17 (2).

Wyhot R., "Venture Philanthropy: Value Added Investmentor Administrative Annoyance", A Paper Submitted to the Faculty of The University of North Carolina at Chapel Hill in Partial Fulfillment of the Requirements for the Degree Master of Public Administration, 2004 (3).